Luzern entdecken

Autoren

Paul Rosenkranz

Mathias Steinmann

Pirmin Bossart

Fotos

Nique Nager

Herausgeber

Jürg Stadelmann

Josef Brülisauer

Jürg Schoedler

Ruedi Meier

WERDVERLAG.CH

Impressum

4., aktualisierte, überarbeitete und stark erweiterte Auflage 2016

Fotos Umschlag und ganzseitige Aufnahmen: Nique Nager
Übrige Bilder s. Bildnachweise Seite 326/327
Korrektorat: Alain Diezig, Werd & Weber Verlag AG
Satz und Umbruch: Eva von Allmen, Werd & Weber Verlag AG

ISBN 978-3-85932-778-8

www.weberverlag.ch
www.werdverlag.ch

Luzern erwacht – im See wie in der Reuss spiegelt tagendes Licht. Noch ist es ruhig.

Fröhliche Weihnachten 2017

F Promenade am See
Hotel Schwanen (Nr. 56) – Hotel Schweizerhof (Nr. 57) – Matthäuskirche (Nr. 58) – Schweizerhofquai (Nr. 59) – Verwaltungsgebäude der Gotthardbahngesellschaft (Nr. 60) – Kurplatz (Nr. 61) – Hotel National (Nr. 62) – Nationalquai (Nr. 63) – Kursaal / Casino (Nr. 64) – Hotel Palace (Nr. 65) – Carl- Spitteler-Quai (Nr. 66) – Verkehrshaus der Schweiz (Nr. 67) – Strandbad Lido (Nr. 68) – Kirchenzentrum St. Johannes (Nr. 69) – Hotelanlage «Seeburg» (Nr. 70)

G Rund um den Bahnhof
Bahnhofsgebäude (Nr. 71) – Postgebäude (Nr. 72) – Hotel Monopol (Nr. 73) – Hotel Waldstätterhof (Nr. 74) – Schifflandebrücke (Nr. 75) – Kultur- und Kongresszentrums KKL (Nr. 76) – Universität Luzern (Nr. 77) – Inseli (Nr. 78)

H Vom Inseli nach Tribschen
Werftsteg (Nr. 79) – Ufschötti (Nr. 80) – Tribschenquartier (Nr. 81) – Kantonsschule Alpenquai (Nr. 82) – Landsitz Tribschen (Nr. 83) – Wartegg (Nr. 84) – Wohnhochhaus Schönbühl (Nr. 85)

J Quer durch das Hirschmattquartier
Sempachergarten (Nr. 86) –Zentral- und Hochschulbibliothek (Nr. 87) – Lukaskirche (Nr. 88) – Kellerhof (Nr. 89) – Sammlung Rosengart (Nr. 90) – Hotel Astoria (Nr. 91) – Wohn- und Geschäftshaus Publicitas (Nr. 92) – Luzerner Kleintheater (Nr. 93) – Helvetiaplatz (Nr. 94)

K Vom Untergrund zum Obergrund
Buchdruckerei Keller (Nr. 95) – Synagoge Luzern (Nr. 96) – Spitalmühle (Nr. 97) – Sälischulhaus (Nr. 98) – Dulaschulhaus (Nr. 99) – Landsitz Himmelrich (Nr. 100) – Lindengarten (Nr. 101) – Pauluskirche (Nr. 102) – Schloss Steinhof (Nr. 103) – Römerhof und der Voltahof (Nr. 104) – Kaserne Allmend (Nr. 105)

L Vom alten Stadtrand zum Seetalplatz
Kasernenplatz (Nr. 106) – Historisches Museum (Nr. 107) – Natur-Museum (Nr. 108) – Anderallmendhaus (Nr. 109) – Schützenhaus (Nr. 110) – Staatsarchiv (Nr. 111) – Sentispital (Nr. 112) – Sentihof (Nr. 113) – Schlosshotel Gütsch (Nr. 114) – Kirche St. Karl (Nr. 115) – Friedental (Nr. 116) – Pfarrkirche St. Philipp Neri (Nr. 117)

Inhaltsverzeichnis

Pirmin Bossart

Spaziergänge

Mathias Steinmann

Luzerns «Hausberge»

Pirmin Bossart

Dank

Den folgenden Persönlichkeiten und Institutionen sei an dieser Stelle herzlich gedankt. Sie alle haben das Projekt «Kultur- und Stadtführer Luzern entdecken» massgeblich unterstützt:

Idee	Ulla Schoedler (2007 verstorben)
Initiative	Verein Kulturstadt Luzern (Herausgeber)
Fachlektorat	Josef Brülisauer (Texte), Jürg Schoedler (Karten), Silvia Hess, Jürg Stadelmann
Fundraising	Ruedi Meier, Jürg Stadelmann
Donatoren	Confiserie Bachmann AG Gemeinde Emmen Helvetia Versicherungen Lucerne Festival Luzerner Brockenhaus Gesellschaft LZ Medien Nidwaldner Museum Schweizerische Versicherungsanstalt SUVA StadtAlp Stadt Luzern Verkehrsbetriebe Luzern vbl

QR-Codes für Übersichtskarten

Rundgänge

Spaziergänge

Vorwort

Luzern entdecken

Ob ein Handbuch mit Hintergrundwissen über die Stadt Luzern und ihre Umgebung in Zeiten von Smartphone und iPad noch zeitgemäss ist? – Wir haben das eingehend diskutiert und nicht ohne Respekt entschieden, es nochmals zu wagen. Sie halten die vierte, erneut aus privater Initiative entstandene, aktualisierte und erweiterte Ausgabe des «Stadtführers Luzern» in Händen.

Fünfzehn Jahre sind es nun her, dass wir – eine Gruppe historisch engagierter Luzerner Kulturliebhaberinnen und Stadtbegeisterter – eine erste Auflage in Deutsch und Englisch veröffentlich haben. Die bisher rund 20'000 verkauften Bücher belegen das anhaltende Interesse an der bekannten Fluss- und Seestadt. Wir erhoffen uns, dieses Bedürfnis weiterhin bedienen zu können.

Unser grösster Kundenkreis sind die Einheimischen, die ihre Stadt gernhaben sowie viele Heimweh-Luzernerinnen und -Luzerner im In- und Ausland. Aber auch bei anspruchsvollen Touristen aus aller Welt finden wir erfreulichen Zuspruch. Etwas stolz auf diesen Leistungsausweis sind wir schon!

Was ist neu an der überarbeiteten, aktualisierten und erweiterten Ausgabe? – Es beginnt mit den neu geschaffenen ganzseitigen **Fotos** von *Nique Nager:* Angefangen mit dem Frontbild führen 30 ganzseitige Aufnahmen als «fil rouge» durch das Buch.

Da sich im letzten Jahrzehnt in und um die Stadt Luzern einiges verändert und Littau mit Luzern fusioniert hat, überarbeitete und aktualisierte *Paul Rosenkranz* seine Kapitel ebenso wie *Mathias Steinmann* es mit seinen auf zehn erweiterten **Rundgängen** getan hat. Völlig neu sind die zehn **Spaziergänge** um die Stadt, die *Pirmin Bossart* für uns erlaufen und beschrieben hat. Für jeden Rundgang und Spaziergang gestaltete *Jürg Schoedler* eine Karte.

Liebe Leserin, lieber Leser, das vielfältige Buffet haben wir Ihnen nun angerichtet. Wir wünschen viel Lust und Musse beim *Luzern entdecken.*

Luzern anfangs Mai 2016
Jürg Stadelmann, Leiter der Herausgebergruppe

Luzern
Porträt einer Stadt

Natürlich gibt es manche schöne Stadt auf dieser Welt; vom Glück derart begünstigte wie Luzern wird man aber nicht häufig finden. Doch wenn es stimmt, was die Redensart besagt – dass Glück nichts anderes sei als Talent für das Schicksal –, dann hat Luzern sich ganz einfach geschickt mit seinem Schicksal arrangiert.

Sein Schicksal aber war seine Lage. Eine zauberhafte Lage, gewiss, aber zunächst vor allem eine äusserst günstige. Dass hier, wo die Reuss den See auf ein paar hundert Metern noch als ruhig gleitender Fluss verlässt, ein geeigneter Ort für Übergänge sein würde, lag auf der Hand; so wurde Luzern zur Brückenstadt. Und ebenso klar scheint, dass diese Schnittstelle zwischen Mittelland und Alpen zum Handelsplatz prädestiniert war; so wurde Luzern zur Markt- und Messestadt. Da der See, an dessen nördlichem Ende Luzern liegt, weit in die Alpen hineinreicht, bestand überdies eine günstige Voraussetzung für eine rasche Verbindung mit dem Süden. Mit der Begehbarkeit des Gotthardpasses nach 1200 wurde diese Verbindung zu Italien Wirklichkeit, und Luzern zum wichtigen Umschlagplatz zwischen Nord und Süd. Mit den köstlichen Gütern aus dem Süden wuchs auch der geistige, kirchliche und kulturelle Einfluss des Südens, und so wurde Luzern zur «italienischsten» Stadt nördlich der Alpen.

Auch später war Luzern wiederholt vom Glück begünstigt. Dass der bald nach 1400 vollendete Schutzring, zu dem nicht nur die Museggmauer auf den Hügeln über der Stadt, sondern auch die vielen hundert Meter Holzmauern der Hof-, der Kapell- und der Spreuerbrücke gehörten, nie ernsthaft erprobt werden musste, verrät eine friedliche Stadtentwicklung. Als Glück ist auch zu werten, dass die industrielle und die Verkehrsrevolution der letzten beiden Jahrhunderte die Stadt zwar tangierten, aber in ihre alte Substanz keine allzu verheerenden Lücken rissen. Und Glück hatte die Stadt schliesslich, dass vor rund zweihundert Jahren in immer weiteren Kreisen der Gesellschaft Europas der Sinn für landschaftliche Reize erwachte. Nun schwoll der Strom der Reisenden an, die zwar auch die Stadt mit ihren Mauern und Türmen, Kirchen und Brücken sehen, vor allem aber die unvergleichliche Sicht auf See und Berge geniessen oder gar die lockenden Gipfel von Rigi und Pilatus erklimmen wollten. In der Folge entstand all das,

 Die Reussbrücke eignet sich bestens als Startpunkt für Stadtentdeckungen.

was diesen Gästen den Aufenthalt angenehmer machen konnte: Hotels und Gaststätten, Bergbahnen und Dampferlinien, Ladengeschäfte und kulturelle Attraktionen.

Es kann fast nicht anders sein, als dass etwas vom Glück dieser derart begünstigten Stadt auch auf jene übergeht, die sie besuchen. Wir wünschen dies von Herzen und hoffen, mit diesem Führer durch die Stadt auch dazu beizutragen.

Was Luzern prägte

Fünf Faktoren haben Luzern hauptsächlich geprägt:

- die Lage an See und Fluss und am Übergang von den Alpen zum Mittelland, die den Ort zum Handelsplatz prädestinierte;
- das mit dem regen Handel und Verkehr einhergehende Einströmen fremder Einflüsse;
- die Dominanz des Südens, nicht nur in wirtschaftlicher, sondern auch in geistiger und kultureller Hinsicht;
- die katholische Kirche als besonders prägende Kraft vom 16. bis 18. Jahrhundert;
- die neue Rolle als Fremdenstadt, als um 1800 das Reisen zu Bildungs- und Vergnügungszwecken aufkam.

Luzerns Aufstieg als **Markt- und Umschlagplatz** begann im 12. Jahrhundert. 1168 hört man erstmals von der Reussbrücke als Verbindung von Gross- und Kleinstadt an der schmalsten Stelle des Flusses. Weil sie erst die Zufuhr frischen Wassers vom Fuss des Pilatus her auf die rechte Seite der Reuss – und damit das Wachstum der Grossstadt – ermöglichte, darf sie zu Recht als Herz der Stadt bezeichnet werden. Der entstehende Markt hatte zunächst lokalen Charakter. Doch als Anfang des 13. Jahrhunderts am Gotthard das Hindernis der Schöllenenschlucht überwunden wurde, stieg der Verkehr mit Italien über Alpen und Vierwaldstättersee rasch an. Am nördlichen Ende dieses Sees kontrollierte Luzern den Übergang zum Land- und Flussverkehr. Hier wurden die Güter, die von Süden kamen, von den Nauen (Lastschiffen) auf Fuhrwerke oder auf die Kähne der Niederwässerer umgeladen, die sie flussabwärts bis Basel brachten. Dieser Umschlag erfolgte bis 1545 bei den Arkaden am «Platz», etwa dort, wo sich heute der **Jesuitenvorplatz (Nr. 12)** befindet; dann wurde er auf die rechte Reuss-Seite verlegt, wo die Stadt auf dem **Kapellplatz (Nr. 2)** die Sust als Lagerhaus für alle Transitgüter errichtete.

Luzern um 1830: Das «Storchennest» vor der Öffnung durch den Tourismus. Blick vom Gütsch auf die Sentivorstadt im Vordergrund und die Grossstadt in der Bildmitte.

Luzern war vom 13. Jahrhundert bis 1882, als die neue Gotthardbahn die Stadt umfahren konnte, ein wichtiger Handelsplatz im Nord-Süd-Verkehr. Es entstanden Märkte und Messen, und auch die wichtigsten Zölle wurden hier erhoben. Von Norden kamen vor allem Getreide, Salz und aus dem Elsass Wein auf den Markt; der Süden belieferte Luzern mit all den Köstlichkeiten, die Italien und der Orient anboten, darunter schöne Stoffe und natürlich die begehrten Gewürze. Aber nicht nur der Fernhandel spielte eine Rolle: Luzern wurde vor allem auch zum zentralen Markt am Scharnier zwischen dem «Getreideland» im schweizerischen Mittelland und dem «Weideland» in den Alpen und Voralpen. Je mehr dort nämlich ab dem Spätmittelalter die Viehzucht vorherrschte, umso stärker waren die Bauern auf den Getreide- und Salzeinkauf auf dem Luzerner Markt angewiesen, wo sie umgekehrt ihre Produkte, vor allem Butter, Käse und Vieh aller Arten – Rinder, Pferde, Schafe und Schweine – anboten.

So wurde Luzern zu einem **Durchgangsort.** Mit dem wachsenden Verkehr kamen Fremde – Kaufleute, Pilger und Handwerksgesellen – in die Stadt, und mit ihnen oft auch neue Ideen. Doch von Luzern aus ging man auch in die Fremde; als ab 1400 im Ausland die Nachfrage nach Schweizer Söldnern stieg, griffen mehr und mehr Luzerner nach dieser neuen Erwerbsmöglichkeit. Rund 50 000 von ihnen sollen zwischen 1400 und 1800 in Mailand, Rom, Neapel und am spanischen und französischen Königshof Dienst geleistet haben. Allerdings stammte nur ein kleiner Teil – vor allem die Offiziere – aus der Stadt; die meisten Soldaten stellte die von der Stadt beherrschte «Landschaft», also das Untertanengebiet. Aber gerade die Offiziere brachten von ihrem oft langen Dienst im Ausland einen neuen Geschmack, etwa in der Mode, im Baustil oder im Kulinarischen, zurück nach Hause. Als nach 1800 mit dem Tourismus fremde Einflüsse erneut zunahmen, trafen sie Luzern daher nicht unvorbereitet: Man wechselte einfach vom Dienst in der Fremde zum Dienst an den Fremden.

Die **Einflüsse aus dem Süden** aber dominierten. Zwar schuf sich die Stadt zwischen 1380 und 1415 mit der «Landschaft» ein Untertanengebiet, das weit nach Norden reichte, was aber nicht besagte, dass sie sich nun etwa nach Norden ausrichtete; vielmehr hatte sich die «Landschaft» ihrerseits ganz auf die Stadt an ihrem südlichen Rand einzustellen. Für die Stadt war sie das Hinterland, das diese zu versorgen und nötigenfalls mit Steuergeldern und Soldaten zu beliefern hatte. Jahrzehnte zuvor aber – 1332 nämlich – war Luzern schon mit den drei Waldstätten im Süden und Südosten, mit den Bauernorten Uri, Schwyz sowie Unterwalden, jenes Bündnis eingegangen, das durch alle Höhen und Tiefen im Grunde genommen bis heute gehalten hat; noch immer umrahmt Luzern mit diesen drei Ständen den See, der darum Vierwaldstättersee heisst, und noch heute bilden diese vier Kantone – zusammen mit Zug – die Zentralschweiz, eine der am klarsten profilierten schweizerischen Regionen. Die Gotthardpassroute verkürzte den Weg nach Süden beträchtlich; fortan waren die rund 280 Kilometer von Luzern bis Mailand in sechs bis sieben Tagen zu bewältigen. Von dieser Nähe zu Italien berichtet auch eine alte Sage, der zufolge einst ein Falke eine Wildente von Mailand bis nach Luzern verfolgte. Aus dem Süden – aus Italien, dem Tessin und Graubünden – stammten auch manche jener Bauleute, die aus Luzern im 16. Jahrhundert mit ihren Renaissance-Palazzi so etwas wie ein Florenz des Nordens machten. Im Grunde genommen blickt Luzern von Natur aus nach Süden und steht mit dem Rücken zum Mittelland, von wo im 16. Jahrhundert die neuen kirchlichen und im 19. Jahrhundert die neuen politischen Ideen herkamen. Dies ist in Luzern deutlich zu erkennen.

Nach Norden reicht der Blick nicht weit – er geht kaum über die Anhöhen des Gütsch, der Musegg und des Dietischibergs hinaus; und auf die Musegg stellten die Luzerner um 1400 erst noch die trutzige Mauer mit ihren zehn Türmen. Nach Süden aber reicht der Blick über den See bis zu den in der Ferne blau und weiss schimmernden Bergen; und die Hof- und Kapellbrücke, die hier als hölzerne Stadtmauern errichtet wurden, wurden bald mehr Aussichtsterrassen als Schutzwall.

Reisezeiten damals und heute (in Stunden)					
	Distanz in km	Saumtiere und Karren um 1800	Eisenbahn 1900	Eisenbahn 2000	Eisenbahn 2015
Luzern – Bern (via Entlebuch) (via Zofingen)	105	20	3.05	1.20	1.29 1.00
Luzern – Chiasso	230	48	4.47	3.07	2.59
Luzern – Basel	99	19	2.04	1.05	1.01
Luzern – Zürich	65	10	1.14	0.50	0.46

Eine südliche Macht war auch die **katholische Kirche,** zu der die Bande noch enger wurden, als Luzern in der Reformation dem alten Glauben treu blieb. 1574 errichteten die Jesuiten in der Kleinstadt ihr Kollegium und übten dann 200 Jahre – und nochmals für kurze Zeit im 19. Jahrhundert – einen starken Einfluss auf das geistige und politische Leben aus. Ein geradezu triumphales Zeugnis ihres Wirkens stellt ihre um 1670 am linken Reussufer erbaute imposante **Kirche (Nr. 12)** dar. Seit 1579 residierte auch der päpstliche Nuntius in der Stadt, die nun bis Anfang des 18. Jahrhunderts nicht nur unbestrittener Vorort der katholischen Schweiz, sondern zeitweise der ganzen Eidgenossenschaft war.

Als ab etwa 1800 der **Tourismus** aufkam, erhielt Luzern ein derart neues Gesicht, dass man schon von «einer touristischen Neugründung des 19. Jahrhunderts» gesprochen hat. Nun wandelte sich die Stadt am Fluss zur Stadt am See, mit ihren Hotels – diesen «Schlössern des Grossbürgertums» – und ihren Quais, die nicht nur Aussichtsterrassen auf See und Berge, sondern auch Bühne für den Auftritt der vornehmen Gäste bildeten. Dieser Entwicklung, die Luzern bis heute prägt, lag als wesentliche Ursache die durch Dichter wie Albrecht von Haller und Jean-Jacques Rousseau angefachte neue Naturbegeisterung zu Grunde, die auch Goethe nicht fremd war, der 1775 die Rigi bestieg. Hinzu kam die Verkehrsrevolution, die es mehr Leuten ermöglichte, in kürzerer Zeit grössere Distanzen zu bewältigen. In Luzern begann sie 1837, als das erste Dampfschiff den Vierwaldstättersee befuhr.

Luzern im Spiegel früherer Gäste

Es war die prachtvolle Lage, dieses wunderbare Zusammenspiel von See und Bergen, das Luzern nach 1750 allmählich zu einem Wallfahrtsort für Reisende machte. An der Stadt selber fanden die meisten damals wenig Bemerkenswertes. «Lucern ist ein kleines schlechtgebautes menschenleeres Städtchen», schrieb 1804 der zu dem Zeitpunkt allerdings erst 17-jährige Arthur

Das Luzerner Rathaus (Nr. 4), erbaut 1602–1604; «Stein gewordener Ausdruck des hiesigen Menschenschlags – halb Italien, halb Entlebuch».

Schopenhauer, und ein Besucher aus Sachsen bemerkte 1778 kühl: «Von Gebäuden giebt es hier wenig zu sehen.» Der eine oder die andere lobte zwar das Rathaus oder die Jesuitenkirche; im Wesentlichen aber waren es nur vier oder fünf Attraktionen, die in der Stadt Interesse fanden. Dazu zählten die Hofkirche, und zwar vor allem ihre Orgel, von der einer voll Bewunderung schrieb, in ihre grössten Pfeifen hätten problemlos drei oder vier Mann kriechen können, sowie General Pfyffers (1716–1802) Relief der Zentralschweiz, das dieser in 20-jährigem Durchforschen dieser Landschaft erstellt hatte (heute im **Gletschergarten, Nr. 54**).

Nach 1821 kam als neue Sensation das **Löwendenkmal dazu (Nr. 52)**. Höchstes Erstaunen riefen aber die drei Holzbrücken hervor, zu denen damals auch noch die 385 Meter lange Hofbrücke gehörte. Aufsehen erregten sie vor allem wegen ihrer aussergewöhnlichen Länge, aber auch als viel frequentierte Flanierstätten, die mit ihren insgesamt 462 Bildtafeln in den Giebelfeldern auch eine – wie ein Besucher schrieb – «ungeheure Bildergalerie» darstellten.

Manchen Gästen entging aber nicht, dass Luzern wirtschaftlich zurückgeblieben war. Der französische Geograf François Robert meinte 1791: «Luzern liegt angenehm…, und doch ist mir nie eine Stadt trauriger vorgekommen. Ihr aristokratisches Regiment und ihre fast abergläubische Religion hemmen

Aus Reiseberichten

«Die Gegend um Zürich ist angenehm, die um Lucern gross und majestätisch, ich möchte sagen schauerhaft. Der ungeheure Pilatus ist in einiger Ferne von der Stadt, und man rechnet sechs Stunden von Lucern bis auf seine Spitze; aber es ist eine so ungeheure, überwältigende Masse, dass er dicht an der Stadt zu stehen scheint. An manchen Orten, wo man ihn etwa hinter den Häusern einer Gasse hervorragen sieht, erscheint er so nahe und so perpendikular, dass man glauben möchte, er werde einmal über die Häuser herabstürzen.»

Karl Gottlieb Küttner, Reiseschriftsteller, 1778

«Hier sieht man mannigfaltige Aussichten von der grössten Schönheit. Keine Stadt in der Schweiz hat, meiner Empfindung nach, eine so schöne Lage wie Lucern. Liebliche Hügel, mit vermischter Waldung von Laubholz und von Tannen, kränzen diese Stadt und die nahen Ufer des Sees der vier Waldstädte; hinter den Hügeln erheben sich Alpen, hinter diesen starren in weiter Ferne Hohe Gebürge gen Himmel empor…»

Friedrich Leopold Graf zu Stolberg, deutscher Dichter, 1791

«Von den beyden ersten Brücken hat man die unbeschreiblich schöne Aussicht, welche Lucern für Reisende so merckwürdig macht. Man übersieht ein herrliches nicht gar zu grosses Bassin, welches den See hier bildet, u. welches so von Bergen eingeschlossen ist, dass man den Ausgang nicht bemerckt. Von hier aus sieht man die majestätischen Alpen in ihrer ganzen Grösse, von dem angebauten untern Theil derselben an, bis zu ihren Schneebedeckten Gipfeln: denn nur eine kurze Strecke mit fruchtbaren Aeckern u. Wäldern bedeckt, trennt sie vom See…»

Der spätere Philosoph Arthur Schopenhauer, 1804

«Luzern ist ganz reizend. Es beginnt mit einem Saum von Hotels unten am Wasser und krabbelt dichtgedrängt und ohne Ordnung, aber malerisch über drei steil ansteigende Hügel, so dass sich dem Auge ein aufgetürmter Wirrwarr von roten Dächern, wunderlich altmodischen Giebeln, Bodenfenstern und zahnstocherähnlichen Spitztürmen bietet … Wir besuchten die beiden langen überdeckten Holzbrücken, die die leuchtend grüne Reuss knapp unterhalb der Stelle überspannen, an der sie sich mit lautem Hurra aus dem See stürzt.»

Mark Twain, amerikanischer Schriftsteller, 1880

Fleiss, Leben, selbst Bevölkerung. Die meisten Läden sind verschlossen, der Handel todt.» Auch der deutsche Dichter Friedrich Leopold Graf zu Stolberg stellte fest, Luzern fehle es, «wie überhaupt den katholischen Kantonen, an Industrie», und dies, obwohl seiner Lage nach doch «Lucern die erste Handelsstadt in der Schweiz sein» müsste.

Fehlte es indessen mit Blick auf die Stadt, ihre Wirtschaft und Kunstdenkmäler nicht an kritischen Stimmen, so waren sich doch alle einig im Lob auf ihre grandiose Lage. Immer wieder ist die Rede vom prächtigen Amphitheater der Natur, das erst recht beeindruckt haben muss, wenn man aus den verwinkelten Gassen der Stadt mit ihren damals noch rund dreissig Türmen – die kirchlichen nicht mitgezählt – und an die zwanzig oft engen und dunkeln Toren heraustrat.

Über die luzernische Wesensart

Jenen, die von Norden her, von bienenfleissigen und wohlhabenden protestantischen Städten wie Basel oder Zürich, anreisten, mögen in Luzern vor allem vier Dinge aufgefallen sein: dass sie nun rustikalere und katholisch geprägte Lande betraten, in denen schon südliche Einflüsse zu spüren waren und wo man es offensichtlich etwas gemütlicher angehen liess als im betriebsameren Norden. Italianità und Rustikalität sind in Luzern in der Tat eine einzigartige Verbindung eingegangen. Deshalb ist ja auch das **Luzerner Rathaus (Nr. 4)** an der Reuss, bei dem auf drei klassischen Renaissancegeschossen das weit ausladende Dach eines Luzerner Bauernhauses ruht, ein so einzigartiges Werk – geradezu der Stein gewordene Ausdruck des Menschenschlags, der hier wohnt: halb Italien, halb Entlebuch …

In unzähligen Berichten über die Jahrhunderte erscheint die Luzerner Bevölkerung immer wieder als Menschenschlag, der nicht lebt, um zu produzieren, sondern produziert, um zu leben. Luzernerinnen und Luzerner scheint es – vornehm ausgedrückt – eher zur Vita contemplativa als zur Vita activa gedrängt zu haben. Innerweltliche Askese und Puritanismus, Disziplin und Arbeitsdrill hingegen waren ihnen eher fremd. Näher lag da eine robuste Sinnenfreude, die sich bisweilen in wahrhaft gigantischen Festen äusserte. Der Grundton mancher Berichte geht dahin, in Luzern sei ein wenig ehrgeiziges, biederes und gutgeartetes Völkchen ansässig, das einem eher lässigen Lebensstil zuneige. So hiess es in einem Bericht des französischen Gesandten um 1700, die Menschen in Luzern seien «nicht sehr reich, aber sie leben dennoch bequem trotz der ansehnlichen Summen, die sie alljährlich ausgeben müssen, um im Elsass und in Italien Wein zu kaufen».

Luzern ist beliebt für Polterabende…, ob diese weiblichen Schlümpfe der «kernhaften Schönheit» des Johann Georg Müller ebenfalls entsprechen?

An der Oberschicht bemerkte er, «dass die Herren von Luzern in ihrer Mehrheit ohne jeden Ehrgeiz sind und sich begnügen mit dem, was ihnen nötig scheint, um ruhig fortzukommen». Es fiel ihm also auf, dass die Luzerner Patrizier die beträchtlichen Einkünfte aus den Solddiensten nicht in lukrative Handelsgeschäfte ummünzten; lieber investierten sie in Land- und Grundbesitz. Auch der Schaffhauser Pfarrherr Johann Georg Müller sah in Luzern 1789 wenig industrielle Betriebsamkeit. «Es kam mir vor», schreibt er, «als wenn die Einwohner nicht bloss produzieren, sondern auch sich hinsetzen und das Produzierte geniessen…» Von Armut aber habe er wenig gespürt: «Die Leuthe alle sahen so ziemlich aus wie Leuthe, die gegessen haben.» Selbst Einheimischen fiel der Hang ihrer Landsleute zur Behaglichkeit auf. So ist bei den beiden der Aufklärung zuneigenden Pfarrherren Franz Josef Stalder und Bernhard Ludwig Göldlin von einer «angeborenen fröhlichen Trägheit» die Rede und von einem «Hang zur Faulheit oder zum Müssiggang…, der uns Lucernern von Jugend auf anhangt und uns mehr oder weniger in unser hohes Alter begleitet».

Besonders angenehm zeigte sich luzernische Wesensart bei den Frauen; Die Luzernerinnen werden durchweg als gesund und wohlgestalt, artig und anmutig beschrieben. Der bereits erwähnte Johann Georg Müller preist ihre «kernhafte Schönheit» und nennt sie «… gesund von Aussehn, weiss und roth von Farbe, volleibig, mit einem freyen und heitern Blick, und ungekünstelten Annehmlichkeiten...». Er meint, es sei ein «ungemeines Vergnügen, wenn man aus gewissen schleichenden Gegenden kömmt, zu sehen wie vest sie auf ihren zwey Beinen stehn; wie gerade sie wandeln, wie leicht sie sich bewegen...»

Konstanten der Kunst

Nach dem bisher Gesagten erstaunt es nicht, wenn zu den **Merkmalen der Luzerner Kunst** wie der Innerschweizer Kunst überhaupt eine – wie es einmal hiess – «Neigung zum Einfachen und Lapidaren», eine «betont realistische Gestaltungsweise» und eine «lebhafte Bilderfreude» gehören. Die Lust am Visionären und Fantastischen hingegen war ihre Sache weniger. Der Drang zur Visualisierung zeigt sich in den einzigartigen Gemäldezyklen auf den Luzerner Holzbrücken, aber zum Beispiel auch in Diebold Schillings ungemein erzählfreudiger Bilderchronik von 1513 oder in der langen Tradition der Osterspiele auf dem Weinmarkt, die jeweils die ganze Stadt in ihren Bann zogen. Diese Liebe zur Tradition bildet einen weiteren Grundzug des hiesigen Kunstschaffens. Zwar stand Luzern als Durchgangsland auch fremden Einflüssen offen, die im 16. Jahrhundert vor allem aus Italien und Süddeutsch-

Das Haus zur Sonne am Weinmarkt mit dem Fresko der Hochzeit zu Kana erinnert an die Tradition der Oster- und Fasnachtsspiele auf diesem Platz.

land und vom 17. bis 19. Jahrhundert aus Österreich, Frankreich und England kamen. Einige Male stand Luzern sogar an der Spitze neuer Entwicklungen. Der 1633 begonnene Neubau der **Hofkirche (Nr. 50)** war für sakrale Renaissancebauten nördlich der Alpen bahnbrechend, und die kaum 35 Jahre später begonnene **Jesuitenkirche (Nr. 12)** war der erste grosse Barockbau in der Schweiz. Aber daneben dominierte eine Stilkonstanz, die gotischen Formen zum Teil bis ins 17., barocken bis ins 19. Jahrhundert die Treue hielt.

Die Epochen, die die Luzerner Kunst am meisten prägten, sind Renaissance und Barock; sie gehören ja auch der Zeit des 16. bis 18. Jahrhunderts an, als Luzerns Einfluss in der Eidgenossenschaft besonders gross war. Vielleicht müsste man auch die **Gotik** vom 13. bis 15. Jahrhundert noch mitzählen; aber von ihr sind wenig Spuren geblieben. Immerhin hat sich in der zwischen 1270 und 1280 erbauten **Franziskanerkirche (Nr. 15)** ein bedeutender gotischer Kirchenbau erhalten, und an den Türmen der Hofkirche (1506–1516) kann man zumindest sehen, dass die Luzerner Gotik eigenständige, robuste Züge trug. Gotische Spuren zeigen sich auch am äusseren Befestigungsring sowie an diesem und jenem Bürgerhaus, unter anderem am Rothenburgerhaus neben der Hofkirche, das als ältestes ganz erhaltenes städtisches Holzhaus in der Schweiz gilt.

Ein Hauch südländischer Atmosphäre liegt über den toskanischen Säulengängen der Gräberhallen bei der Hofkirche (Nr. 50).

Von den intensiven Beziehungen zu Italien zeugen die Bauten der **Renaissance**, von denen sich in Luzern auf engem Raum einige der schönsten Beispiele in der Schweiz konzentrieren. Dazu zählen das **Rathaus (1602–1604, Nr. 4)** mit herrlichen Renaissancegemächern, sowie der **Rittersche Palast (um 1560, Nr. 13)**, dessen arkadenumsäumter, dreistöckiger Innenhof das Vorbild für das **Am-Rhyn-Haus (1616–1618, Nr. 5)** und für das Privathaus Göldlin von Tiefenau am Hirschenplatz (um 1600) abgab. Eine geradezu südländische Atmosphäre liegt auch über den toskanischen Säulengängen der Gräberhallen bei der Hofkirche (um 1640).

Keine Stilrichtung aber hat Luzern derart geprägt wie der **Barock.** Seine sinnenhafte und von Erzählfreude überquellende Welt, aber auch die im Barock sich äussernde Verbundenheit von Volk und Kirche entsprachen dem Luzerner Kunstgemüt ganz besonders. Der Barock hat nicht nur in der Stadt selbst bedeutende Akzente wie die Jesuitenkirche oder am Musegghang das formidable **Kornmagazin (1685, Nr. 37)** geschaffen, sondern namentlich auch auf dem Land eine grosse Zahl reizvoller Juwelen hinterlassen, darunter Klosteranlagen wie Werthenstein, Beromünster und St. Urban, Wallfahrtskirchen wie Blatten und Hergiswald sowie Landkirchen wie in Ettiswil, Hochdorf oder Ruswil mit seiner wohl schönsten Dorfkirche im ganzen Kanton. In der Stadt trägt zudem manches Patrizierhaus, etwa die beiden Sonnenberghäu-

Nun von der Pädagogischen Hochschule genutzt, diente das mächtige Museggmagazin von 1686 (Nr. 37) fürs Korn- und Salzlagern. Zuletzt war es Zeughaus.

ser links und rechts der Reuss, barocke Züge, in die sich mehr und mehr auch anmutig-heitere Züge des Rokoko mischen. Erst recht gilt dies für manchen Herrensitz, den sich vornehme Familien an schöner Lage draussen vor den Stadttoren errichteten, etwa für den **Landsitz Himmelrich von 1772 (Nr. 97)** an der Obergrundstrasse, den ehemaligen Jesuitenhof Seeburg von 1729 oder den Landsitz Tribschen (um 1800), das heutige **Richard-Wagner-Museum (Nr. 80)**. Mit den Familien Singer und Purtschert entstanden Baumeisterdynastien, die den spätbarocken Stil von 1750 bis weit ins 19. Jahrhundert und in über fünfzig Landkirchen fortsetzten.

Im 19. Jahrhundert stellten sich der Architektur mit dem Bau öffentlicher Gebäude für Bahn, Post, Verwaltung und Schule, aber auch mit Fabriken, Geschäftshäusern, neuen Wohnvierteln und in Luzern namentlich mit Hotelbauten ganz neue Aufgaben. Zur Anwendung kamen von etwa 1770 bis Anfang des 20. Jahrhunderts, der Zeit von Klassizismus, Neurenaissance, Neugotik und Neubarock, vor allem historische Formen. Es lohnt sich, einmal aufmerksam durch damals neu entstandene Viertel wie Hirschmatt (S. 168 ff.) oder Bruchmatt und Säli zu schlendern, an deren Mehrfamilien- und Geschäftshäusern man die ganze Stilgeschichte Europas ablesen kann. Auch finden sich da und dort interessante Einflüsse des Jugendstils aus der Zeit zwischen 1890 und 1914. Im Hotelbau ging es oft darum, höfisch-adligen Prunk für die bürgerlichen Gäste zu demokratisieren. So erstaunt es nicht, dass bei den in nur sechzig Jahren zwischen 1845 und etwa 1905 entstandenen Monumentalbauten der **Hotels Schweizerhof (Nr. 57)**, **National (Nr. 62), Kursaal (Nr. 64) und Palace (Nr. 65)** die repräsentativen Formen von Neurenaissance und Neubarock dominieren. Das 1884 über der Stadt errichtete **Hotel Gütsch (Nr. 114)** nannte ein Kenner einmal «halb Gralsburg, halb Hochzeitstorte».

Das **20. Jahrhundert** wandte sich mit neuen Baumaterialien wie Beton, Stahl, Glas und Kunststoffen von den historischen Formen entschieden ab und einer funktionalen oder oft einfach auch nur einer ökonomisch zweckmässigen Bauweise zu. Luzern weist aus dieser Zeit zahlreiche interessante Werke von einheimischen wie auch international tätigen Architekten auf. Zu den bedeutendsten Werken dürften bei den Sakralbauten die 1933/34 entstandene **Kirche St. Karl (Nr. 115)** und die **St. Johannes-Kirche (Nr. 69)** im Würzenbach von 1970 zählen, bei den Wohnbauten das Hochhaus **Alvar Aaltos (Nr. 85)** im Schönbühl, und bei den öffentlichen Bauten das im Jahr 2000 eingeweihte **Kultur- und Kongresszentrum (Nr. 76)** des französischen Architekten Jean Nouvel, das sein Schöpfer selbst von seiner Ausstrahlung her mit einer mittelalterlichen Kathedrale verglich.

Grosser Speisesaal des Architekten Leonhard Zeugheer (1865) im Hotel Schweizerhof (Nr. 57) – höfischer Prunk für bürgerliche Reisende demokratisiert.

Kleine Luzerner Geografie

Der **Siedlungsraum** der späteren Stadt war durch die Natur weitgehend vorgegeben, nämlich durch das flache Felsplateau, das sich am rechten Ufer der Reuss unweit der Stelle erhebt, wo sie den See verlässt, sowie ihm gegenüber am linken Ufer durch das flache Schwemmland des Krienbachs. Während dieses aber nur wenig über dem Flussniveau liegt, steigt die Felsplatte rechts einige Meter über das Flussufer an, bevor sie sich wieder zu einer Art Rinne – heute Löwengraben und Grabenstrasse – senkt. Von dort geht es bergan zum Höhenzug der Musegg, der knapp vierzig Meter höher liegt als das Flussufer. Den ältesten Siedlungskern bildete jedoch das Kloster im Hof etwa 450 Meter östlich dieser Felsplatte. Da das Seeniveau bis ins 16. Jahrhundert – vermutlich wegen der Mühlen- und Brückenbauten in der Reuss – um ein bis zwei Meter anstieg, ergab sich durch den vorrückenden See eine deutlichere Trennung des Klosters von der neu entstehenden Stadt. Andererseits wurde das erwähnte Felsplateau dadurch erst recht zum idealen Siedlungsraum, da es nun auf drei Seiten von Wasser umgeben war. Der Fluss verengt sich von seinem heutigen Seeaustritt bei der Seebrücke bis zur Stelle des ältesten Übergangs bei der Reussbrücke von rund 165 auf etwa 50 Meter.

Die Häuser im Zöpfli (Nr. 28) aus dem 17. und 18. Jahrhundert am nördlichen Brückenkopf der Reussbrücke stehen zum Teil auf Mauern und Säulen direkt über dem Wasser.

Er teilt Luzern in die Grossstadt auf dem rechten und die Kleinstadt auf dem linken Ufer, oder in «meren stat» und «minre stat», wie es im Mittelalter hiess.

Ein älterer oder innerer **Befestigungsring**, der vermutlich zwischen etwa 1230 und 1280 errichtet wurde, bestand auf beiden Seiten der Reuss aus kompakten Häuserzeilen. Er folgte in der Grossstadt auf einer Länge von rund 550 Metern der bereits erwähnten Rinne vom heutigen **Mühlenplatz (Nr. 11)** bis zum Hoftor am Kapellplatz. Dieser Ring zählte acht Türme oder Tore, von denen heute nur noch das **Mühlentor (Nr. 34)** steht. Sowohl in der Kleinstadt wie in der Grossstadt waren auch die Gassen und Treppen, die zur Reuss führten, mit Toren geschlossen. Der Graben vor dem Mauerring war mit Wasser gefüllt, und der Grendel vom Seeufer bis zum inneren Weggistor bildete eine Art schmalen Seearm. Über dem seichten Uferwasser stellte die Hofbrücke die Verbindung vom Hof in die Grossstadt her.

Nach der Schlacht bei Sempach (1386) machte sich die Stadt Luzern in einem ausserordentlichen Kraftakt an den Bau des äusseren Befestigungsrings. Dazu zählte im Norden auf einer Länge von über 900 Metern die **Museggmauer (Nr. 38)** mit ihren zehn Türmen, von denen sich zwei – Schirmerturm und Äusserer Weggisturm – über Toren erhoben; der Äussere Weggisturm wurde als einziger von diesen zehn im 19. Jahrhundert wieder abgetragen. Am linken Reussufer entstanden die heute verschwundene Sentimauer und die Litzimauer, während die Stadt wasserseits durch **Wasserturm und Kapellbrücke (Nr. 23 u. 22)** und reussabwärts durch die **Spreuerbrücke (Nr. 32)** gesichert wurde. Der äussere Ring machte nun den inneren

Der Wasserarm am Grendel mit dem Lederturm aus der Serie der Bilder von Alt-Luzern von 1897 von Xaver Schwegler (1832–1902).

weitgehend überflüssig. Die Tore zur Reuss hin verschwanden, während der Löwengraben zwischen 1520 und 1580 zugeschüttet wurde. Sein Name erinnert daran, dass jene, die bei dieser Arbeit den Frondienst nicht leisteten, einen «Löwenplappart», eine Entschädigung in Form einer Geldabgabe, zu bezahlen hatten.

Das alte **Strassennetz** war geprägt durch drei hauptsächlich in ostwestlicher Richtung verlaufende Längsachsen. Von den beiden Achsen auf der Grossstadtseite verband die nördliche den Hof über die heutige Hertensteinstrasse, Weggis- und Rössligasse mit den Mühlen, während die südliche von der Reussbrücke über Kramgasse, Weinmarkt und Kapellgasse zum Hoftor führte. Mit der Verlegung von Hafen und Gotthardverkehr ab 1545 auf die Grossstadtseite zwängte sich der ganze internationale Transitverkehr mit all seinen Saumpferden und Karren durch diese engen Gassen, und dann über die Reussbrücke und durch die Pfistergasse zum Basler- oder Niedertor. Hier wie auch am «Platz» und auf dem Kapellplatz musste Umschlagraum für Güter und Gefährte geschaffen werden. Andere Plätze, zum Beispiel der **Hirschen-**

platz (Nr. 6), der **Franziskanerplatz (Nr. 16)** oder der **Mühlenplatz (Nr. 11),** entstanden – teilweise jedoch erst im 15. und 16. Jahrhundert – durch das Abreissen von Häusern oder ganzer Häuserzeilen, während der **Weinmarkt (Nr. 8)** 1481 gebäudefrei wurde, als man die Schaal, den überdeckten täglichen Markt für Brot, Fleisch, Lederprodukte und den Tuchhandel, abriss.

An ständigen **Märkten** gab es – alle auf der Grossstadtseite – den Rinder-, den Pferde- und den Schweinemarkt, die aber vor 1585 vor die Mauern verlegt wurden, da man ihre Gerüche als lästig zu empfinden begann. Es blieben Kornmarkt, Fischmarkt und Lebensmittelmarkt, die beiden Letztgenannten nahe am Reussufer, damit Fischer und Bauern, die teilweise über den See kamen, direkt am Markt anlegen konnten. Der Uferstreifen, auf dem heute noch der Fisch-, Obst- und Gemüsemarkt stattfindet, hiess früher An der Egg; seit dem 16. Jahrhundert, als die Bauten bis ans Wasser vorgezogen wurden und der Markt unter die schönen Arkaden zu stehen kam, lautet sein Name **Unter der Egg (Nr. 26).**

Die so genannten **Quais,** diese heute so beliebten Promenaden am Wasser, sind Werke des 19. Jahrhunderts. Der **Schweizerhofquai (Nr. 59)**, dem die Hofbrücke weichen musste, entstand zwischen 1844 und 1860, der **Rathausquai (Nr. 25)** 1897/98 – mit dem Rathaussteg –, und der St. Karliquai von der **Spreuerbrücke (Nr. 32)** hinunter zum **Nölliturm (Nr. 39)** im Jahr 1901.

Die **bebaute Stadtfläche** betrug seit dem Spätmittelalter, als die Stadt rund 4000 Einwohner zählte, gut 25 Hektaren. Erst im 19. Jahrhundert, als Luzern rasch wuchs, vergrösserte sich diese Fläche auf rund 950 Hektaren, und beträgt heute – nach der Fusion mit der Gemeinde Littau 2010 – 1281 Hektaren. Von etwa 1400–1850, als der äussere Befestigungsring den Lebensraum der Stadt umriss, betrug die Distanz von einem Ende der Stadt zum andern, etwa vom Kloster im Hof zum Kriensertor, rund einen Kilometer; Luzern war also in einer Viertelstunde gemütlich zu durchqueren. Rund 600 Meter der Strecke konnte man bei Regenwetter erst noch trockenen Fusses unter den Dächern der gedeckten Holzbrücken zurücklegen.

Was die **Bodennutzung** betrifft, so entfallen von der gesamten Stadtfläche von rund 2'900 Hektaren rund 22 % auf Wald, 28 % auf Landwirtschaftsflächen, 29 % auf Siedlungs- und Industrieareale, 12 % auf Verkehrsflächen und 7 % auf Erholungs- und Grünanlagen. Eine territoriale Eigentümlichkeit besteht darin, dass rund 150 Hektaren des städtischen Areals auf der anderen Seeseite am Nordabhang des Bürgenstocks liegen. Diese Luzerner Exklave ist praktisch nur auf dem Seeweg zu erreichen.

Das berüchtigte Luzerner Klima

Man spottet gern, Luzern sei mit seinen häufigen Niederschlägen das Regenloch der Schweiz. Ein Kenner des Landes bemerkte aber einmal klug, in Zürich oder Bern sehe man bei Regen oder Sonnenschein etwa gleich viel, während man Luzern mit seinen prächtigen Ausblicken bei schönem Wetter erleben müsse, sonst kenne man es nicht. Die Statistik zeigt jedenfalls, dass Luzern, was Niederschlagsmenge oder Durchschnittstemperaturen angeht, nicht schlechter dasteht als andere Schweizer Städte. Nur die Sonne – das stimmt – scheint hier etwas weniger als andernorts, woraus kluge Reisende folgern, dass hier eben etwas mehr Geduld nötig ist, wenn man die Stadt richtig sehen will. Der wärmste Monat 2014 war der Juli mit einer mittleren Tagestemperatur von 18,2 °C, während es Tagesmaxima von 25 °C im Juni an 11 und im Juli an 10 Tagen gab. Am meisten Sonnenstunden wiesen 2014 März mit 197 und Juni mit 235 Stunden auf, während Juli und August – die 2013 zusammen mit Dezember die trockensten Monate gewesen waren – mit je 22 am meisten Regentage zählten. Unberechenbarkeit gehört also auch zum Luzerner Klima!

Luzern heute: Bevölkerung, Arbeit, Wirtschaft

Die Bevölkerung Luzerns, die von 1800 bis 1970 von rund 4300 auf fast 70 000 gestiegen war, nahm in den folgenden 35 Jahren um rund 17 % ab. Die Familien wurden kleiner und zogen zum Teil in Gemeinden der nahen und weiteren Agglomeration, wo Wohnungen oft günstiger zu haben waren. Mit der Eingemeindung von Littau 2010 konnte dieser Trend aber aufgehalten werden. Die Bevölkerungszahl stieg wieder auf 77 491, und wuchs bis 2014 weiter auf 81 057.

Drei Trends, die sich seit ca. 1950 klar abzeichneten, setzten sich aber weiter fort. Einmal wird die Bevölkerung älter. Von 1950 bis 2013 sank der Anteil der unter 19-Jährigen von 26,7 auf 15,7 %, während jener der über 65-Jährigen von 10,1 % auf 19,4 % stieg. Sodann werden die Haushalte kleiner. 2013 lebten in 78,3% der städtischen Wohnungen nur eine oder zwei Personen, was 1970 erst in 52,6 % der Wohnungen der Fall war. Schliesslich ist auch der Anteil der ausländischen Wohnbevölkerung gestiegen, und liegt heute mit 24,2 % mehr als einen Drittel höher als vor 25 Jahren. Er verteilt sich allerdings sehr ungleich auf die einzelnen Stadtkreise: Im Gebiet Langensand/Matthof macht er nur 12,8 % aus, im traditionellen Unterschichtenquartier Basel- und Bernstrasse aber 52,6 %.

Luzern statistisch

1. Bevölkerungsentwicklung und Altersgruppen

Jahr	Einwohner	0–19 Jahre	20–64 Jahre	über 65 Jahre
1798	4314			
1860	11522	29,4	65,8	4,8
1900	29255	33,9	61,4	4,7
1950	60526	26,7	63,2	10,1
1970	69879	26,2	59,5	14,3
1980	63278	20,6	59,6	19,8
1990	61034	15,4	63,3	21,3
2000	59496	16,0	62,3	21,7
2006	57870	14,5	63,4	22,0
2014	81057	15,7	64,9	19,4

2. Ausländische Wohnbevölkerung (Anteil in %)

1860	5,1	1950	6,1	1990	17,2	2014	24,2
1910	17,9	1970	13,0	2000	20,3		

3. Konfessionen

	röm.-kath.	ev.-ref.	jüdisch	islamisch	andere	o. Konf.
1860	94,2	5,7				
1910	78,6	19,1	1,1			
1950	72,3	24,0	0,8			
1990	68,8	17,8	0,5	1,6	3,9	6,0
2000	65,0	16,8	0,3	3,3	6,6	11,5
2014	52,2	11,5	0,2	4,7	8,5	22,9

Quelle: www.lustat.ch 2016

Arbeit finden weitaus die meisten Luzernerinnen und Luzerner im Dienstleistungssektor, in dem heute über 90 % beschäftigt sind. In der Industrie sind heute nur noch 9,4 % tätig, gegenüber 47 % im Jahre 1955. Die Zahl der Arbeitsplätze hat von 2005 bis 2012 um rund 6800 auf 77 641 zugenommen; Davon fallen 17 219 oder 22 % auf den öffentlichen Sektor. Etwa 53 % der Arbeitsplätze wurden 2013 von Zupendlern besetzt; das heisst, dass jeden Morgen 41 100 Erwerbstätige – also mehr als halb so viele Menschen wie in der Stadt insgesamt wohnen – zur Arbeit nach Luzern strömen, während andererseits 20 500 die Stadt verlassen, um auswärts zur Arbeit zu gehen.

Luzerns **Tourismus** weist seit Jahren steigende Tendenzen auf. Die Stadt hat sich bezüglich Gästezahlen hinter Zürich und Genf an dritter Stelle der Schweizer Städte etabliert. Bei den Herkunftsländern der Gäste gibt es aber wesentliche Verschiebungen, die ja immer auch auf weltpolitische Veränderungen hinweisen.

Touristen am Mühlenplatz vor der Kulisse des Schlosshotels Gütsch.

Während die Gästezahlen aus den meisten europäischen Ländern zurückgingen, sind jene aus Asien stark gestiegen, wobei jene aus China bedeutend höher liegen als jene aus Japan oder Indien und nun sogar jene aus Deutschland übertreffen. Prozentual am stärksten zugenommen haben aber zwischen 2009 und 2014 die Gäste aus den Golfstaaten mit 90,9 %, und jene aus Südkorea mit sogar 126 %. Die durchschnittliche Aufenthaltsdauer – 2006 waren es noch 1,7 Tage – ist im Grunde allerdings zu kurz für eine Stadt, in der es so viel zu sehen gibt.

Logiernächte 2009 bis 2014 (ausgewählte Zahlen)

	2009	2011	2013	2014	Zu-/Abnahme
Total	1015983	1128292	1175670	1218169	+19.9 %
Schweiz	262290	316359	312698	321899	+22,7 %
Europa	338033	307549	293483	286948	−15,1 %
– Deutschland	112127	97746	99120	94121	−16,0 %
– Grossbritannien	56761	51823	53816	54691	−3,7 %
– Russland	14929	14741	13502	13818	−7,4 %
USA	113984	137408	166545	176776	+55,1 %
Asien	246590	293192	310621	337509	+36,9 %
– Indien	43200	44517	38848	40990	−5,1 %
– Japan	18169	18834	22805	20978	+15,5 %
– China & Hongkong	74755	102099	113829	122183	+63,4 %

(Logiernächte 2005 total: 856261)

Begeisterung?
«Dabei sein, wo etwas läuft.»
Simon Ammann | Skispringen
Was immer Sie vorhaben. Wir sind für Sie da.
T 058 280 1000 (24 h)
Ihre Schweizer Versicherung.
helvetia

Spuren der Geschichte

Frühzeit und Stadtwerdung (um 750–1386)

Als politisches Gemeinwesen entsteht Luzern vom 12. bis 14. Jahrhundert in der Auseinandersetzung zwischen zwei Zentren: dem Kloster St. Leodegar im Hof mit seinem geschlossenen Herrschaftsgebiet am unteren See-Ende sowie an der Reuss, und der städtischen Siedlung nördlich und südlich der Reussbrücke mit ihrem Markt. Beide Seiten erleben in gewissem Sinn um 1300 einen Aufschwung: die Stadt, weil sie zum zentralen Markt zwischen den Alpentälern und dem Mittelland wird, und zudem als Schlüsselstelle im wachsenden Gotthardverkehr an Bedeutung gewinnt. Auf der anderen Seite wird mit dem Übergang der klösterlichen Rechte an Habsburg 1291 absehbar, dass Luzern und sein Vorland Teil eines wachsenden Territorialstaats eben dieser Habsburger werden könnte, die nach dem Aussterben der Lenzburger, Kyburger und Staufer als einziges mächtiges Adelsgeschlecht im Alpenvorland übrig geblieben sind.

Gegen diese zunehmende Einbindung in die habsburgische Landesherrschaft sucht Luzern Zuflucht bei den Länderorten weiter oben am See. Mit ihnen verbindet die Stadt das Streben nach lokaler Selbständigkeit gegenüber vereinheitlichenden Kräften, wie sie Habsburg vertritt. Der «Ewige Bund» vom 7. November 1332 zwischen Luzern und den drei reichsfreien Waldstätten Uri, Schwyz und Unterwalden stellt wohl die originellste politische Tat in der 800-jährigen Luzerner Geschichte dar, denn eine dauerhafte politische Verbindung zwischen einer Stadt und einem Bauernbund gab es sonst nirgends in Europa.

Luzern wirkte denn auch bahnbrechend. Schon zwanzig Jahre später schlossen sich mit Zürich, Zug und Bern weitere Städte diesem Bündnis an, das zum Kern eines neuen Staatsgebildes wurde – der Schweizerischen Eidgenossenschaft. Für Luzern selbst aber bestand eine schicksalshafte Folge dieses Bündnisses darin, dass es nun gleichsam mit dem Rücken zum Mittelland stand, von wo im 18. und 19. Jahrhundert die modernen wirtschaftlichen und politischen Strömungen kamen.

Die Häuser im Süesswinkel gehören zur ältesten Befestigungszeile gegen den Löwengraben. Beim Göldlinhaus im Hintergrund wurde später ein Säulenhof eingebaut.

Überblick

Um 750:	Entstehung des **Benediktinerklosters St. Leodegar im Hof (Nr. 50),** das um 1135 unter die Herrschaft der elsässischen Abtei Murbach gelangt.
1168:	Erwähnung der **Reussbrücke (Nr. 27).**
1178:	Mit der Stelle eines Leutpriesters an der **St. Peterskapelle (Nr. 1)** verlagert sich die Seelsorge vom Kloster in die Stadt.
1210:	Erste Erwähnung der luzernischen Bevölkerung als Bürger.
1240:	Die Franziskaner errichten ihr **Kloster (Nr. 15)** am Südrand der Kleinstadt; es wird Gegenpol zum stadtherrlichen Kloster im Hof.
1230–80:	Gross- und Kleinstadt erhalten ihren ersten Befestigungsring aus geschlossenen Häuserzeilen.
1252:	Im «Geschworenen Brief» sind als Organe der Stadt die Bürgerschaft, die Schultheissen, der Rat der 36 und der Grosse Rat erkennbar. Seit 1241 führt die Stadt ihr eigenes Siegel.
1291:	Das Kloster Murbach verkauft alle seine Rechte über Kloster und Stadt Luzern an König Rudolf von Habsburg.
Um 1300:	Erstes Rathaus am Fischmarkt.
1332:	Luzern schliesst ein ewiges Bündnis mit den drei Länderorten Uri, Schwyz und Unterwalden.
1333:	Gescheiterter Aufstandsversuch der habsburgisch Gesinnten, so genannte Mordnacht.

Von der Stadt zum Stadtstaat (1386 – um 1520)

Mit dem Sieg 1386 in der Schlacht bei Sempach über das Reiterheer Herzog Leopolds von Österreich beginnt – wenn man so will – die heroische Phase Luzerns. Dieser Sieg bedeutet das Ende der habsburgischen Staatsbemühungen im Raum der Schweiz; gleichzeitig zeigt die Niederlage des Reiterheers gegen die leicht bewaffnete Bürger- und Bauerninfanterie, dass die Zeit des Rittertums vorüber ist. Für Luzern aber beginnt eine Zeitspanne unglaublich rascher Expansion. In nur etwa drei Jahrzehnten wird durch Eroberung, Kauf oder Burgrecht das Herrschaftsgebiet erworben, das im Grossen und Ganzen dem heutigen Kanton entspricht. Diese Expansion kann allerdings nur auf relativ schmaler Front nach Norden erfolgen; im Süden verhindern sie die verbündeten Waldstätte, und im Westen wie auch im Norden grenzt das aufstrebende Bern Luzerns Wachstum ein. Dennoch ist der Wandel erstaunlich: Wo noch 1350 ein habsburgisches Fürstentum zu entstehen schien, breitet sich nun die Stadtrepublik Luzern aus, die 1415 von Kaiser Sigismund die Reichsfreiheit erhält, und ein kräftiges Glied des seit 1353 acht Stadt- und Länderorte umfassenden eidgenössischen Bundes bildet. Mit diesen nimmt Luzern an manchen Eroberungszügen teil und erwirbt sich die Mitsprache und Nutzniessung an den eidgenössischen Vogteien im Aargau und Thurgau, im Rheintal und im Tessin. Gleichzeitig baut die Stadt ihre eigene Landeshoheit aus, unterwirft ländliche Gebiete (die so genannte «Landschaft») ihrem Recht, erhebt Steuern und setzt beamtete Vögte ein. Dass diese ihre Ämter von der Hauptstadt aus und nicht vor Ort verwalten, gibt der Luzerner

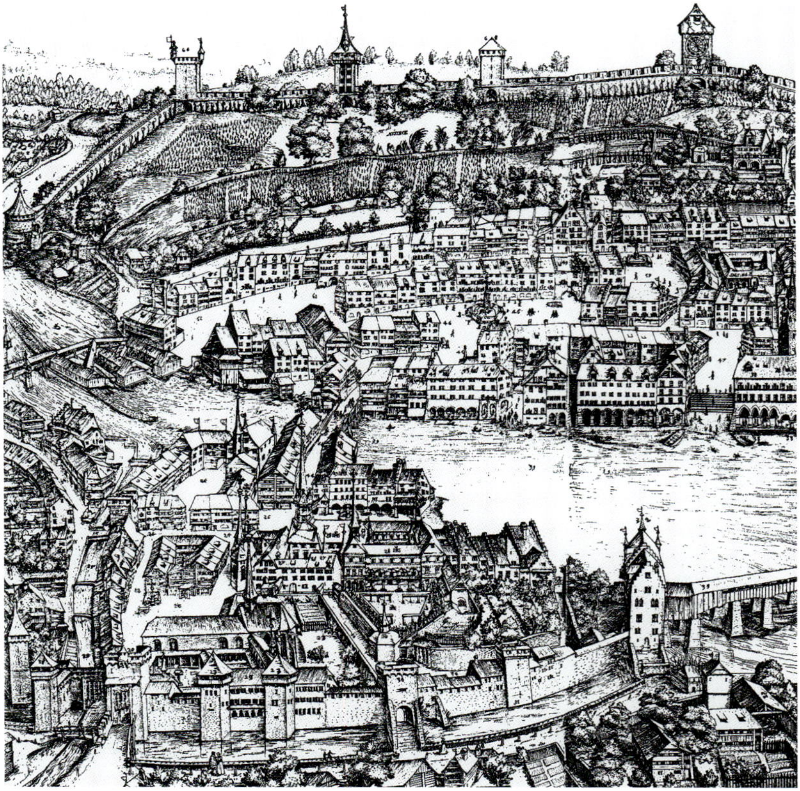

Ausschnitt aus der Luzerner Stadtansicht von Martinus Martini (1565–1610). Der Ausschnitt zeigt in der Bildmitte die Reussbrücke (Nr. 27), im Vordergrund die Kleinstadt zwischen Pfistergasse links und Freienhof rechts und in der oberen Bildhälfte die südwestliche Altstadt und die Museggmauer (Nr. 38) mit Nölli- und Männliturm, Luegisland, Heuturm und Zytturm.

Herrschaft von Anfang an einen zentralistischen Zug. Hier liegt der Keim für manchen späteren Konflikt, da es der Landschaft – namentlich dem Entlebuch – nicht an Selbstbewusstsein mangelt.

Die Expansion ist umso erstaunlicher, als sie in eine Zeit schwerer demografischer und wirtschaftlicher Krisen fällt. Die Pest um 1350 und später die zahlreichen Kriege bewirken, dass die Stadtbevölkerung um rund 40 % zurückgeht. Auch die Landschaft ist von schweren Krisen betroffen, erholt

Überblick

1386:	Sieg Luzerns über Habsburg in der Schlacht bei Sempach.
1380–1415:	Erwerb des Herrschaftsgebiets, u.a. der «Ämter» Entlebuch, Willisau, Wolhusen und Rothenburg, der Landstädte Sempach und Sursee, des Stifts Beromünster und des Michelsamtes.
1392:	Erste Einsetzung von Luzerner Vögten im neu erworbenen Herrschaftsgebiet.
1415:	Luzern wird reichsfrei.
Um 1430:	Fertigstellung des äusseren Befestigungsrings mit **Museggmauer (Nr. 38), Kapell- und Spreuerbrücke (Nr. 22 u. 23)** usw.
1415–1513:	Beteiligung luzernischer Truppen an zahlreichen Kriegen, u.a. an den Burgunderkriegen 1474–1477 und am Schwabenkrieg 1499, sowie bei der Eroberung des Aargaus 1415, des Thurgaus 1460 und der Vogteien im Tessin 1500–1513.
1416:	Aufzeichnung aller Rechte Luzerns in seinem Herrschaftsgebiet.
1417:	Einführung des «Bösen Pfennigs» als Weinumsatzsteuer auf dem Land.
Um 1450:	Bau des neuen Rathauses am **Kornmarkt (Nr. 4)**
1472:	Bau des Zeughauses an der Reuss
1474:	In der «Ewigen Richtung» anerkennt Habsburg die eingetretenen territorialen Veränderungen.
1479:	Im «Generalauskauf» erwirbt Luzern alle dem Kloster Murbach verbliebenen Rechte über die Stadt.
Ab 1500:	Nach zahlreichen Grossbränden (1412 und 1462 in der Pfistergasse, 1422, 1444 und 1508 an der Weggisgasse) langsame, vom Rat durch mehrere Erlasse geförderte Umwandlung der hölzernen in eine steinerne Stadt.

sich davon aber schneller. Erst um 1570 dürfte es in Stadt und Land wieder etwa gleich viele Luzernerinnen und Luzerner gegeben haben wie um 1300, nämlich rund 30 000 Einwohner.

Vorort der katholischen Schweiz (um 1520–1798)

Die Reformation, die ab 1519 in der Schweiz zum Thema wird, hat in Luzern aus politischen und wirtschaftlichen Gründen keine Chance. Zum einen wirkt sich die starke Verbindung Luzerns zum Süden und zu den drei Urkantonen Uri, Schwyz und Unterwalden aus, und zum andern gefährdet Zwinglis Ablehnung der Solddienste die Haupteinnahmequelle der führenden Luzerner Familien.

Dazu kommt, dass Zwinglis Protestantismus mit seinem rationalen und asketischen Grundzug der einheimischen Bevölkerung fremd bleibt, die ihre Vorliebe für das Sinnenhafte und Überkommene an die alte Kirche bindet. Als die katholischen Orte 1531 in der Schlacht bei Kappel am Albis die Reformierten besiegen und in der Eidgenossenschaft eine Art Hegemonie errichten, fällt Luzern als ihrem Vorort fast automatisch eine Führungsstellung in der Eidgenossenschaft zu. Diese wird dadurch gekräftigt, dass die beiden Hauptstützen der Gegenreformation – Papsttum und Jesuitenorden – nun in Luzern präsent sind: Ersteres seit 1579 durch die Nuntiatur, die Jesuiten seit 1574 mit ihrem Kollegium, das in der Folge zur Kaderschmiede der

Der Schultheissensaal des Rathauses (Nr. 4), neu gestaltet 1785, mit den Porträts der Schultheissen und dem mächtigen Ofen von Andreas Dolder.

katholischen Eidgenossenschaft wird. Aber diese Führungsstellung Luzerns und der katholischen Orte steht auf schwachen Füssen. Die Zukunft gehört reformierten Städten wie Zürich, Bern und Basel, die demografisch stärker und wirtschaftlich dynamischer sind. Als sie die Katholiken 1712 im Zweiten Villmergerkrieg besiegen, ist es mit deren und Luzerns führender Stellung in der Eidgenossenschaft für immer vorbei.

Im Innern zeigt sich seit Ende des 16. Jahrhunderts der europäische Zug zum Absolutismus in einer Aristokratisierung von Regierung und Gesellschaft, indem sich immer mehr Macht bei immer weniger Familien konzentriert. Schon im Spätmittelalter gibt es einen inneren Kern von Regierenden, der sich aber infolge der Ausfälle durch Seuchen und Kriege immer wieder erneuert. Als das Regieren indessen mehr und mehr zum Beruf wird, können sich diesen Zeit raubenden Einsatz nur noch Wohlhabende leisten und solche, die durch Solddienste zu einträglichen Pensionen gekommen sind. Alle zwei Jahre sind im Kanton 15 Vogteistellen zu besetzen, dazu häufig Landvogtstellen im Aargau, Thurgau, Tessin usw. Kleinräte halten viermal in der Woche ihre Sitzungen ab; dazu kommen ungezählte Tagungen diverser Kommissionen. Als Kriege und Seuchen im 16. und 17. Jahrhundert seltener werden, nimmt die Bevölkerung und damit auch der Konkurrenzdruck namentlich von der Landschaft her kräftig zu. Als Folge davon steigt aber auch die Tendenz zur Besitzstandwahrung und Abkapselung. Aufnahmen ins Bürgerrecht werden immer seltener; vom 16. zum 17. Jahrhundert gehen sie von 1805 auf 331 zurück. Es entsteht eine Schicht minderberechtigter so genannter Hintersässen, deren Anzahl bereits 1700 rund doppelt so gross ist wie jene der Bürger. Aber auch von diesen hat der grösste Teil keinen Zutritt zu den Ämtern mehr, da das regierende Patriziat die Ratsstellen in Selbstergänzung unter sich vergibt und sich alle wichtigen Ämter vorbehält. Im 18. Jahrhundert haben nur noch zwanzig Familien Zutritt zum Kleinen Rat und nur sechs – die Am Rhyn, Balthasar, Dürler, Fleckenstein, Pfyffer und Sonnenberg – stellen von 1601 bis 1798 über die Hälfte aller Schultheissen (Regierungspräsidenten). Luzern hat damit das konzentrierteste Patriziat aller Schweizer Städte.

Eine ähnliche Abschottung tritt auch in Handwerk und Gewerbe ein, wo die Zünfte alle Konkurrenz abzuwehren und die Arbeit auf ihre Kleinbetriebe aufzuteilen suchen. In der modernen Heimindustrie der Leinen- und Baumwollverarbeitung finden sich kaum Luzerner Unternehmer. Auch wenn einzelne Patrizier und Geistliche sich im 18. Jahrhundert den modernen Ideen der Aufklärung zuwenden, ist Luzern nicht mehr in der Lage, die politische und wirtschaftliche Erstarrung aus eigener Kraft aufzubrechen.

Überblick

Nach 1519:	Luzern widersetzt sich zusammen mit den andern Orten der Zentralschweiz der Reformation.
1531:	Nach dem Sieg über die Reformierten in der Schlacht bei Kappel dominieren die sieben katholischen Orte die gespaltene Eidgenossenschaft.
Ab ca. 1570:	Ausbildung des aristokratischen Regierungssystems mit absolutistisch-zentralistischen Zügen.
1574:	Gründung des **Jesuitenkollegiums (Nr. 13),** das ab 1600 zur philosophisch-theologischen Hochschule erweitert wird.
1579:	Errichtung der päpstlichen Nuntiatur
1583:	Kapuzinerniederlassung auf dem Wesemlin
1586:	Die sieben katholischen Orte schliessen den goldenen Bund, der ein Jahr später eine Allianz mit Spanien eingeht.
1602–06:	Bau des neuen Rathauses am Kornmarkt.
1633–39:	Wiederaufbau der Hofkirche im Stil der Spätrenaissance nach dem Brand von 1633.
1653:	Bauernkrieg und Burgerhandel: Gescheiterte Aufstände der Nichtprivilegierten auf dem Land und in der Stadt.
1666–77:	Bau der Jesuitenkirche als erster barocker Kirchenbau der Schweiz.
1712:	Sieg der reformierten Orte im 2. Villmergerkrieg. Ende der Luzerner Vormachtstellung in der Eidgenossenschaft.

Jahrhundert der Revolutionen (1798–1914)

Luzern verändert sich in dieser Zeitspanne stärker als in den vier Jahrhunderten seit 1415 zusammengenommen. Im Grunde spielen sich mindestens fünf Revolutionen ab: Zwei politische, bei denen es einerseits um die Umformung der Patrizierherrschaft in eine Demokratie, und andererseits um die Neudefinition der Stellung Luzerns und der anderen Kantone im eidgenössischen Bund geht; sodann die industrielle Revolution, die gleichzeitig eine Verkehrsrevolution ist, zu der die revolutionäre Umwandlung des Stadtbildes von der ummauerten und in sich gekehrten zu einer nach aussen geöffneten Stadt kommt. Gemeinsam ist diesen Umbrüchen, dass sie nicht schlagartig, sondern schubweise vor sich gehen und Zeit brauchen. Typisch sind die starken retardierenden Kräfte; typisch ist aber auch, dass die Industrialisierung die

Stadt umgeht; in Luzern selbst entstehen fast keine Fabriken, oder besser, wie einmal gesagt wurde: Seine Fabrik ist das Hotel, seine Industrie die Fremdenindustrie.

Die **politischen Revolutionen** beginnen am 31. Januar 1798, als das Patriziat vor dem Hintergrund der in die Schweiz einmarschierenden französischen Truppen von sich aus seine Privilegien abgibt und dem verblüfften Volk erklärt, die künftigen Fundamente des Staats seien Gleichheit, Menschenrechte, Demokratie und freie Wirtschaft. Nun setzen in Luzern für ein Menschenalter (1798–1875) Kämpfe zwischen vorwärts treibenden und retardierenden Kräften ein, die aus einheimischer Sicht als heftig und gewaltsam, vom Ausland her gesehen aber wohl als geradezu idyllisch erscheinen. Luzern erlebt in dieser Zeit zehn neue Verfassungen; 1875, als mit dem «allgemeinen» Wahlrecht – das natürlich nicht wirklich allgemein ist, denn die Frauen erhalten das Stimmrecht erst 1970! –, mit Verfassungsinitiative und Gesetzesreferendum die demokratische Form gefunden ist, beruhigt sich die Lage; von da an bis 2007 gibt es keine neue Verfassung mehr. Typisch luzernisch in diesen Auseinandersetzungen ist die Tatsache, dass sich die alte Spaltung zwischen Stadt und Land bis gegen Ende des 20. Jahrhunderts in der parteipolitischen Spaltung zwischen liberal und konservativ fortsetzt.

Bevölkerungszahl Luzerns im Vergleich zur Landschaft

	Um 1350	1453	1798	1850	1910	2006	2014
Stadtbevölkerung	ca. 4500	ca. 3500	ca. 4300	10068	39339	57870	81057
Landbevölkerung	ca. 25000	ca. 15500	ca. 84800	122775	127884	301147	313547
Verhältnis Stadt/Land	1 : 5,5	1 : 4,5	1 : 20	1 : 12	1 : 3,3	1 : 5,2	1 : 3,9

Eigenartigerweise bildet die ländliche, kirchentreue und konservative Bevölkerung den eigentlichen Motor der Demokratisierung, weil sie glaubt, nur so die Herrschaft der liberal dominierten Stadt beseitigen zu können, die diese ihrerseits durch allerhand Tricks zu retten sucht.

Unseligerweise kommen diese Konservativen in Luzern 1841 ausgerechnet in dem Augenblick an die Macht, als die Neugestaltung des eidgenössischen Bundes allmählich spruchreif wird. Die liberalen, stärker industrialisierten Kantone des Mittellandes von Genf bis St. Gallen streben einen stärkeren Bund und eine Überwindung der kantonalen Sonderrechte an, die der wirtschaftlichen Entwicklung im Weg stehen; man kann sie gleichsam als

Schweizer Nationalisten bezeichnen. Die katholischen Alpen- und Voralpenkantone mit Luzern an der Spitze hingegen beharren auf der Souveränität der einzelnen Republiken, da sie als Minderheit in einem einheitlicheren Bundesstaat um ihre Selbständigkeit fürchten. 1845 bilden sieben von ihnen zum Schutz ihrer Interessen den Sonderbund mit Luzern an der Spitze dieser verlorenen Schar. Als liberale Kantone Klöster aufzuheben beginnen und Luzern darauf 1844 die Jesuiten zurückberuft, die bei den Liberalen als reaktionäres Schreckgespenst gelten, wird der latente Bürgerkrieg um die Bundesreform zum offenen Krieg. Nach ersten Scharmützeln, bei denen 1844 und 1845 liberale Freischaren die konservative Luzerner Regierung zu stürzen versuchen, kommt es im November 1847 zum Kampf. Er dauert zum Glück nur 24 Tage und fordert weniger als hundert Tote. Luzern und seine Verbündeten aber sind geschlagen und bleiben im neuen Bundesstaat, der 1848 zustande kommt, für Jahrzehnte im Abseits. Als nationale Hauptstadt kommt Luzern nun nicht mehr in Frage; dafür verstärkt sich gerade in dieser Zeit seine internationale Ausstrahlung.

Die **industrielle Revolution** setzt in Luzern spät ein. 1860 sind nur 1,7 % der Bevölkerung in der Heim- oder Fabrikindustrie tätig, das sind viermal weniger als in der übrigen Schweiz. Luzern ist – und bleibt bis heute – ein überdurchschnittlich von der Landwirtschaft geprägter Kanton; 1910 gehörten immer noch rund 40 % der Erwerbstätigen dem Bauernstand an, und noch heute ist dessen Anteil mit über 6 % rund doppelt so hoch wie in der Schweiz insgesamt.

Dabei fehlte es eigentlich nicht an günstigen Voraussetzungen für die Industrialisierung. Reuss, Emme und andere Flüsse sind als Energieträger geeignete Wasserläufe, dazu war in den wiederholt von Agrarkrisen und starker Abwanderung betroffenen Landgebieten ein Arbeitskräftepotenzial vorhanden, und für einzelne Zweige wie die Stroh-, Leinen-, Bau- und Nahrungsmittelindustrie mangelte es auch nicht an Rohstoffen. In der Stadt hatte es die Industrie wegen der engen Raumverhältnisse allerdings schwer; und vor allem waren weder das zwar kapitalkräftige Patriziat noch das auf Kleinbetriebe ausgerichtete Handwerkertum geneigt, als Industriepioniere aufzutreten. Dennoch zog die Stadt etliche Industrien an, die sich aber vor ihren Toren – in den Gemeinden Kriens, Littau und Emmen – ansiedelten. Aus einigen, etwa den 1842 entstandenen von Moos'schen Eisenwerken, der Maschinenfabrik Bell in Kriens (1844) oder der Papierfabrik Perlen (1872) wurden bedeutende Unternehmen; andere, wie die 1874 gegründete heutige Aufzügefabrik Schindler, entwickelten sich gar zu weltbekannten Firmen.

Überblick

1798:	Ende der Patrizierherrschaft. Helvetische Verfassung mit zentralistischem Staatsaufbau und Einführung u.a. der Glaubens-, Niederlassungs- und Wirtschaftsfreiheit.
1798/99:	Luzern ist vom Oktober 1798 bis Mai 1799 Sitz der helvetischen Regierung.
1814:	Durch einen Staatsstreich aristokratischer Kreise teilweise Rückkehr zu den Zuständen vor 1798: Sogenannte Restauration. Erneute Dominanz der Stadt über die Landschaft. Luzern wird – abwechselnd mit Zürich und Bern – alle 4 Jahre eidgenössischer Vorort.
1826:	Erstmals reformierte Gottesdienste in Luzern.
1831:	Liberale Regenerationsbewegung. Zögernder Beginn der Industrialisierung.
1835:	Mit dem **«Schwanen» (Nr. 56)** Bau des ersten Hotels am See.
1837:	Erstes Dampfschiff auf dem Vierwaldstättersee.
1841:	Konservative Verfassung: Demokratisch-ländliche Bewegung gegen die Dominanz der Stadt.
1844:	Rückkehr der Jesuiten nach Luzern.
1844/45:	Gescheiterte liberale Freischarenzüge mit dem Ziel, das konservative Regime Luzerns zu stürzen.
1845:	Luzern, Uri, Schwyz, Unterwalden, Zug, Freiburg und Wallis gründen den Sonderbund zur Wahrung ihrer autonomen Stellung im Bund.
1847:	4,-28. November: Sonderbundskrieg. Luzern kapituliert mit den andern Sonderbundskantonen vor den eidgenössischen Truppen.
1848:	Gründung des schweizerischen Bundesstaates mit Hauptstadt Bern. Liberale Dominanz in Luzern. Ausweisung der Jesuiten und Aufhebung einiger Klöster.
Ab ca. 1850:	Entfestigung der Luzerner Altstadt; Schleifung zahlreicher Türme u. Tore.
1856:	Eröffnung der Bahnstrecke Basel-Emmenbrücke; 1859 Weiterführung bis Luzern.
Ab 1864:	Bebauungspläne für neue Wachstumszonen im Bruch-, Wey- und Obergrund-Quartier.
1866–72:	Richard Wagner in Tribschen.
1871:	Konservativer Umschwung im Kanton; die Stadt bleibt aber liberal.
1875:	Demokratische Verfassung, die bis 2007 in Kraft bleibt.
1882:	Eröffnung der Gotthardbahn, die aber Luzern bis 1897 umfährt.
1889:	Eröffnung der Brünig- und der Pilatusbahn.
1894/95:	Neubau des Bahnhofs; die jetzt von der Bahn befreite Pilatusstrasse und das Hirschmattquartier werden neue Bauzonen.

Vielleicht muss man in Luzern eher von einer technischen als von der industriellen Revolution reden. Was die Stadt nämlich seit 1830 von Grund auf umzugestalten beginnt, sind technische Errungenschaften, in erster Linie natürlich die neuen Verkehrsmittel. Als am 24. September 1837 mit der «Stadt Luzern» das erste Dampfschiff zu seiner Eröffnungsfahrt ausläuft, beginnt ein neues Zeitalter. Der Dampfer vermag bedeutend mehr Menschen und Güter aufzunehmen als die alten Nauen, und legt den Weg nach Flüelen in 3 statt in 9 Stunden zurück. Ab 1856 folgen die Bahnen: zuerst jene nach Olten und Basel, 1864 jene nach Zug und Zürich, und 1897 endlich auch der Anschluss an die bereits 1882 erbaute Gotthardbahn. Diese Verbindungen hinaus in die Welt machen nun innerhalb etwa eines halben Jahrhunderts aus der in ihren Mauern schlummernden regionalen Hauptstadt ein europäisches Tourismuszentrum. Von 1850 bis 1913 vervierfacht sich die Zahl ihrer Bevölkerung und ihre Siedlungsfläche. Die Bebauung folgt zunächst fingerförmig den alten Ausfallstrassen Obergrund, Untergrund und Zürichstrasse.

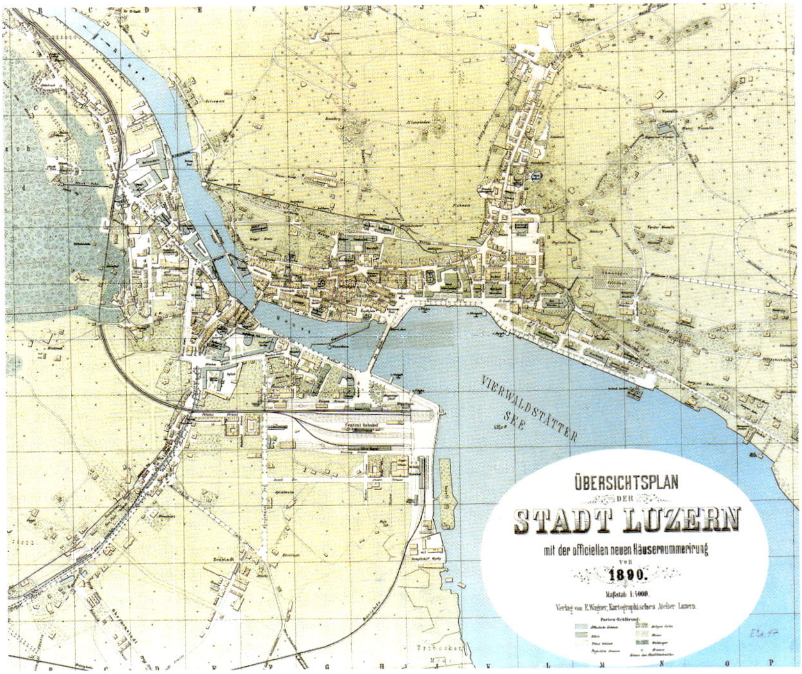

Übersichtsplan der Stadt Luzern von 1890. Die Stadt wächst mit Hotels am rechten Seeufer und mit Häusern entlang der drei Ausfallachsen. Die Eisenbahn wird durch die Pilatusstrasse geführt und schnürt die Stadt als «eiserner Gürtel» ein.

Zwischen 1866 und 1873 entstehen die rasterförmigen Bebauungspläne für die neuen Wachstumszonen in den Quartieren Bruch, Obergrund, Wey und um den Bahnhof. Die Stadtbevölkerung wächst viel schneller als jene auf dem Land. Das rasante Wachstum ist aber nur dank weiterer technischer Neuerungen möglich. So macht erst die neue Wasserversorgung von 1875 mit Druckleitungen vom Reservoir beim Gütsch die dichte Bebauung der umliegenden Hügel überhaupt möglich. Weil die innerstädtischen Distanzen wachsen, wird 1899 die Trambahn eingeführt. Von 1858 an gibt es eine öffentliche Gasbeleuchtung, und die elektrische Beleuchtung kommt 1891, zuerst natürlich dort, wo sich Luzern besonders vorteilhaft präsentieren muss: am **Schweizerhofquai (Nr. 59).** 1852 wird die erste Telegrafen- und 1883 die erste Telefonstation eröffnet.

Die revolutionäre **Umgestaltung des Stadtbildes** ist weitgehend eine Folge dieser technischen Neuerungen. Sie bewirkt eine Art Dreiteilung Luzerns: In der Grossstadt wie in der Kleinstadt lebt das in sich gekehrte «Storchennest» aus dem Mittelalter weiter, während die bis dahin unverbauten Seeufer dem Tourismus dienstbar gemacht werden: das rechte mit seinen Hotels und Uferpromenaden als Aussichtsterrasse, das linke mit dem Bahnhof auf der ehemaligen Fröschenburg als «Lieferanteneingang». Aber auch das Storchennest der Altstadt erfährt starke Eingriffe. In einigen Randgebieten wird die Anzahl der Stockwerke erhöht, so am Grendel, der 1819–1822 eingedeckt und ab 1860 mit seinen Wohn- und Geschäftshäusern zum Scharnier zwischen Hotelmeile und Altstadt wird. Vor allem aber spielt sich im Jahrzehnt nach 1855 jener städtebauliche Prozess der Entfestigung ab, dem insgesamt an die zwanzig Tore und Türme sowie Teile der Stadtmauern, die Sust und die Hofbrücke zum Opfer fallen. Dieser Vorgang, über den man heute den Kopf schütteln mag, erregt damals zunächst kein Bedauern. Viele, die in der Altstadt wohnen, fordern die Beseitigung der dunklen und feuchten Enge und freuen sich über die neuen hellen Plätze. Manche sehen in diesem Zerstörungswerk auch eine demokratische Tat, da die vor allem als Gefängnisse dienenden Türme als Symbole der alten Aristokratenherrschaft gelten. Eine Änderung tritt erst ein, als 1864 wegen ihres schlechten baulichen Zustands auch die Schleifung der **Museggmauer (Nr. 38)** erwogen wird. Da sie kaum ein Verkehrshindernis darstellt und man ihren touristischen Wert erkennt bleibt sie jedoch verschont.

Auch der **Kapellbrücke (Nr. 22)** droht Gefahr: 1869 planen Geschäftsleute aus der Altstadt – um nicht ins Abseits zu geraten – die neue Seebrücke vom Bahnhof direkt auf den Kapellplatz zu führen. Es existiert denn auch ein

Tore zur Hofbrücke und zur Schifflände am Kapellplatz (Nr. 2), abgetragen 1835. Gemälde von Xaver Schwegler 1897.

anonymes Bild aus dieser Zeit, ohne Kapellbrücke, auf dem der **Wasserturm (Nr. 23)** wie eine einsame, vom Sturm verschonte Eiche aus der Reuss ragt.

Die Umgestaltung des rechten Seeufers zur Hotelmeile und Aussichtsterrasse erfolgt in drei Etappen zwischen 1835 und 1906. Bahnbrecher ist der **Wirt des Schwanen (Nr. 56),** der den Neubau nach dem Brand seines Hotels in der Altstadt 1835 vor die Stadttore an das Seeufer zu stellen wagt, dorthin, wo schon zwei Jahre später die Dampfschiffe anlegen. Östlich davon entsteht 1845 der luxuriöse **Schweizerhof (Nr. 57),** der mit den 1856 erstellten Seitenflügeln ein neues Wahrzeichen in Luzern setzt. Erbauer sind die Gebrüder von Segesser, die zeigen, dass das im Umgang mit vornehmen Gästen geübte Patriziat sich im Hotelbau eher engagiert als in der Industrie. In einer zweiten Phase, zwischen 1861 und 1871, schiessen 14 weitere Hotels aus dem Boden, darunter nun etliche in der Nähe des Bahnhofs. In einer dritten Phase, nach den Krisenjahren 1875–1885, nimmt der Hotelbau mondäne Züge an. Er konzentriert sich auf die äussere Halde, wo man nach 1882 einige Zeit auf den Bau eines neuen Gotthardbahnhofs spekuliert. Im Anschluss an das 1870 eröffnete **Hotel National (Nr. 62)** entstehen 1882 der **Kursaal (Nr. 64)** und 1906 das **Palace (Nr. 65);** das Montana (1910) nützt, über eine Standseilbahn erschlossen, die erhöhte Prachtlage über dem See. Opfer dieses touristischen Baubooms ist die Hofbrücke, die zwischen 1834 und 1854 in drei Etappen abgebrochen wird; zu Füssen der **Hofkirche (Nr. 50)** müssen auch die verwinkelten Kaplanenhäuser und am See manche alten Gewerbebauten weichen.

Mit dem Kriegsausbruch 1914 wird es still in Luzern. 1915 kommen nur noch knapp 30000 Gäste, sechsmal weniger als zwei Jahre zuvor. In den folgenden Jahren muss mehr als ein Viertel der seit 1836 erbauten Hotels schliessen. So richtig in Schwung kommt der Tourismus erst wieder mit der Hochkonjunktur nach 1950; aber die Bettenzahl von über 8000 wird nie mehr auch nur annähernd erreicht.

Entwicklungsakzente im 20. Jahrhundert (1914–2015)

Luzern durchlief im 20 Jahrhundert ähnliche Entwicklungen wie andere Städte. Dazu gehörte auch der Auszug in die Vororte. Während die städtische Bevölkerung von 1970 bis 2000 um einen Sechstel zurückging, nahm jene der Vororte rasant zu. 2015 zählte der Gürtel der 13 Agglomerationsgemeinden zwischen Horw und Gisikon, Rothenburg und Meggen mit rund 200000 Einwohnern zweieinhalb mal so viele wie die Stadt mit ihren rund 80000. In dieser Situation wurde die Frage nach Fusionen sowohl vom Kanton als auch von der Stadt ins Spiel gebracht. Der Kanton forderte ein starkes Zentrum mit «deutlich über 100000» Einwohnern, das als starker wirtschaftlicher Motor wirken und als viertgrösste Stadt der Schweiz national mehr Gewicht erhalten sollte. Erwartet wurde auch, dass Fusionen die Koordination der Verkehrs- und Siedlungspolitik in den stark zusammen gewachsenen Lebensräumen verbessert würde, und sich in der Verwaltung dank Synergien Einsparungen ergäben. Ab 2002 begannen erste Fusionsgespräche zwischen Luzern und Littau. Volksabstimmungen ergaben 2007 Ja-Mehrheiten für eine Fusion von 52,6 % in Luzern und 54,6 % in Littau. Auf den 1. Januar 2010 trat der Zusammenschluss in Kraft, der eine Vergrösserung der Stadtfläche um 13,25 auf 29,1 km^2, und der Einwohnerzahl um 17205 auf 76702 erbrachte. Ab 2009 liefen auch Abklärungen zur Schaffung einer «starken Stadtregion» von 150000 Einwohnern durch Fusionen mit den Nachbargemeinden Adligenswil, Ebikon, Emmen und Kriens. Bei Volksabstimmungen im November 2011 und März 2012 zeigte sich aber, dass nur die Stadt gewillt war, mit diesen Gemeinden zu fusionieren, während diese selbst es ablehnten. Dabei dürfte das Selbstbewusstsein dieser Gemeinden eine Rolle gespielt haben, die mit zum Beispiel knapp 29000 Einwohnern in Emmen und 27000 in Kriens doch eine ansehnliche Grösse aufwiesen.

Überblick

1910:	Bau einer Luftschiffhalle in Tribschen
1912:	Eröffnung der Dietschibergbahn
1914:	Beginn des Hotelsterbens als Folge des 1. Weltkriegs
1928/29:	Erste Autobuslinien von Luzern in Vororte wie Horw, Meggen etc.
1933:	Eröffnung des Kunst- und Kongresshauses beim Bahnhof (1995 abgebrochen)
1938:	Anfang der Internationalen Musikfestwochen (heute Lucerne Festival)
1949:	Abbruch des in gotische Zeit zurückgehenden Freienhofs neben der Jesuitenkirche
1952–57:	Erste Verkehrsampeln und Parkuhren
1957:	Gründung des Zentralschweiz. Technikums (Fachhochschule)
1959:	Eröffnung des Verkehrshauses als **schweiz. Verkehrsmuseum (Nr. 67)**
Ab 1960:	Die Agglomeration beginnt die Stadt bevölkerungsmässig zu überholen.
1964:	Luzern-Stans-Engelberg-Bahn eröffnet
1970:	Frauenstimmrecht im Kanton Luzern
1971:	Brand des Bahnhofs
1973–79:	Anschluss an das Erdgasnetz und die regionale Kläranlage in Emmen
1978:	Eröffnung des **Natur-Museums (Nr. 108)**
1981:	Luzern wird an die Autobahn Norddeutschland-Süditalien angeschlossen
1986:	Eröffnung des Historischen **Museums (Nr. 107)**
1993:	Brand der **Kapellbrücke (Nr. 22)**
1997:	Gründung der Hochschule Luzern durch die sechs Zentralschweizer Kantone (LU, UR, SZ, NW, OW, ZG)
1998/2000:	Eröffnung des neuen **Kultur- und Kongresszentrums KKL (Nr. 76)**
2000:	Gründung der Universität Luzern mit drei Fakultäten Erste Luzerner Stadtregierung mit nichtbürgerlicher Mehrheit
2007:	Luzern und Littau beschliessen ihre Fusion auf den 1. Januar 2010
2011:	Erstes Fussballspiel in der neuen Arena auf der Allmend
2011/12:	Adligenswil, Ebikon, Emmen und Kriens lehnen eine Fusion mit Luzern ab
2009/13:	Eröffnung der neuen Messehallen auf der Allmend
2016:	Start der neuen Wirtschaftsfakultät an der Universität

Die neue, schwungvoll gewölbte Langensandbrücke verbindet das Neustadtquartier mit Tribschen. Sie wurde 2011 mit dem Prix Acier ausgezeichnet.

Erfolgreicher verlief die Aktivierung, die Luzern als Kultur- und Bildungszentrum im 20. Jahrhundert und namentlich in den letzten 20 Jahren erfuhr. In die Jahrzehnte seit 1930 fällt unter anderem der Bau von zwei Kunsthäusern, die Gründung der Musikfestwochen, die Eröffnung von vier bedeutenden Museen, und in neuester Zeit die Gründung zweier Hochschulen: 1997 der Fachhochschule Zentralschweiz, und 2000 der Universität Luzern. Beide Schulen nahmen seither einen formidablen Aufschwung. Mitte Oktober 2014 waren 5913 Studierende in den Studiengängen der Hochschule eingeschrieben, und an der Universität gab es 2015 im Frühjahrssemester 2814 Studierende. Luzern war wieder – ähnlich wie schon im 17. Jahrhundert – eine Studentenstadt geworden. Die Geschichte der beiden Hochschulen verlief allerdings sehr verschieden. Zur Fachhochschule kam es gleichsam in einem Anlauf durch das Konkordat der sechs Zentralschweizer Kantone, das eine Schule mit den Abteilungen Technik und Architektur, Wirtschaft, Soziale Arbeit, Design & Kunst sowie Musik ins Leben rief. Besonders gefragt waren in der Folge die Studienrichtungen Technik, Informatik und Wirtschaft, auf die 2014 rund zwei Drittel der Studierenden entfielen. Bis es zur Universität kam scheiterten hingegen mehrere Anläufe, ein erster schon 1647, der letzte 1978, als das Luzerner Volk eine entsprechende Vorlage ablehnte. Im Mai 2000 fand dann aber das Projekt einer Universität mit einer theologischen, einer geisteswissenschaftlichen und einer rechtswissenschaftlichen Fakultät die Zustimmung von 72 % der Stimmenden. Als grosser Renner erwies sich in der Folge die Rechtsfakultät, die rund die Hälfte der Studierenden anzieht. Sowohl an der Fachhochschule wie an der Universität stehen wichtige Neuerungen bevor. An der Universität wird 2016 als vierte Fakultät jene für Wirtschaftswissenschaft eröffnet. Ebenfalls 2016 bezieht das Departement Design & Kunst der Fachhochschule neue Anlagen auf dem ehemaligen Fabrikgelände der Viscose in Emmen, und bald wird sie in Rotkreuz einen neuen Informatik- und Finanzcampus beziehen können. Auch das Departement Musik wird 2019 einen Neubau im so genannten «Südpol» (Arsenalstr. 28) beziehen, mit dem Luzern zeigt, dass man für ganz verschiedene Kulturformen offen ist.

Verändert hat sich nach 2010 in wenigen Jahren auch die Physiognomie von Luzern. Seit 2012 ragen im nördlichen Teil der Grünzone Allmend neben dem neuen Fussballstadion zwei Wohn-Hochhäuser 88 und 77 Meter hoch in den Himmel, und setzen neue Akzente in die Luzerner Skyline. Neben die Fussballarena kam auch ein Sportgebäude mit Hallenbad, Turnhallen und Fitnesspark zu stehen, während der früher auf der Allmend häufige Schiesslärm dank einer neuen Schiesssporthalle völlig verschwand. Auch das neben dem

Statt Schiesslärm prägen heute zwei Wohntürme und das neue Stadion die Allmend.

Stadion liegende Messegelände wurde zwischen 2009 und 2013 gründlich modernisiert, womit Luzern als Platz für Messen, Gross-Events und Kongresse bedeutend aufgewertet wurde. Schon im Jahr der Neueröffnung zog es über 3000 Aussteller und gegen 400 000 Besucher an. Das ganze Sport- und Messegelände wird seit November 2012 durch die Zentralbahn mit eigener unterirdischer Haltestelle «Allmend / Messe» erschlossen.

Markant veränderte sich das Stadtbild auch um den Bahnhof, mit dem Bau des **KKL (Nr. 76)** und dem Umbau des ehemaligen Postbetriebsgebäudes in den Sitz der **Universität (Nr. 77).** Aber langsam begann um 1950 auch eine Veränderung ganz anderer Art. Damals kam es zu lebhaften Protesten, als 1949 die gotische Gebäudegruppe des Freienhofs neben der Jesuitenkirche, und 1959 das 300 Jahre alte stattliche Balthasarhaus an der Reussbrücke abgerissen werden sollten. Als die Stadt 1978 ihr 800-jähriges Bestehen feierte, vertiefte sich zweifellos die Einsicht, dass mit der historischen Bausubstanz sorgsamer umgegangen werden musste, wollte Luzern seinen alten Reiz bewahren.

Die Haltestelle Allmend / Messe ist der vorerst einzige «Tiefbahnhof» der Stadt Luzern.

Luzern erleben

Einer Stadt auf der Spur

Eine Stadt lässt sich auf vielerlei Art erleben. Einige möchten sie erkunden und sorgfältig ihren Geschichten und Schätzen nachspüren, wie wir das mit den nachfolgenden Rundgängen empfehlen. Andere lassen sich lieber treiben und werden dabei in Luzern ganz bestimmt auch auf ihre Rechnung kommen; da die Sehenswürdigkeiten gut beschriftet sind, gelangt – wer des Deutschen mächtig ist – ohne Mühe zu wichtigen Informationen. Man kann es aber auch umgekehrt anpacken und ganz einfach von einem der Cafés aus das Leben an sich vorüberziehen lassen. Und hat man einmal Lust, dem eiligen Treiben zu entfliehen, sucht man sich die stillen Winkel aus, zum Beispiel die **Münzgasse (Nr. 30)** mit dem zauberhaften Blick auf die vor dem Torbogen vorüberziehende Reuss, oder – auf der anderen Flussseite – die malerische **Häusergruppe im Zöpfli (Nr. 28)** oder an der Rössligasse den **Süesswinkel (Nr. 7),** der zu seinem Spottnamen kam, weil früher hier der Mist aus den umliegenden Ställen lagerte. Etwas aber sollte niemand verpassen: die Stadt auch von oben, also zum Beispiel von der **Museggmauer (Nr. 38**) oder von der **Gütsch-Terrasse (Nr. 114),** zu sehen. Das verschafft Übersicht und ist in Luzern besonders reizvoll, weil der Ausblick – je nachdem, ob man von Norden oder von Süden her schaut – sehr stilvoll vom Kranz der Berge oder jenem der Museggtürme beschlossen wird.

Die vier schönsten Jahreszeiten

Das Bild Luzerns ändert sich wie die Jahreszeiten. In den Sommermonaten erscheint die Stadt mit ihrem Musik-Festival international und weltoffen. Touristenscharen schlendern durch die Gassen und Strassenmusikanten beleben die Plätze. In den Ufercafés bedienen Angestellte aus vielen Ländern Gäste aus aller Welt, und an den Reussufern übt sich die Jugend «lässig cool» im süssen Nichtstun.

In den Herbstmonaten wird es ruhiger in Luzern. Die Nebel über dem Wasser lösen sich oft erst gegen Mittag auf. Dann aber zeigen sich die fernen Berge nicht selten in einem wunderbar klaren Licht. Auf den Hügeln über der Stadt verfärben sich die Bäume, und das tiefe Herbstblau des Himmels zieht viele Einheimische noch einmal hinauf in die Berge oder an die Seepromenaden. Im Winter versinkt Luzern, wie es einmal jemand umschrieb, «in biedermeierlich kleinstädtischer Ruhe». Das Leben zieht sich zurück in

Ein gemütlicher Abend mit einem Hauch von Italianità am Weinmarkt.

SO

die Behaglichkeit vertrauter Gemeinschaften. In der früh dunkelnden Nacht streift man den Lichtern der Schaufenster nach; im Advent schaukeln die Sterne und weihnächtlichen Lichterketten über Gassen und Brücken. Diesem winterlichen Schlaf der Stadt bereitet dann die Fasnacht, dieser anarchisch-orgiastische Frühlingsausbruch, mit Getöse ein Ende. Und wenn der laue Föhn im März den Schnee von den Bergen holt und das Grün langsam wieder die Voralpen hinanklettert, dann weiss man: Bald werden in den Luzerner Gasthäusern wieder die Tische und Stühle auf die Quais und Plätze hinausgestellt – und die ersten wärmehungrigen Gäste aus aller Welt, aber auch Einheimische sich der Sonne entgegenrecken.

Über den Häusern erscheint der Pilatus oft «so nahe, dass man glauben möchte, er werde über die Häuser herabstürzen» (Karl G. Küttner 1778). Stich um 1840.

Markttage – die wöchentliche Versuchung

Zweimal in der Woche – am Dienstag- und am Samstagmorgen – wird die Stadt von lebhaftem Markttreiben erfüllt. An der Reuss werden Gemüse und Obst, Früchte und Blumen, Honig und Eingemachtes, Eier, Käse und Brot und Unter der Egg auch Fische angeboten. Über den Markt zu schlendern bereitet doppelten Spass. Die frische Pracht des Angebotenen ist eine wahre Augenweide; dazu kommt das Vergnügen, Bekannte zu treffen, mit denen man ein paar Worte wechselt, und den Fremden mit ihren Sprachen aus aller Welt zuzuhören. Manche Anbieter sind wie von alters her Bauern und Bäuerinnen aus dem Luzernischen, nicht zuletzt von Weggis und Vitznau, der Luzerner Sonnenstube am See. Der Dienstagsmarkt wird seit 750 Jahren abgehalten! Der älteste Marktbereich erstreckte sich von der Reussbrücke über die Kramgasse Richtung Weinmarkt, den damaligen Fischmarkt. Hauptsächliche Produkte auf dem Luzerner Markt waren Wein, Getreide, Hülsenfrüchte, Salz, Fisch sowie Vieh von Schafen über Schweine bis zu Pferden und Rindern. Der Lebensmittelmarkt mit Butter, Eiern, Obst, Nüssen, Gemüse und andern bäuerlichen Produkten wurde aber schon früh unter die Egg verlagert, wo die Bauern von ennet dem See mit ihren Booten direkt anlanden konnten.

Marktvergnügen an der Reuss: Schlendern, schauen und sich plaudernd mit Köstlichkeiten eindecken.

Neben den beiden Wochenmärkten gibt es heute noch mehrere attraktive Spezialmärkte. So findet jeden ersten Mittwoch in den Monaten März bis Dezember an der Reuss bis vor die **Jesuitenkirche (Nr. 12)** ein Warenmarkt für Kleider, Schuhe, Geschenkartikel etc. statt. Sehr beliebt ist sodann der Flohmarkt, der von Mai bis Oktober jeden Samstag am **Reusssteg (Nr. 29)** stattfindet, an dem allerhand Krimskrams feilgeboten wird, an dem aber – wer Glück hat – auch gesuchte Raritäten finden kann. Besonders belebt ist das Marktgeschehen zur Adventszeit. Dann findet auf dem **Weinmarkt (Nr. 8)** der Handwerksmarkt, den es sonst vom April an nur jeden ersten Samstag im Monat gibt, an praktisch allen Wochenenden statt, und es wird eine reiche Auswahl an kunstgewerblichen Artikeln von Keramik und Textilien bis zu Schmuck und Spielsachen angeboten. Der **Franziskanerplatz (Nr. 16)** ist dann an praktisch allen Adventstagen Ort eines stimmungsvollen Weihnachtsmarkts mit all seinen behaglichen Gerüchen von Glühwein, Punsch und Gewürzen. Einige Tage vor Weihnachten werden am Markt Venite auf dem **Kapellplatz (Nr. 2)** Weihnachtsspezialitäten von über 20 Nationen angeboten.

Neben den Tages- und Wochenmärkten gab es seit der Frühzeit in Luzern aber auch die grossen Messen, von denen die zweiwöchige Leodegarsmesse anfangs Oktober bis heute weiterlebt. Sie ist mit vielen Waren- und Imbissständen und ihrem Lunapark, der sich vom Bahnhof bis zum **Inseli (Nr. 78)** hinzieht, bei Jung und Alt sehr populär, und zieht Jahr für Jahr 300 000 und mehr Besucher an.

Die Sternsinger in der Vorweihnachtszeit auf dem Kornmarkt (Nr. 3).

Die Prozession an Fronleichnam auf der Reussbrücke (Nr. 27).

Kirchliches Brauchtum

Die jahrhundertelange Prägung Luzerns durch die katholische Kirche zeigt sich bis heute auch in einigen öffentlichen Bräuchen. Im Advent am Anfang des Kirchenjahres feiert man in der Hofkirche jeweils **St. Nikolaus** mit einem würdevollen Auszug des Heiligen samt Gefolge, darunter auch die schwarzen «Schmutzlis». Am ersten Adventssonntag zieht von der Pfistergasse her ebenfalls ein weithin hörbarer Klausumzug in die Stadt. Er umfasst glockenschwingende «Treichler», peitschenknallende «Geisslechlöpfer» und die «Niffeleträger» von Küssnacht, die auf dem Kopf ihre grossen, reich verzierten Laternen tragen. Am vierten Adventssonntag kann man auf den Plätzen der Altstadt den Luzerner Spielleuten beim **Adventssingen** begegnen, zu deren Zug die Heilige Familie, die Hirten mit ihren Tieren sowie die Drei Könige gehören. In der **Silvesternacht** klingt das alte Jahr mit Musik von den Türmen der Hofkirche aus, und anschliessend wird in der voll besetzten Kirche Gottes Schutz und Segen erbeten. In den Tagen um **Dreikönige** sind Gruppen der **Sternsinger** unterwegs, die auf die Türbalken der besuchten Häuser mit Kreide ihr CMB hinschreiben, was auf Caspar, Melchior und Balthasar – die Namen der drei Könige, die dem Christkind in der Krippe huldigten – hinweist, aber vielleicht auch «Christus mansionem benedicat» – Christus segne dieses Haus – bedeutet. Am **Karfreitag** begibt sich um die Mittagszeit von der Peterskapelle hinter einem grossen Holzkreuz her eine Prozession auf einen modernen Kreuzweg. **Auffahrt** (Christi Himmelfahrt) ist vor allem ein Fest des ländlichen Luzern. In sechs Gemeinden, darunter Sempach, Beromünster und Ettiswil, reiten die Gläubigen mit dem Priester in einer Segensprozession durch Feld und Flur. In der Hofkirche wird dieses biblische Ereignis anschaulich gemacht, indem ein Christusbild in das Kirchengewölbe aufgezogen wird. An **Fronleichnam** findet auf dem Franziskanerplatz ein Gottesdienst mit anschliessender Prozession zur Hofkirche statt. Auf der Reussbrücke erteilt der Priester den Segen in alle vier Winde, während vom Gütsch her die Salven der Bruderschaft der Herrgottskanoniere über die Stadt donnern. Am **Bettag** im September finden in mehreren Kirchen sowie auf dem Kapellplatz ökumenische Gottesdienste statt.

Rüüdig turbulent – Fasnacht in Luzern

Wer erleben will, wie gegen Winterende urtümliche Gefühle die Menschen überkommen, muss in die Luzerner Fasnacht eintauchen. Sie ist ein stürmisch-anarchischer Ausbruch von Lebenslust, und in ihrer Spontaneität nicht zu vergleichen mit der Basler Fasnacht, die sich in ihrem strengen Ablauf daneben ausnimmt wie eine preussische Drillübung. Wenn auch seit fünfzig Jahren die «Guggenmusigen» (fasnächtlich verkleidete Musikgruppen) überhand genommen haben – am Monsterkorso zum Fasnachtsschluss sind es jeweils an die hundert –, so haben sie doch die individuellen Masken nicht verdrängt. Im Gegenteil: Wenn sie durch die Gassen schränzen und ihre kakophonischen Wellen von den alten Mauern zurückbranden, bildet das recht eigentlich den Takt, zu dem buchstäblich die halbe Stadt tanzt, singt und hüpft. Es wäre auch falsch zu sagen, man gehe an die Fasnacht: Man taucht vielmehr in sie ein und wird vom Strom einfach mitgezogen. Früher oder später landet man dann dort, wo das eigentliche Herz der Fasnacht schlägt: bei der Eggstiege am Rathaus und den Arkaden Unter der Egg. Es gibt in Luzern Leute, die während der Fasnacht tagelang selig dahintreiben in einer chaotischen Woge von Lärm, grotesken Gestalten und Kaffee-Schnaps-Düften. Die wohl poesievollsten Bilder dieser Tage sind die kleinen Gruppen und Einzelnen, die traumverloren umherziehen, und deren fantastischen Gewänder, bizarren Masken und mächtigen «Grinde» (Masken, die den ganzen Kopf bedecken) sich im Wasser der Reuss widerspiegeln. Die grossen Umzüge hingegen, die am «Schmutzigen Donnerstag» (Donnerstag vor dem Rosenmontag) und am «Güüdis-Montag» (Rosenmontag) stattfinden, sind etwas konventionell: Die Sujets der vielen Wagen werden zwar kunstvoll und mit viel Aufwand gestaltet, aber Witz und Skurrilität finden sich eher im Individuellen.

Kleine Gruppen in fantastischen Gewändern und mit mächtigen «Grinden» (Masken), die sich genüsslich inszenieren oder traumverloren umherziehen.

Die Luzerner Fasnacht beginnt am «Schmutzigen Donnerstag» in aller Frühe. Ein paar Minuten vor fünf Uhr taucht am Schweizerhofquai aus dem Dunkel der Nacht der Nauen mit dem Bruder Fritschi und den Honoratioren der Zunft zu Safran auf, der dieser Tag seit undenklichen Zeiten gehört. Der Zug bewegt sich zum Kapellplatz, wo schon Tausende in der kalten Nacht auf ihn warten. Punkt fünf Uhr ertönt dann der gewaltige Urknall, und wie unter dem Eis hervor brechen schlagartig Ausgelassenheit und Begeisterung los, die

Wer ist Bruder Fritschi?

Er ist der Held des «Schmutzigen Donnerstags». Seine Ankunft gibt das Signal zum Fasnachtsbeginn. Am Nachmittag bildet der Fritschiwagen, auf dem er sich mit der Fritschene – beide markiert von stämmigen Safranzünftlern – befindet, den Höhepunkt des langen Korsos. Ihr Wagen umrundet dreimal den Fritschibrunnen auf dem Kapellplatz. Die Safranzunft, deren Emblem er sozusagen ist, heisst auch Fritschizunft und ihr Zunftmeister Fritschivater.

Wer Bruder Fritschi aber eigentlich ist, weiss niemand. Seit er um 1450 in Luzern auftauchte, hat er vielerlei Gestalt angenommen. Im 15. und 16. Jahrhundert wurde

er als Greisenpuppe aus Stroh abgebildet, die gelegentlich in andere eidgenössische Orte entführt wurde und dann jedes Mal unter tagelangen Festlichkeiten wieder zurückgeholt werden musste. Er war also eine Art freundeidgenössische Maskotte. Nicht selten wurde er aber auch als Luzerns ältester Bürger bezeichnet, der durch seinen kräftigen Hang zum schönen Geschlecht und durch seine Potenz auffiel, was eher auf einen Frühlingskult verweist. Und so erleben ihn die Luzerner auch heute noch: Als ein Sinnbild unverwüstlicher Lebenslust, das sie auffordert, auch in ernsten Zeiten die Lust am Leben nicht zu verlieren.

sich erst in der Morgenfrühe des Aschermittwochs wieder legen. Der Montag – der hier «Güüdis-Montag» heisst – gehört der Weyzunft, einer 1925 gegründeten Fasnachts-Gesellschaft. Am Abend des «Güüdis-Dienstags» lockt der Monsterkorso der «Guggenmusigen» dann noch einmal Zehntausende in die Stadt, wo das normale Leben für fast eine Woche aussetzte, und wo nun die kollektive Depression ausbrechen würde – gäbe es nicht die Gewissheit, dass in einem Jahr wieder Fasnacht ist.

Musikstadt Luzern

Wenn es ein Ereignis gibt, das den Namen der Stadt Jahr für Jahr in die Welt hinausträgt, dann sind es die Internationalen Musikfestwochen (IMF), die seit 2001 Lucerne Festival heissen. Zusammen mit anderen grossen Festspielorten gehört Luzern zu den bekanntesten europäischen Festivalstädten. Im Rahmen der ersten Festwochen im Juli und August 1938 leiteten Dirigenten wie Ernest Ansermet, Fritz Busch und Bruno Walter etwa ein halbes Dutzend Konzerte. Am meisten Aufsehen erregte Arturo Toscanini, als er vor dem Landhaus Tribschen in einem «Concert de Gala» unter anderem Richard Wagners «Siegfried-Idyll» zur Aufführung brachte, das dort ein Menschenalter zuvor entstanden war. Nach dem Krieg wurde es dann möglich, neben dem 1943 gegründeten Schweizerischen Festspielorchester vermehrt

Konzert des Lucerne Festival in der «Salle Blanche» im Kunst- und Kongresszentrum (Nr. 76). Selbst auf den oberen Rängen ist das Hörvergnügen makellos.

auch erstklassige ausländische Orchester zu verpflichten. 1957 traten erstmals die Wiener und 1958 die Berliner Philharmoniker auf, die mit Dirigenten wie Wilhelm Furtwängler, Karl Böhm und Herbert von Karajan viel zum wachsenden Prestige der IMF beitrugen. Die Festivalszene war damals noch recht idyllisch. Viele bedeutende Musiker hielten sich im Sommer längere Zeit in Luzern auf, gaben hier – wie die Komponisten Arthur Honegger und Paul Hindemith – Meisterkurse oder nahmen am Vierwaldstättersee sogar Wohnsitz wie Sergej Rachmaninow und Raffael Kubelik oder später Vladimir Ashkenazy und James Galway. Als im internationalen Konzertbetrieb die Hektik zunahm und die Festivalprogramme mehr und mehr austauschbar wurden, verstand es Luzern, ein eigenes Profil zu gewinnen. So stehen die Festwochen seit 1970 jeweils unter einem Leitthema. Ausserdem wurde dem zeitgenössischen Musikschaffen mehr Raum gewährt, wobei die 1956 gegründeten Festival Strings Luzern unter Rudolf Baumgartner den Anfang machten. Die Festspiele vergaben auch zahlreiche Kompositionsaufträge; seit einigen Jahren lädt Lucerne Festival ausgewählte «composers in residence» und Interpretenpersönlichkeiten «artistes étoiles» zu den Festwochen ein. Die Reihe «Debut» gilt der Förderung junger Interpretinnen und Interpreten.

Zur Sommerausgabe von Lucerne Festival im August und September mit heute rund hundert Anlässen und über 100 000 Besucherinnen und Besuchern ist seit 1988 in Anknüpfung an eine alte Tradition das neuntägige Oster-Festival getreten, in dessen Programme vermehrt geistliche Musik Eingang findet. Seit einigen Jahren wird im November sodann das Piano-Festival mit Rezitalen, Klavierkonzerten und dem Jazz-Ableger «Off-Stage» durchgeführt. Grossartig ist, dass seit der Eröffnung des KKL Luzern 1998 ein Konzertsaal für all diese Anlässe zur Verfügung steht, der akustisch zu den besten der Welt zählt.

Luzern kulinarisch

Wie aufgrund der Geschichte fast nicht anders zu erwarten, weist die Luzerner Küche kräftige rustikale Züge auf, das heisst, Käse, Milch und Rahm (Sahne) sowie Obst und die daraus gebrannten Wasser spielen eine nicht geringe Rolle. Andererseits zeigen sich auch fremde, vor allem südliche Einflüsse; so sind für Festtagsspeisen wie die Chügelipastete (s. Kasten) oder die bekannten Luzerner Lebkuchen raffinierte Zutaten und Gewürzmischungen erforderlich. Kommt dazu, dass man in Luzern kräftige Aromen gern mit einem Schuss Süssem mildert, was der Küche einen geradezu modernen Anstrich gibt.

Die Luzerner Chügelipastete

Schon die äussere Form verrät, dass die Chügelipastete eine Festtagsspeise ist. Das beinahe runde «Gehäuse» aus Blätterteig ist reich verziert und erinnert in Form und Grösse an eine Frauenhaube aus früheren Zeiten. Diese Form erhält man, indem der Teig um einen in Papier eingeschlagenen Ballen Papierstroh modelliert wird, der mitgebacken und erst nach dem Herausschneiden eines «Deckels» wieder entfernt wird. Die Füllung besteht meist aus Kalbfleisch, «Brätkügeli» (kleine Fleischklösschen) und Champignons an brauner Sauce, bei der Weisswein nicht fehlen darf, sowie Weinbeeren (Rosinen mit Kernen), die nach einem alten Rezept einen Tag in Cognac eingelegt werden. Sie erst geben dem Gericht den raffinierten Geschmack, der an die französische Küche erinnert und darauf hinweist, dass diese Festtagsspeise wohl durch Offiziere in französischen Diensten nach Luzern gekommen ist.

Schnitz und Härdöpfel sind beispielsweise gekochte und klein geschnittene Birnen und Kartoffeln an einer Zucker-Mehl-Sauce, die mit geräucherten Rippchen und Speck sowie Zungenwurst gegessen werden – eine nahrhafte Herbstspeise, die in der Zentralschweiz überall verbreitet ist. Das Gleiche gilt für die Älplermagronen, bei denen geschälte und in Stücke geschnittene Kartoffeln mit Makkaroni weich gekocht und dann mit Sahne, Käse und gedünsteten Zwiebeln vermischt werden; dazu wird Apfelmus gereicht. Für dieses Gericht braucht man nur eine einzige Pfanne; schliesslich hing ja in den Alphütten über dem offenen Feuer auch meist nur ein Kessel. Eine deftige Winterspeise ist auch die Luzerner Chässuppe, für die fein geschnittene Brot- und Käsestreifen mit Milch oder Bouillon angerührt werden; auch zu diesem Gericht isst man Apfelmus oder Apfelstückli (Kompott). Zu den Zutaten für die Luzerner Lebkuchen gehören Birnenhonig (Birnendicksaft), Zimt und Anis, Muskat- und Nelkenpulver sowie ein ordentlicher Schuss Träsch (Schnaps aus Birnen und Äpfeln). Der noch ofenwarme Lebkuchen wird mit Birnenhonig bestrichen und meist mit süsser Schlagsahne serviert. In die

Füllung der Birnenweggen gehören gedörrte Birnen und Zwetschgen sowie Feigen, Baumnüsse, Rosinen – und selbstverständlich wieder der unvermeidliche Kirsch oder Träsch.

Was die Getränke betrifft, so sind die Luzerner Weine durchaus nicht zu verachten. An den milden Ufern der Seen gedeihen ein feiner Blauburgunder und ein spritziger Riesling × Sylvaner. Aber das Luzerner Nationalgetränk ist nicht Wein, sondern der – in Luzern heisst es: das – Kaffee Träsch oder eben Kafi Luz, was nichts anderes ist als die Abkürzung für Luzerner Kaffee. Er ist so ziemlich das Gegenteil eines Espresso und wird auch nicht aus der Tasse, sondern aus dem Glas getrunken. Genau genommen haben wir es weniger mit Kaffee, als mit heissem Schnaps mit leichtem Kaffeegeschmack zu tun. Sprichwörtlich heisst es, man müsse Kaffee ins Glas giessen, bis man den Löffel darin nicht mehr sehe, und dann mit Träsch nachfüllen, bis er wieder sichtbar werde. Jedenfalls ist dieses Nationalgetränk für Luzern so typisch wie das Bier für Bayern oder der Tee für England. Noch angenehmer als sein Geschmack ist die wohlige Wärme, die es verbreitet.

An einem lauen Sommerabend unter der Egg lässt es sich wohl sein.

Durch die Gassen der Altstadt

Peterskapelle – Kapellplatz – Kornmarkt – Rathaus – Am-Rhyn-Haus – Hirschenplatz – Süesswinkel – Weinmarkt – Metzgerrainle – Weinmarktbrunnen – Mühlenplatz

Dauer: ca. 1 ½ Std.

Ein Rundgang durch die Gassen und über die Plätze der Altstadt vermittelt vor allem einen Eindruck der politischen und wirtschaftlichen Geschichte Luzerns. Bereits der alte Name Grossstadt oder auch «meren stat» im Gegensatz zur linksufrigen Kleinstadt oder «minre stat» verweist auf die dominante Stellung dieses Stadtteils im Mittelalter.

Auch Johann Wolfgang von Goethe logierte bei seinem Aufenthalt in Luzern in diesem Hause.

IMPORT
PARFUMERIE
INSTORE
Twiny Station
KRONE
buchwalder linder
Holz
Ofen
Pizza

An der Weggisgasse brannte 1444 eine Häuserzeile. Diebold Schilling berichtet (Chronik 1513) von diesem Grossbrand, der andernorts nicht nachgewiesen ist.

In der Grossstadt befanden sich die erste städtische Kirche, die Marktstätten und das Rathaus. Die ältesten Siedlungskerne der Stadt lagen bei der Peterskapelle und rund um den Marktplatz, Zentrum und Herz der werdenden Stadt im südwestlichen Teil des heutigen Weinmarkts. Bereits im 13. Jahrhundert bildete die Grossstadt ein von einer einfachen Befestigung umgebenes, geschlossenes Siedlungsgebiet. Mit dem Bau des zweiten Befestigungsrings ab 1367, der Museggmauer, erreichte die Grossstadt flächenmässig ihre heutige Ausdehnung.

Bis ins 15. Jahrhundert gab es in Luzern nur wenige Steinhäuser. Die meisten Wohnhäuser bestanden aus Holz und entsprechend gross war die Brandgefahr. Die Chroniken berichten immer wieder von verheerenden Feuersbrünsten; ein Tafelbild der Kapellbrücke zeigt den Brand der Grossstadt von 1340. Mit Subventionen und Verboten förderte der Rat den Bau von Steinhäusern. Seit dem 16. Jahrhundert liessen sich die in fremden Staats- und Kriegsdiensten zu Ruhm und Reichtum gelangten Luzerner Patrizier grosszügige und repräsentative Wohnbauten errichten. Die heute noch nach den Namen der Familien benannten Häuser prägten mit ihrer üppigen Fassadenmalerei, mit architektonischen Verzierungen und bildhauerischem Schmuck die Gassen und Plätze der Grossstadt.

Mit der raschen städtebaulichen Entwicklung Luzerns im 19. Jahrhundert verloren die engen Gassen und die Plätze der Grossstadt ihre Bedeutung als politische, religiös-kultische oder wirtschaftliche Zentren. Viele gewerbliche Betriebe wurden an den Stadtrand verlegt und bauliche Eingriffe wie der Abbruch der Hofbrücke und die Aufschüttung der Uferanlagen, die Schleifung eines Teils der Befestigungsanlagen und der Neubau zahlreicher mehrgeschossiger Wohn- und Geschäftshäuser veränderten das Stadtbild massiv. Zu den wohl schmerzlichsten Verlusten zählt der Abbruch des spätgotischen Hertensteinhauses am Kapellplatz im Jahr 1825; das mit aussergewöhnlichen Fresken der beiden Hans Holbein, Vater und Sohn, geschmückte Haus war das herausragende Beispiel spätmittelalterlicher Fassadenmalerei in Luzern. Immerhin löste der Abbruch die Debatte um Bewahrung und Erneuerung von Alt-Luzern aus. Nachdem die Stadt Luzern als touristische Kulisse entdeckt war, setzten sich die Heimatschutzbewegung und Fremdenverkehrskreise für den Erhalt ihres mittelalterlichen Charakters ein. Zahlreich sind die neugotischen Umbauten um 1900. Mit gotischen Giebeln und Erkern sowie historisierenden Fassadenmalereien sollte der mittelalterliche Charakter Luzerns im Zeitalter der Modernisierung bewahrt werden.

Heute zeigt sich die Grossstadt als buntes Neben- und Durcheinander von Alt und Neu, von Echt und Falsch. Wertvolle historische Substanz und Neubauten von hoher Qualität stehen neben ausgekernten Bauten mit kaschierenden Fassaden und anderen Bausünden der Nachkriegszeit.

Vom Kapellplatz zum Kornmarkt

Der Rundgang beginnt bei der ältesten innerhalb der Stadtmauern gelegenen Kirche, der **Peterskapelle (Nr. 1).** Das Alter der erstmals 1178 erwähnten Kapelle ist ungewiss, man nimmt jedoch an, dass hier bereits im frühen Mittelalter eine karolingische Kirche stand. Obwohl die Peterskapelle nie eine eigenständige Pfarrkirche war, bildete sie den religiösen Mittelpunkt der werdenden Stadt. Der Leutpriester war für die Seelsorge der Stadtbevölkerung verantwortlich. Die Peterskapelle diente aber auch als Versammlungsort der weltlichen Gemeinde. Hier schwor die Bürgerschaft jeweils den Eid und wählte den Rat. Nach einer Sanierung und Neugestaltung des Innenraums in den nächsten Jahren soll die Peterskapelle als Citypastoral-Kirche genutzt werden.

Stilistisch ist die seit dem 12. Jahrhundert immer wieder veränderte Peterskapelle nur schwer einzuordnen. Ihre heutige Form erhielt sie im Wesentlichen durch eine Umgestaltung zwischen 1746 und 1751. An der Südfassade zur Reuss ist ein Steinrelief mit Christus am Ölberg aus dem frühen 16. Jahrhundert eingelassen. Das Innere wird durch die weite, fast quadratische Halle des Schiffs mit einer leicht gewölbten Decke bestimmt. Im kleinen Altarraum stehen drei um 1840 geschaffene klassizistische Altäre mit Gemälden des Stanser Malers Melchior Paul von Deschwanden. Zur Ausstattung gehört ein gotisches Kruzifix aus dem 14. Jahrhundert und das Arbedo-Gedenkwappen, eine Engelsfigur mit den beiden Wappenschildern Luzern und Uri, die an die Waffenbrüderschaft in der Schlacht um Arbedo 1422 erinnert.

Bei der Peterskapelle, auf dem **Kapellplatz (Nr. 2),** lag der erste urkundlich erwähnte Friedhof der Stadt. Eine Bestattungsverordnung aus dem 13. Jahrhundert erwähnt Kinder, Unverheiratete, Knechte, Mägde und Fremde, die hier beerdigt wurden. Im 16. Jahrhundert hob der Rat den Friedhof auf und errichtete die Sust, ein Kornmagazin und Warenlager der Kaufleute. Das heutige Erscheinungsbild erhielt der Platz mit dem Abbruch des Sustgebäudes 1862. An den Kapellplatz grenzen verschiedene stattliche Bürger- und Patrizierhäuser. Das Engelbergerhaus (Kapellplatz 2) und das Haus Schwytzer von Buonas (Kapellplatz 3), beide im späten 18. Jahrhundert umgebaut, sind typische Beispiele für das barocke Reihenhaus. Auf der anderen Platzseite befindet sich das zu Beginn des 17. Jahrhunderts errichtete und später mehrmals umgestaltete Balthasarhaus (Kapellplatz 7). Der Fritschibrunnen im Stil der Neurenaissance stammt aus dem Jahr 1918. Er erinnert an die legendäre Fasnachtsgestalt des «Bruders Fritschi» (s. auch S. 60).

Kornmarkt und Rathaus

Durch die Kapellgasse gelangt man zum **Kornmarkt (Nr. 3).** Dieser fast quadratische Platz hat seinen Namen von den mittelalterlichen Kornhäusern, die sich hier befanden. Mit dem Neubau des **Rathauses (Nr. 4)** erhielt er sein heutiges Aussehen und wurde zum politischen Zentrum der Stadt.

Bereits vor 1300 besass die Stadt Luzern ihr erstes Rathaus. Das beim Fischmarkt gelegene, 1318 erstmals erwähnte Gebäude war Ausdruck des Selbstbewusstseins der Bürgerschaft und der zunehmenden Emanzipation gegenüber den Stadtherren. Zwischen 1429 und 1447 wurde auf dem Kornmarkt in drei Etappen ein neues, gotisches Rathaus errichtet, das indessen bereits gegen Ende des 16. Jahrhunderts wegen eines mangelhaft ausgeführten Umbaus wieder abgebrochen werden musste und durch den heutigen Bau ersetzt wurde. Dieses zwischen 1602 und 1606 vom Werkmeister Anton Isenmann aus Oberitalien erbaute Rathaus gehört zu den wichtigsten

Am Fritschibrunnen neben der Peterskapelle (Nr. 1) sind die Masken der Fritschifamilie angebracht.

profanen Renaissancebauten der Schweiz. Der repräsentative Bau zeigt eine eigenwillige Verschmelzung einheimischer und italienischer Bautradition; während das weit ausladende, abgewalmte Satteldach und die Raumordnung lokale und vor allem auch bäuerliche Elemente aufweisen, ist der einem Palazzo ähnliche Charakter mit den Rustikaquadern der Sockelgeschosse von der italienischen Renaissance beeinflusst. Die zweigeschossige, zur Reuss hin dreigeschossige Fassade ist reich verziert; Fruchtgehänge und antikisierende Büsten schmücken die Friese über den Fenstern. Im Portal des Treppenturms sitzen, flankiert von zwei korinthischen Säulenpaaren, zwei Relieffiguren als Allegorie der Gerechtigkeit und Mässigkeit – wenn auch nur als Kopien. Ebenfalls eine Rekonstruktion ist das von zwei Löwen gehaltene Luzerner Wappenschild über dem Fries.

Das Rathaus war ein Mehrzweckgebäude. Über dem Keller befand sich im Erdgeschoss eine grosse Korn- und Kaufhalle. Diese so genannte Kornschütte wird heute hauptsächlich als Ausstellungs- und Empfangsraum genutzt. Die eigentlichen Ratsstuben befinden sich im Obergeschoss. Der äusseren Erscheinung entsprechend sind auch diese Räume sehr repräsentativ und prunkvoll gestaltet, so der im Stil Louis XVI gehaltene Tagsatzungssaal (um 1785) mit den Porträts der Schultheissen der Stadt Luzern und Gemälden zur Schweizergeschichte, der Rats- und Gerichtssaal von 1605 mit einer aussergewöhnlichen Kassettendecke und prachtvoller Täferung sowie das Vorzimmer zum Ratssaal, einer der bedeutendsten Renaissancesäle der Schweiz, mit prunkvoller Wand- und Deckentäferung. In diesen Räumen, die heute noch von sechs prunkvollen Kachelöfen aus dem 18. Jahrhundert erwärmt werden, tagten bis zum Zusammenbruch des Ancien Régime die verschiedenen Räte der Stadt und des Standes Luzern. Die Verwaltung ist inzwischen längst umgezogen, doch der Rat der Stadt Luzern, der Grosse Stadtrat, tagt heute noch im historischen Ratssaal und im Porträtsaal finden die zivilen Trauungen statt.

Der 41 Meter hohe, mittelalterlich wirkende Rathausturm war noch Teil des alten, gotischen Rathauses und wurde als Wacht- und Beobachtungsturm von 1501 – 1503 auf den Resten eines sehr frühen Steinhauses errichtet. Nach dem Neubau wurde er erhöht und mit einer neuen Kuppel und vier Ausguckerkern für die Feuerwachen versehen. Im obersten Turmgeschoss befindet sich die Rathausuhr von 1788. Das erste Uhrwerk des Rathausturms stammt aus der ersten Hälfte des 16. Jahrhunderts und befindet sich heute im **Historischen Museum (Nr. 107).** Der Rathausturm war bis ins 20. Jahrhundert mit immer wieder erneuerten Wandmalereien ausgestattet. 1924 wurde auf eine erneute Bemalung verzichtet, der Turm vom Verputz befreit und das Mauerwerk roh belassen. Im Turminneren ist vor allem die 1485 eingerichtete Kanzlei, das so genannte Cysat-Stübli, zu erwähnen, ein fast quadratischer Raum mit einem gotischen Sternengewölbe und barocken Archivschränken. Daran schliesst die neue Kanzlei von 1698 an, ein aussergewöhnlicher Barockraum in der Art einer Klosterbibliothek mit Deckengemälden, darunter einer Allegorie der Leuchtenstadt Luzern.

Im Keller des Rathauses und des angrenzenden Am-Rhyn-Hauses wurde 1998 eine Schaubrauerei mit Restaurant eingebaut. In den eindrucksvollen Gewölben befindet sich heute eine stimmungsvolle Wirtschaft. Das Rathaus-Bier wird über eine unterirdische Pipeline vom Gärkeller an der Eisengasse zugeführt. An dieser Gasse befindet sich auch das Restaurant Magdalena

Das Luzerner Rathaus (Nr. 4) mit seinem mächtigen Dach, ist eines der bedeutendsten Renaissance-Bauwerke der Innerschweiz und sein gotischer Turm gehört zu den ältesten Bauwerken der Stadt.

oder «s'Magdi», wie es die Luzerner liebevoll nennen. Die Eisengasse gehört zum ältesten Siedlungsbereich der Stadt, es konnten Spuren eines Steingebäudes aus der Zeit um 1200 nachgewiesen werden. Der Name «Isengasse» lässt vermuten, dass hier im Mittelalter metallverarbeitendes Gewerbe angesiedelt war, was archäologische Grabungen bestätigten. Heute gehört die Eisengasse zur Ausgehmeile der Altstadt und ein Besuch im Magdi lohnt sich. Die weit herum einzig originale Luzerner Stadtbeiz hat ihren Charme mit der historischen Ausstattung und den alten Oberflächen bis heute bewahren können.

Unweit des Rathauses, in der Furrengasse, befindet sich das 1616–1618 errichtete **Am-Rhyn-Haus (Nr. 5).** Die weitgehend im ursprünglichen Zustand erhaltene Renaissancefassade verleiht der schmalen Gasse einen südländischen Charakter: die viergeschossige, einheitliche Fassade sowie das Portal sind nach dem Vorbild des **Ritterschen Palasts (Nr. 13)** geschaffen. Das Hinterhaus zur Reuss wurde in der zweiten Hälfte des 18. Jahrhunderts umgebaut und ist durch eine viergeschossige Loggia mit dem Vorderhaus verbunden. Das Vorderhaus verfügt im Erdgeschoss über eine eindrückliche Halle mit grätigem Kreuzgewölbe. Das überaus prachtvoll gestaltete Patrizierhaus demonstriert Macht und Selbstverständnis einer vor allem vom 16. bis 18. Jahrhundert sehr einflussreichen Familie.

Strassenmusikanten auf dem Hirschenplatz (Nr. 6). Im Sommer verwandeln Musiker und Gaukler die Plätze der Altstadt in Theater- und Konzertbühnen.

Fassadenmalerei von Seraphin Weingartner aus dem Jahr 1893 am Hotel Des Balances (Metzgerrainle 7): Die geharnischten Krieger erinnern an das Zunfthaus zu Safran und der Gesellschaft zum Schützen, das sich hier befand.

Vom Kornmarkt zum Mühlenplatz

Nur wenige Schritte sind es vom Kornmarkt bis zum nahe gelegenen **Hirschenplatz (Nr. 6),** dem ehemaligen Schweinemarkt. Er erhielt seine heutige geschlossen wirkende Gestalt durch den Abbruch zweier Häuser nach einem Brand um 1550. Etwa zur gleichen Zeit wurde auch der Schweinemarkt vor die Stadttore verlegt. An der Ostseite des Platzes steht das Göldlinhaus (Hirschenplatz 12), ein spätgotisches Bürgerhaus aus dem 16. Jahrhundert mit zwei vorstehenden Erkern und einem viergeschossigen Säulenhof. Beachtenswert ist das reich verzierte Rokokoschild aus vergoldetem Schmiedeeisen beim Gasthaus Hirschen aus dem 18. Jahrhundert. Das Dornacherhaus (Hirschenplatz 7), ein neugotischer Umbau mit manieristischer Freskomalerei – neugotische Ornamentik und historische Kriegerfiguren der Schlacht von Dornach 1499 – nach Entwürfen von Seraphin Weingartner zeigt beispielhaft den Einfluss der Heimatschutzbewegung auf die bauliche Entwicklung Luzerns um 1900. Ein kleiner Abstecher führt durch das Gässchen Zum Eselstall zum stillen **Süesswinkel (Nr. 7),** der zu seinem Spitznamen kam, weil hier früher der Stallmist gelagert wurde.

Danach geht es weiter zum **Weinmarkt (Nr. 8),** dem früheren Fischmarkt. Der südwestliche Teil dieses Platzes, das **Metzgerrainle (Nr. 9),** war lange Zeit der wichtigste Punkt der Stadt. Hier befanden sich das erste Rathaus und der älteste Marktbereich. Gleichzeitig war das Metzgerrainle auch Richtplatz mit Prangersäule, Lasterbank und Gerichtslaube, einer balkonartigen Tribüne, von der jeweils die Gerichtsurteile öffentlich verkündet wurden. Der Name des Restaurants Linde erinnert möglicherweise noch an die bei mittelalterlichen Richtplätzen übliche Gerichtslinde. Der Weinmarkt war seit dem 15. Jahrhundert auch Schauplatz der berühmten Oster- und Fasnachtsspiele.

Bei diesen prachtvoll inszenierten Anlässen handelte es sich um eigentliche Staatsfeste der Bürgerschaft mit Dutzenden von Darstellern und Musikanten. Die Tribüne zog sich rings um den Platz und reichte bis zum ersten Stock der Häuser; bis zu 4000 Personen von nah und fern verfolgten die meist mehrtägigen Spiele. Das Fassadengemälde «Hochzeit zu Kana» (1928) von Eduard Renggli am Haus zur Sonne (Weinmarkt 20) nimmt Bezug auf eine Szene aus diesen Osterspielen. Dargestellt ist eine Tischgesellschaft in einer Bühnenarchitektur des 16. Jahrhunderts, gespielt von Luzerner Schauspielern in Renaissancekostümen (s. Bild S. 20).

Mitten auf dem Platz erhebt sich der 1481 von Konrad Lux geschaffene **Weinmarktbrunnen (Nr. 10),** der bedeutendste und repräsentativste Brunnen der Stadt. Auf der Spitze des sechsseitigen gotischen Pfeilers steht eine Figur des heiligen Mauritius, die sechs Krieger an den Seiten erinnern an die Harnischschau, einen mittelalterlichen Militärumzug. Bei dem jetzigen Brunnen handelt es sich allerdings um eine Kopie aus dem 20. Jahrhundert, wobei der obere Teil des Brunnenstocks nach einer angenommenen Urform frei nachgebildet wurde. Das Original befindet sich heute im **Historischen Museum (Nr. 107).**

Zahlreiche stattliche Bürger- und Patrizierhäuser geben auch diesem Platz ein grosszügiges Gepräge. Das Pfyffer-Bell-Haus (Weinmarkt 5) aus dem 16. Jahrhundert besitzt eine dekorative barocke Fassadenmalerei (um 1720) und auf der Rückseite, gegen das enge Fischmarktgässlein, einen gotischen Treppenturm. Am Weinmarkt befindet sich auch das Haus der Metzgerzunft (Weinmarkt 3), wo der Legende nach die Verschwörung der österreichfreundlichen Luzerner, die so genannte Mordnacht von 1333, aufgedeckt worden sein soll (s. Kasten S. 77).

Vom Weinmarkt gelangt man durch die Kramgasse zum **Mühlenplatz (Nr. 11).** Dieser Platz ist erst im Spätmittelalter durch den Abbruch einer Häuserzeile entstanden und war ursprünglich als «vordere und hintere Mühlegasse» bekannt. Der am Stadtrand gelegene Ort war die eigentliche Verkehrsdrehscheibe der Stadt: hier wurde das Mahlgut für die Mühlen auf den künstlichen Inseln in der Reuss angeliefert und hier befand sich der Parkplatz für Karren und Wagen. Am Mühlenplatz wohnten auch die Stadtmüller. Die Müllerhäuser waren gleichzeitig Wohnhaus, Verkaufsladen und Backstuben. Am westlichen Platzende, beim Kraftwerk, befindet sich der Neptunbrunnen. Der 1718/19 geschaffene Brunnen stellt mit seinen vielen Rokokoornamenten und dem pagodenförmigen Häuschen ein Beispiel für die im Rokoko äusserst beliebte Chinoiseriekunst dar. Auf der Spitze des Brunnenstocks steht eine

Die Mordnacht von Luzern

Als Luzern mit den drei Waldstätten einen ewigen Bund schwor, um die Herrschaft der Österreicher abzuschütteln, war das aber in der Stadt Luzern nicht allen genehm. Manche wären lieber Österreicher geblieben. Diese schlossen miteinander ein Bündnis und bekräftigten es mit Eid und Gelübde. Sie trugen gemeinsame Tracht, damit sie einander erkennen könnten. Sie beschlossen, sich in einer bestimmten Nacht zu sammeln, denen, die Eidgenossen werden wollten, mit Gewalt in die Häuser zu dringen und sie ums Leben zu bringen.

Als sie sich um Mitternacht in der Stadt sammelten, kam ein Knabe dort vorbei. Da er aber die Leute raunen und die Harnische klingeln hörte, erschrak er in der Meinung, es sei ein Gespenst, und wollte fliehen. Da gewahrten ihn einige, liefen ihm nach, fingen ihn und drohten ihm bei seinem Leben, er müsse sofort sterben, wenn er schreie oder sich etwas merken liesse. Der Knabe tat es willig, um nicht gestört zu werden, und als sich immer mehr versammelten, vernahm der Knabe ihren Entschluss, was sie in dieser Nacht verüben wollten. Als sie so untereinander berieten, hatte keiner mehr auf den Knaben Acht, und als dieser das merkte, schlich er ganz leise davon. Er sah in der Metzgernstube noch ein Licht brennen, begab sich hinauf und setzte sich hinter den Ofen. Es waren da aber noch viele Leute, die spielten und tranken. Als der Knabe hinter dem Ofen sass, begann er laut zu reden: «O Ofen, Ofen!» Dann sprach er nichts mehr, denn von den anderen achtete keiner auf ihn. Aber nach einer Weile fing er wieder an: «O Ofen, Ofen, dürfte ich reden!» Das hörten nun die Gesellen, schnauzten ihn an und sprachen: «Was treibst du da für Dummheiten hinter dem Ofen. Was hat er dir getan? Bist du ein Narr oder was bist du?» Da sagte er: «Ach, nichts, nichts, ich sage nichts!» Bald fing er zum dritten Mal an und sprach: «O Ofen, Ofen, ich muss dir klagen, denn ich darf es sonst keinem Menschen sagen. Da sind die Leute, die sammeln sich und wollen in dieser Nacht, wenn es ihnen nicht bald gewehrt wird, ein Morden in dieser Stadt vollbringen. Das ist, o Ofen, die Wahrheit.»

Da die Gesellen das hörten und von dem Knaben die Verschwörung vernahmen, liessen sie ihn stehen. Sie brachen schnell auf und machten das Gehörte überall in der Stadt kund, so dass jedermann gewarnt war und dem Unheil zuvorkommen konnte. Wie es dann denen erging, die ein solches Morden vorhatten, kann man sich leicht denken.

Nach Anton Müller, Sagenhaftes Luzernbiet

kleine bronzene Neptunfigur. 1891 wurde der Brunnen vom Hirschenplatz an den Rand des Mühlenplatzes verlegt, weil er am alten Ort den zunehmenden Verkehr behinderte. Ein markanter Bau am Mühlenplatz ist die ehemalige Münz. Der Bau hat seine klassizistische Gestalt von 1783–1785 weitgehend bewahren können, das prächtige Portal weist die ehemalige Münzprägestätte des Standes Luzern als öffentliches Gebäude aus.

Der Mühlenplatz war auch Schauplatz wichtiger politischer Ereignisse. Hier schwor 1798 die Bürgerschaft nach dem Zusammenbruch der alten Ordnung den Eid auf die neue, helvetische Verfassung und hier fand 1844, während des ersten Freischarenzugs, ein Gefecht zwischen den liberal gesinnten Aufständischen und den Milizen der konservativen Regierung statt. Zwei Häuser am Mühlenplatz stehen heute noch für die wechselvolle Geschichte und das Ringen zwischen den liberalen und den konservativen Kräften um die politische Vorherrschaft im 19. Jahrhundert. Auf der einen Seite das Rüttimannhaus (Mühlenplatz 1), ein um 1800 klassizistisch umgebautes Wohnhaus; hier wohnte Vinzenz Rüttimann (1769–1844), ein von den Ideen der französischen Aufklärung begeisterter Patrizier, der während der helvetischen Bestrebungen eine steile politische Karriere machte, sich aber später der konservativen Bewegung anschloss und massgeblich am reaktionären Staatsstreich von 1814 beteiligt war. Gegenüber, im Feer-Fleckenstein-Haus (Mühlenplatz 10) wohnte der liberale Politiker, Jurist und Historiker Kasimir Pfyffer (1794–1875), ein Gegenspieler Vinzenz Rüttimanns und Vorkämpfer des schweizerischen Bundesstaates.

Der Mühlenplatz (Nr. 11) mit der ehemaligen Münzstätte vorne links.

Das kulinarische Wahrzeichen von Luzern
Luzerner
Wasserturm Stein®
Bachmann
Bachmann
www.confiserie.ch

In der Kleinstadt

Jesuitenkirche – Ritterscher Palast – Jesuitengymnasium – Franziskanerkirche – Franziskanerplatz – ehem. Kantonsbibliothek – Fideikommisshaus Segesser v. Brunegg – Bürgerspital – Stadthaus – Luzerner Theater

Dauer: 1 ¾ Std.

Der linksufrige Stadtteil, die Kleinstadt, entwickelte sich im Dreieck zwischen Reussufer, Oberem Hirschengraben und dem alten Krienbach, der beim Reusssteg von Kriens herkommend in die Reuss mündet. Nur eine kleine Häusergruppe bildete ab dem 12. Jahrhundert ihren ersten Siedlungskern am südlichen Brückenkopf der Reussbrücke. Er umfasste vor allem Amts- und Zollhäuser, von denen aus der wichtige Umschlagplatz am Handelsweg zwischen Stadt, Reuss und See überwacht wurde. Die Kleinstadt oder «minre Stadt» war ursprünglich befestigte Vorstadt und Transitzentrum mit Schifflände und Trinkhäusern für den Markt- und Gerichtsflecken auf der anderen Seite der Reuss.

Das ehemalige Jesuitengymnasium (Nr. 14) ist heute Sitz des Bildungs- und Kulturdepartements.

Doch wie sich die Grossstadt zum politischen und wirtschaftlichen Zentrum der Stadt entwickelte, so wurde die Kleinstadt zum kulturellen und spirituellen Zentrum. Mit dem Bettelorden der Franziskaner im 13. Jahrhundert und dem Jesuitenkollegium im 16. Jahrhundert liessen sich in der Kleinstadt zwei religiöse Bewegungen nieder, die das geistige Leben stark prägten. Das Franziskanerkloster, eng mit der Bürgerschaft und dem Rat der Stadt verbunden, wurde zum religiösen Mittelpunkt der noch jungen Stadt, während die Jesuiten, ganz im Zeichen der katholischen Erneuerungsbewegung, als neue geistige und moralische Autorität Luzerns Stellung als Vorort innerhalb der katholischen Eidgenossenschaft festigten. Zwei religiöse Zentren, deren äussere Erscheinung nicht gegensätzlicher sein könnte: auf der einen Seite das schlichte gotische Franziskanerkloster und auf der anderen Seite die barocke Entfaltung der Jesuitenkirche.

Im 19. und 20. Jahrhundert wurde die Kleinstadt auch zum politischen Mittelpunkt der Stadt. Seit 1804 ist das ehemalige Jesuitenkollegium Sitz der Kantonsregierung und am Hirschengraben wurden Anfang des 20. Jahrhunderts das Kantonale Gerichtsgebäude und die Stadtverwaltung errichtet. Durch die Aufschüttung der Bahnhofstrasse und die Schleifung der Stadtmauern erhielt die Kleinstadt Anschluss an das schnell wachsende Bahnhof- und Hirschmattviertel, das Kerngebiet des modernen Luzern. Dies geschah ganz im Gegensatz zu der weiterhin in sich geschlossenen Grossstadt.

Das Jesuitenkollegium

Unmittelbar an der Reuss erhebt sich die prächtige **Jesuitenkirche (Nr. 12),** der erste grosse, barocke Kirchenbau in der Schweiz. Die von verschiedenen Baumeistern – während der zweiten Bauperiode hauptsächlich von Jesuitenpater Heinrich Mayer – entworfene Kirche wurde zwischen 1666 und 1677 erbaut. Da sie ursprünglich vollständig in die Strassenzeile eingebunden war, konzentrierte man sich bei der Fassadengestaltung auf die der Reuss zugekehrte Eingangsfront. In fünf Achsen gegliedert, ist die zweigeschossige Schauseite von strenger Schlichtheit, aber doch reich ausgestattet. Das Erdgeschoss weist fünf Portale auf, über dem mittleren Hauptportal steht in einer Muschelnische die Figur des Kirchenpatrons Franz Xaver, zu seinen Füssen zwei «bekehrte Heiden», und demonstriert seine Tätigkeit als Missionar. Die beiden ursprünglich geplanten Turmaufsätze mit den Zwiebelhauben, die im Kircheninnern an der Decke die dort aufgemalte Jesuitenkirche von Anfang an charakterisiert haben, wurden tatsächlich erst 1893 errichtet.

Fassade der Jesuitenkirche (Nr. 12) im Abendlicht. In der Nische über dem Hauptportal die Figur des Kirchenpatrons Franz Xaver.

Im Innern entfaltet sich eine barocke, lichtdurchflutete Monumentalität. Das Schiff und der gleich breite Chor bilden einen imposanten Einheitsraum, auf den sich die Arkaden der Vorhalle, der Seitenkapellen und des darüber geführten Emporenumgangs öffnen: ein Raumtypus ganz in der Tradition der Hauptkirche der Jesuiten in Rom, der Kirche Il Gesù. Besonders eindrucksvoll ist das einheitliche Stuckdekor, das den Raum wesentlich mitgestaltet und den Innenraum in heller Festlichkeit erstrahlen lässt. Die üppige und kraftvolle Ornamentik der barocken Stuckaturen in unterschiedlichsten Formen in den Seitenkapellen sind ein Werk der Wessobrunner Schule und stammen aus der Bauzeit, während das Gewölbe im 18. Jahrhundert einen farbigen Rokokostuck erhielt. Die sechs Deckengemälde der Gebrüder Giuseppe und Giovanni Torricelli von 1749 zeigen das Leben und die Glorie des Kirchenpatrons Franz Xaver. Der 19 Meter hohe monumentale Hochaltar aus rotem Stuckmarmor beherrscht den Innenraum. Hochaltar, Seitenaltäre und die Kanzel entstanden alle nach Entwürfen von Heinrich Mayer. In den acht Seitenkapellen finden sich bemerkenswerte Zeugnisse barocker Kunst: in der Karl-Borromäus-Kapelle eine bedeutende Silberbüste und Reliquienanhänger des heiligen Karl, in der Ignatiuskapelle ein prunkvoller Reliquientabernakel.

Innenraum der Jesuitenkirche (Nr. 12). Blick zur Orgelempore. Die Stuckaturen lassen den Raum in einem hellen Licht erstrahlen.

Anschliessend an die Jesuitenkirche steht der **Rittersche Palast (Nr. 13),** ehemals Teil des Jesuitenkollegiums und heute Sitz der Kantonsregierung. Der 1557 als Wohnpalast für Schultheiss Lux Ritter im Stil der florentinischen Frührenaissance errichtete Bau zeigt den Einfluss dieser italienischen Architektur in Luzern. Baumeister und Steinmetze aus dem Tessin und Oberitalien wurden eigens für diesen Bau nach Luzern geholt. Nach aussen zeigt sich der dreigeschossige Palast mit kräftigen Bossenquadern. Der Innenhof besticht durch eine harmonisch abgestufte, dreistöckige Loggia mit toskanischen Säulen. Die damalige Wirkung dieser in Stein gehauenen Machtentfaltung inmitten der kleinräumigen und engen, von Holzhäusern dominierten Stadt lässt sich heute kaum mehr vorstellen. Doch der im nördlichen Alpenraum wohl einzigartige und bisweilen auch fremd wirkende Bau wurde Vorbild für die eigenwillige Adaption der italienischen Renaissance im lokalen und auch bäuerlich geprägten Bauen. Nach dem Vorbild des Ritterschen Palasts entstanden in zahlreichen Patrizierhäusern weitere Säulenhöfe und Loggien und selbst die Fassade des Rathauses nimmt Bezug auf diesen Bau.

Der Innenhof des Ritterschen Palastes (Nr. 13) ist im Stil florentinischer Säulenhallen des 15. Jahrhunderts gehalten.

Die beiden Anbauten östlich und westlich des Ritterschen Palasts erschlossen neue Räumlichkeiten für das Kollegium und stammen aus dem späten 17. (Westflügel) und aus dem 18. Jahrhundert (Ostflügel). An der Rückseite des Gebäudes wurde 1843 der neue Grossratssaal hinzugefügt, ein halbkreisförmiger klassizistischer Anbau von Melchior Berri.

Dem Ritterschen Palast gegenüber befindet sich das ehemalige **Jesuitengymnasium (Nr. 14),** einer der bedeutendsten barocken Profanbauten Luzerns. Das repräsentative Gebäude wurde 1731 an der Stelle der ersten Jesuitenschule errichtet und diente bis 1894 als Gymnasium und später als Staatsarchiv. Seit der umfassenden Renovation 1996 ist hier das Bildungs- und Kulturdepartement der kantonalen Verwaltung untergebracht.

Die einfache Fassade mit den Arkaden zur Strasse, die betonten Eckpfeiler und das Mansardendach verleihen dem Bau eine kraftvoll kubische Wirkung. Die Nordfassade zieren Sgraffitomalereien (um 1914) von Seraphin Weingartner. Anlässlich der Restaurierung wurde der Marianische Saal wiederhergestellt, die ehemalige Aula des Gymnasiums und Versammlungsraum

«Die Jesuiten kommen»

Die Berufung der Jesuiten nach Luzern steht in engem Zusammenhang mit der katholischen Erneuerungsbewegung nach der Reformation. Nach dem Konzil von Trient (1545–1563) gelang es Kardinal Borromeo und Schultheiss Ludwig Pfyffer, die Jesuiten zur Gründung einer höheren Schule in Luzern zu bewegen. 1577 wurde das Luzerner Jesuitenkollegium als erste schweizerische Niederlassung der Jesuiten gegründet. Die Luzerner Obrigkeit verpflichtete sich, die Schul- und Wohngebäude zur Verfügung zu stellen und für den Unterhalt der Jesuiten zu sorgen, während diese ihrerseits für den Betrieb des Gymnasiums und auch für die Seelsorge verantwortlich waren. Mit der Stiftung des Kollegiums erhoffte man sich eine Reform des höheren Bildungswesens, aber auch eine Festigung der katholischen Glaubenslehre. Nach der Gründung wuchs das Jesuitenkollegium rasch und zählte zu den bedeutendsten Kollegien der oberdeutschen Jesuitenprovinz. In der Blütezeit um 1700 zählte die Schule bis zu 600 Studenten und Schüler. Im 17. Jahrhundert übernahmen die Jesuiten zudem das Luzerner Theater und führten die Tradition der Passions- und Osterspiele auf hohem Niveau weiter.

Der Rat überliess den Jesuiten 1577 den **Ritterschen Palast (Nr. 13)** als Kollegium, gleichzeitig baute man gegenüber das **Jesuitengymnasium (Nr. 14).** Mit dem Bau der Jesuitenkirche Franz Xaver erreichten die Bautätigkeiten der Jesuiten ihren Höhepunkt. Mit der Aufklärung im 18. Jahrhundert setzte der Niedergang des Kollegiums ein, die Schülerzahlen gingen stark zurück und 1773 wurde der Orden vom Papst für einige Zeit aufgehoben. Die Geschichte der Jesuiten in Luzern erhielt eine etwas unrühmliche Fortsetzung. Die erneute Berufung von sieben Jesuitenpatres an das Gymnasium in Luzern 1844 löste heftige Emotionen aus und barg politischen Zündstoff in der Auseinandersetzung zwischen den liberalen und den konservativen Kräften. Mit dem Ruf «Die Jesuiten kommen» warnten die Radikalen vor den Jesuiten als reaktionäres und ultramontanes (streng päpstlich gesinntes) Schreckgespenst. In dieser heftigen und aggressiven Auseinandersetzung schlossen sich die katholisch-konservativen Kantone zum Sonderbund zusammen, einer Schutzvereinigung gegen die vereinheitlichenden Tendenzen im Staatenbund. So kam es 1847 zur Ausweisung der Jesuiten und zum Sonderbundskrieg, einem verhältnismässig unblutigen Bürgerkrieg, aus dem, nach der ruhmlosen Niederlage der konservativen Orte, schliesslich der moderne schweizerische Bundesstaat von 1848 hervorging (s. S. 41).

der Marianischen Männerkongregation. Der mit Stuckdecken aus der Bauzeit geschmückte Saal wird heute hauptsächlich für Konzerte genutzt.

Gemeinsam mit dem ehemaligen Jesuitengymnasium bilden vier weitere Gebäude einen malerischen Komplex: das Mettenwylhaus (Bahnhofstrasse 12) mit einer auffälligen Fachwerklaube aus dem 16. Jahrhundert, das Doppelhaus Dulliker (Bahnhofstrasse 14/16) sowie das schmale, so genannte Hinterhaus; dieser turmartige Bau aus dem 13. Jahrhundert bildet den Kern des Komplexes und war vermutlich einst das Amts- und Zollhaus am Brückenkopf.

Franziskanerkloster St. Maria in der Au

Ganz im Gegensatz zur repräsentativen Lage und zum barocken Prunk der Jesuitenkirche zeigt sich die **Franziskanerkirche (Nr. 15)** in der gotischen Schlichtheit der Bettelorden. Das ehemalige Franziskanerkloster St. Maria in der Au in Luzern wurde im 13. Jahrhundert gegründet und um 1270–1280 erbaut. Wie viele Bettelordensklöster lag auch das Franziskanerkloster am Rand der mittelalterlichen Stadt und wurde in den Mauerbau mit einbezogen. Die dem Armutsideal verpflichteten Franziskaner wirkten vor allem in den Städten als Seelsorger der schnell wachsenden Stadtbevölkerung. Das Franziskanerkloster und die Bürgerschaft Luzerns waren denn auch eng miteinander verbunden und bildeten oft eine Interessengemeinschaft gegen das Benediktinerkloster im Hof, den damaligen Stadtherrn. Diese Verbundenheit äusserte sich auch darin, dass im Kloster regelmässig Ratsversammlungen stattfanden und die Stadt seit der Schlacht von Sempach (1386) die eroberten Banner (Beutefahnen) in der Kirche zur Schau stellte, weil sie hier die grösste Beachtung fanden.

Nach einer wechselvollen Geschichte erlangte das Kloster im 18. Jahrhundert seine grösste Entfaltung. Doch die Blütezeit war nur von kurzer Dauer. Der politische und gesellschaftliche Umbruch von 1798 führte 1838 zur Aufhebung des Klosters; bedeutende Teile der Anlage, insbesondere die beiden Kreuzgänge, wurden fast ganz abgebrochen. Seit 1895 ist die Franziskanerkirche eine selbständige Pfarrkirche.

Mit Ausnahme der beiden später angebauten Kapellen hat die Kirche ihr ursprüngliches Aussehen bis heute erhalten. Der schlichte lang gestreckte Bau folgt dem Vorbild der Bettelordenskirchen: kein Querhaus, kein Fassadenschmuck und anstelle eines Glockenturms ein kleiner Dachreiter über dem Chor. Der Chor mit den hohen, schmalen Fenstern ist vom Langhaus leicht abgesetzt und von einfachen Strebepfeilern umgeben. An die alte

Das Chorbogenfresko der Franziskanerkirche (Nr. 15) zeigt die Kreuzigung Christi mit Aposteln und Ordensheiligen.

Antoniuskapelle am nördlichen Seitenschiff schliessen sich das im 17. Jahrhundert angebaute Marienchörlein und die neue Antoniuskapelle mit einer markanten Laternenkuppel an.

Der Innenraum ist eine Mischung aus verschiedenen Zeitepochen, doch überwiegt der gotisch-mittelalterliche Charakter – das dreischiffige Langhaus, die Arkaden ohne Kapitell und der kreuzrippengewölbte Chor stammen aus der gotischen Bauperiode. Die ursprünglich an der Mittelschiffwand präsentierten Beutefahnen wurden 1625/26 durch den gemalten Fahnenzyklus ersetzt. Den Chorbogen ziert ein Fresko aus dem 15. Jahrhundert; es zeigt Christus am Kreuz. Die reich mit Figuren und Formen geschmückte Kanzel und das Orgelgehäuse sind Arbeiten der Spätrenaissance, hervorragende Werke von Niklaus Geisler, der auch die Ausstattung der Hofkirche ausgeführt hat. Im 18. Jahrhundert wurde die Kirche barockisiert, aus dieser Zeit stammen die flache Stuckdecke, der Hochaltar und die vier Seitenaltäre aus Stuckmarmor. Die neugotischen Glasgemälde der Chorfenster stammen aus der Zeit um 1900.

An das nördliche Seitenschiff fügt sich eine reich geschmückte Kapellengruppe. Die ehemalige Antoniuskapelle von 1450 mit spätgotischem Netzgewölbe und die Marienkapelle von 1626 zeigen eine bemerkenswerte Renaissancestuckatur italienischer Prägung. Die farbig gefasste Stuckdekoration bildet einen starken Kontrast zur blendend weissen Üppigkeit der neuen Antoniuskapelle von 1656, die von den gleichen Meistern wie die Stuckaturen in den Seitenkapellen der Jesuitenkirche geschaffen wurden. Die gegensätzliche Deckengestaltung zeigt sehr anschaulich die Unterschiede zwischen Renaissance und Barock. In den Kapellen und in der Kirche befinden sich ausserdem eine Reihe bemerkenswerter Epitaphe aus dem 17. und 18. Jahrhundert.

Von der ehemaligen Klosteranlage sind heute nur ein Flügel des inneren Kreuzgangs und Teile des Konventgebäudes erhalten. Der äussere Kreuzgang, das Beinhaus sowie die beiden Friedhöfe wurden abgebrochen und der Südflügel des Konventgebäudes um 1900 zum kantonalen Gerichtsgebäude umgebaut.

Nördlich der Kirche, auf dem **Franziskanerplatz (Nr. 16),** steht der Barfüsserbrunnen, ein barocker Säulenbrunnen mit einer lebensgrossen Franziskusfigur von 1685. Das Original wurde um 1900 durch eine Kopie ersetzt und befindet sich heute im **Historischen Museum (Nr. 107).** Der strassenförmige Franziskanerplatz wird von einer Häuserzeile mit historischen Gebäuden aus verschiedenen Epochen gesäumt. Diese bildeten im 13. Jahrhundert ursprünglich einen Teil der inneren Stadtbefestigung und wurden erst später gegen Westen erweitert. Das Gasthaus Schlüssel aus dem 16. Jahrhundert mit seiner gotischen Staffelfensterreihe diente den Jesuiten als erste Herberge in Luzern und auch der in der Innerschweiz hochverehrte Kardinal Karl Borromäus wohnte zeitweise dort. Gleich nebenan befindet sich das um 1550 erbaute Liebenau-Haus, das mit einer reichen Architekturmalerei auffällt. Das grösste Gebäude am Platz ist die ehemalige **Kantonsbibliothek (Nr. 17)** von 1849. Das quadratische und frei stehende spätklassizistische Gebäude weist die typischen Rustikaquader im Sockelgeschoss und eine gleichmässige Fassadengliederung mit hochrechteckigen Fenstern auf. Der Durchbruch für die Fussgängerpassage auf der Nordseite wurde erst im 20. Jahrhundert geschaffen. Heute befindet sich im Haus die kantonale Finanzverwaltung.

Unweit des Franziskanerplatzes, am Krienbrüggli-Platz, befindet sich das **Fideikommisshaus Segesser v. Brunegg (Nr. 18),** ein Rokokopalais von 1752. Das frei stehende Haus zeigt eine für die Zeit typische nach Geschossen und Achsen strukturierte Fassade mit Pilastern und Rocaillenschmuck. Gegenüber steht das Clooshaus aus dem 16. Jahrhundert, eines von zahlreichen Beispielen eines neugotischen Umbaus im Zeichen des Heimatschutzes im ausgehenden 19. Jahrhundert. Ganz in der Nähe befindet sich das altehrwürdige Gasthaus und Hotel «Wilder Mann», dessen Pintenrecht, das heisst das Recht Getränke auszuschenken, bereits im frühen 16. Jahrhundert urkundlich fassbar ist. Der «Wildi Ma» ist nicht nur bekannt für seine Küche, sondern auch durch die reich ausgestaltete Stube im neugotischen Stil, die zusammen mit dem historischen Mobiliar ein wahres Gesamtkunstwerk bildet.

Im Fideikommisshaus Segesser v. Brunegg (Nr. 18), einem Rokokopalais von 1752, logiert heute eine Privatbank.

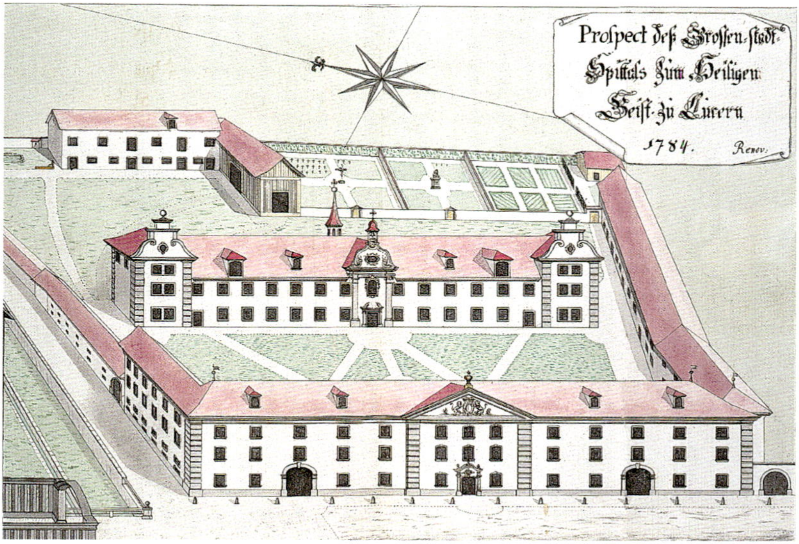

Die nüchterne Architektur des ehemaligen Bürgerspitals (Nr. 19). Nur die Hauptfassade und die Spitalkapelle im Innenhof zeigen dekorative Bauteile. Aquarell von 1784.

Ausserhalb der Stadtmauern

Durch die Burgerstrasse, dort, wo früher der ab 1890 zugedeckte Krienbach vorbeirauschte, kommt man zum ehemaligen **Bürgerspital (Nr. 19),** der ersten barocken Anlage dieser Art in der Schweiz (1654–1660). An der nordwestlichen Ecke erinnert eine Platte mit Inschrift an den Pegelstand des Krienbachs während des Hochwassers von 1738.

Luzern besass wahrscheinlich seit dem frühen 13. Jahrhundert ein erstes mittelalterliches Spital. Dieses lag noch innerhalb der Befestigungsanlage der Kleinstadt, in der Nähe der Reussbrücke. Im 17. Jahrhundert verlegte man es in den Obergrund, ausserhalb der Stadtmauer, und errichtete in unmittelbarer Nähe des Franziskanerklosters das Bürgerspital zum Heiligen Geist. Die Aufgaben eines Spitals entsprachen bis ins 19. Jahrhundert nicht denen eines heutigen Krankenhauses. Ein Spital war fast ausschliesslich ein Asyl für Arme, Betagte und Behinderte sowie ein Hospiz für bedürftige Durchreisende und Pilger. Es war zudem ein letzter Zufluchtsort für Menschen, die im Alter oder bei einer Krankheit nicht auf ein familiäres Netz oder familiäre Unterstützung zählen konnten; wenn immer möglich liess man sich sonst zu Hause von den Angehörigen, vielleicht von einem Privatarzt oder auch einem Quacksalber pflegen und betreuen.

Sitz der fünfköpfigen Stadtregierung, das Luzerner Stadthaus (Nr. 20). Rechts die Flaggen der sechs Partnerstädte – zuvorderst jene von Potsdam.

Die nüchterne, symmetrische Architektur mit den grossen und schmucklosen Gebäuden unterstreicht denn auch den funktionalen Charakter. Das Spital war ein Zweckgebäude mit einem Pflegetrakt und verschiedenen Ökonomiegebäuden. Der klassizistische Dreiecksgiebel der Westfassade mit dem Spitalwappen stammt aus dem 18. Jahrhundert. Erst mit diesem Umbau erhielt die Anlage ein etwas repräsentativeres Äusseres. Im öffentlich zugänglichen Innenhof befindet sich zwischen zwei symmetrischen Flügeln die ehemalige Spitalkapelle. In dieser Kapelle, deren Ausstattung verloren ging, finden heute öffentliche Anlässe und Ausstellungen statt.

1902 wurde der Betrieb in das neu errichtete Kantonsspital verlegt, der südliche Hofflügel wurde abgebrochen und an dessen Stelle 1917 das neue **Stadthaus (Nr. 20)** errichtet. Der ganze Komplex ist heute Sitz der Stadtregierung, der städtischen Verwaltung und der Stadtpolizei. 1997 wurde die gesamte Anlage umfassend restauriert und mit verschiedenen Neubauten erweitert.

Über den Hirschengraben, den einstigen Stadtgraben der Kleinstadt, gelangen wir wieder zurück zum Ausgangspunkt des Rundgangs. Der Name Hirschengraben geht auf das Hirschgehege zurück, das sich seit dem 17. Jahrhundert an dieser Stelle befand. Mit der Schleifung der Stadtmauern öffnete sich hier die Stadt gegen Süden und Westen. An der Schwelle zum 20. Jahrhundert entstanden am Hirschengraben wichtige öffentliche Gebäude:

das Stadthaus, das kantonale Gerichtsgebäude und die neue Kantonsschule (Hirschengraben 16 und 10) sowie das **Luzerner Theater (Nr. 21)** in der Bahnhofstrasse, das 1839 mit Schillers «Wilhelm Tell» eröffnet wurde. Nach einem Brand 1924 wurde es zum grössten Teil neu errichtet. Heute sind die Tage des Luzerner Theaters wohl gezählt. Seit einigen Jahren planen Stadt und Kanton Luzern zusammen mit einer privaten Stiftung die sogenannte «Salle Modulable». Eine neue Theaterinfrastruktur, bei der Zuschauer- und Vorführraum flexibel verändert werden können. Wann die Salle Modulable eröffnet werden kann steht noch in den Sternen, aber als Standort steht auch der Theaterplatz zur Diskussion.

Was wird aus diesem Theatergebäude (Nr. 21) werden? – Wird es verschwinden?

Über Brücken und am Wasser

Kapellbrücke – Wasserturm – Haus Zur Gilgen – Rathausquai – Unter der Egg – Reussbrücke – Zöpfli – Reusssteg – Münzgasse – Nadelwehr – Spreuerbrücke – Stadtmühlen

Dauer: ca. 1 ¾ Std.

Wie andere Siedlungen an See- oder Flussufern ist auch die Lage und Erscheinung der Stadt Luzern durch den Lauf des Wassers geprägt. Luzern liegt am nördlichen Ende des Vierwaldstättersees, dort, wo die vermeintlich trägen Wassermassen in die bisweilen reissende Reuss abfliessen. Die Lage zwischen See und Fluss bedeutete, sich den Bedingungen des Wassers anzupassen, aber auch das Wasser zu dämmen, zu kanalisieren und zu nutzen. Sümpfe, Schwemmland und Geschiebe beeinflussten die frühe Siedlungstätigkeit, gleichzeitig boten See und Fluss bequeme und relativ sichere Transportwege und die Wasserkraft der Reuss war Voraussetzung für den Antrieb der im Mittelalter wichtigen Mühlen und anderer Gewerbebetriebe.

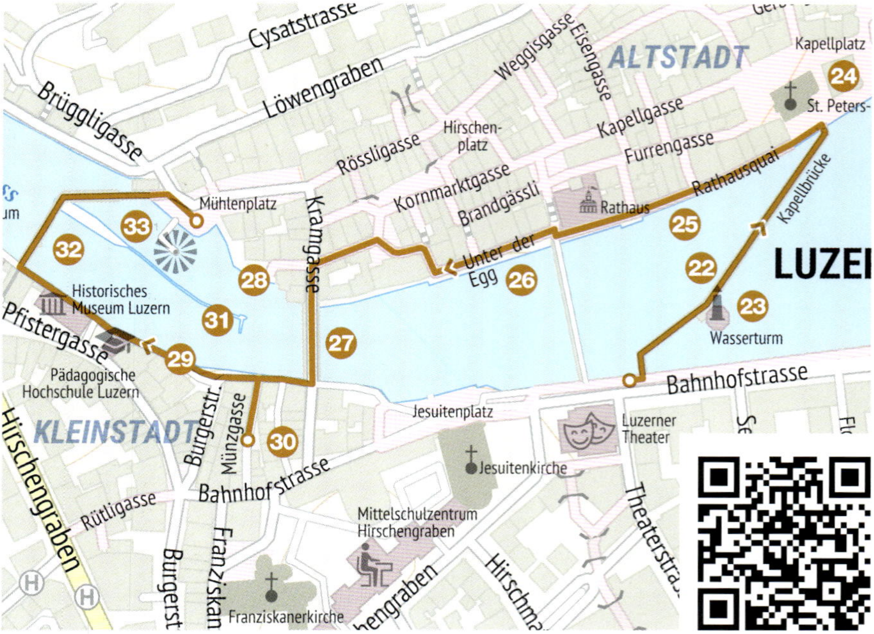

Die Bildtafeln von Kaspar Meglinger auf der Spreuerbrücke (Nr. 32) zeigen Totentanz-Szenen der verschiedenen Stände.

Vors Menschen Gwalt, bis er auch fallt
Durch Netz und garn in meine Gwalt

Eine seltene Ansicht vom See her: Die Kapell- und die Hofbrücke als Teil der Stadtbefestigung. Rechts das angeflösste Holzlager. Kupferstich von ca. 1780.

Der Spiegel des Vierwaldstättersees war am Ende der letzten Eiszeit viel tiefer als heute und lag noch im 9. Jahrhundert rund zwei Meter unter dem heutigen Wasserstand von 435 Metern über Meer. Die frühmittelalterliche Siedlung Luzern befand sich nicht direkt am See, denn die Uferlinie verlief viel südlicher als heute. Erst als der Seespiegel durch die ausgedehnten Flussverbauungen und Stauungen der Reuss im 14. Jahrhundert anstieg, kam der Ort unmittelbar an das Seeufer zu liegen. Und erst damit waren die Voraussetzungen für den Aufschwung zur mittelalterlichen Kleinstadt geschaffen. Es folgten Uferverbauungen, die Anlage von Kanälen und Wehren sowie vor allem Brückenbauten. Das mittelalterliche Luzern besass nach 1400 bereits vier Brücken, für eine Stadt von der Grösse Luzerns wohl einzigartig in Europa. Zwei dieser ältesten Brücken, die Kapellbrücke und die Spreuerbrücke, haben sich, wenn auch ein wenig verkürzt, bis heute erhalten. Die um 1260 erbaute Hofbrücke wurde im 19. Jahrhundert abgebrochen; erhalten blieb einzig der Bilderzyklus, der 119 zum Teil beidseitig bemalte dreieckige Tafeln mit Szenen aus dem Alten und Neuen Testament umfasst. Die 1168 als erste Brücke Luzerns erwähnte Reussbrücke stammt in der heutigen Form aus der zweiten Hälfte des 19. Jahrhunderts. Heute überqueren zwischen Seebecken und Stadtgrenze elf Brücken die Reuss.

Kapellbrücke und Wasserturm

Die bekannteste Luzerner Brücke und das Wahrzeichen der Stadt ist die **Kapellbrücke (Nr. 22)** mit dem **Wasserturm (Nr. 23).** Millionenfach fotografiert und touristisch vermarktet, ist sie aus dem Erscheinungsbild der Stadt nicht wegzudenken. Diese älteste noch erhaltene Holzbrücke der Schweiz stammt wahrscheinlich aus der Mitte des 14. Jahrhunderts und wurde 1367 erstmals schriftlich erwähnt. Auffallend schräg, mit einem kleinen Knick beim Wasserturm, verbindet die Brücke die Kleinstadt mit der Grossstadt. Der nördliche Brückenkopf stiess einst direkt an die Fassade der **Peterskapelle (Nr. 1),** die der Brücke damit den Namen gab. Im Süden endete sie beim Freienhof, einem 1949 abgebrochenen gotischen Gebäude. Die mit Schwirren – in den Seegrund gerammte Pfähle – verstärkte Brücke schloss zum einen die Lücke zwischen dem linksufrigen und dem rechtsufrigen Befestigungsring und hatte auch den Zweck, bei einem möglichen Angriff vom See her als Wehrgang zu dienen; die seeseitig höhere Brüstung der Brücke weist noch heute auf diese wehrhafte Funktion hin. Doch die Kapellbrücke war nicht nur Wehrgang, sondern immer auch Fussgängersteg. Sie stellte die kürzeste und vor der Witterung geschützte Verbindung zwischen den religiösen Zentren der Stadt dar, nämlich vom Franziskanerkloster zur Peterskapelle sowie – über die etwas ältere Hofbrücke, die von der Peterskapelle ausgehend die Grossstadt mit dem Hofbezirk verband – zum Kloster St. Leodegar im Hof.

Luzerns fotogenes Wahrzeichen – die Kapellbrücke (Nr. 22) im Winternebel.

Die Kapellbrücke brennt

Gross war die Bestürzung in Luzern, als in der Nacht vom 17. auf den 18. August 1993 die Kapellbrücke fast vollständig niederbrannte. Ein Feuer auf einem unter der Brücke verankerten Boot, wahrscheinlich ausgelöst durch einen Zigarettenstummel, entfachte einen Grossbrand, der sich innerhalb weniger Minuten rasend schnell über die Brücke ausbreitete. 160 Feuerwehrleute standen im Einsatz, sie konnten jedoch nur noch die beiden Brückenköpfe und den Wasserturm retten. Bestürzt und traurig standen die Luzernerinnen und Luzerner am nächsten Morgen vor den verkohlten Resten ihrer Brücke: Der Brand der Kapellbrücke traf nicht nur das touristische Wahrzeichen, sondern gleichsam das Herz der Stadt. Aus der ganzen Schweiz und selbst aus dem Ausland trafen Sympathiekundgebungen ein. Fernsehen und Zeitungen aus aller Welt berichteten über den Brand. Rasch stand denn auch fest, dass die Brücke nach altem Vorbild wieder aufgebaut werden sollte. Am 14. April 1994, nicht einmal ein Jahr nach dem

Unglück, wurde sie mit einem grossen Fest wieder eröffnet. Damit hatten die Luzernerinnen und Luzerner – und die Touristen – ihren liebsten und schönsten Weg der Stadt wieder. Mediengerecht inszeniert, wurde der Brückenbrand schliesslich zu einer der grössten Werbeaktionen in der Geschichte des Tourismus.

Bei den Diskussionen um den Wiederaufbau hat sich aber auch herausgestellt, dass die Brücke schon seit dem 14. Jahrhundert immer wieder erneuert worden war. Eine bauhistorische Untersuchung ergab, dass das Holz des Unterbaus zu rund 40 % aus der Zeit zwischen dem 14. und dem 19. Jahrhundert stammt. In diesem Sinn war der Wiederaufbau der Brücke eine Reparatur, wie sie in der Geschichte eines 600-jährigen Holzbaus immer wieder vorkommt. Viel verheerender war der Brand für die Brückengemälde. Von den 111 aufgehängten Originalen sind 82 verbrannt. 29 Bilder konnten gerettet, restauriert und mehrheitlich an ihren alten Standorten wieder aufgehängt werden. Die Lücke in der Brückenmitte wurde mit Tafeln des seit dem 19. Jahrhundert eingelagerten Mauritiuszyklus ergänzt. An den Übergängen erinnern verkohlte Tafeln an den verheerenden Brand und einige Dachbinder blieben ohne Bilder. Diese Hängeordnung hat in der Folge zu teils heftigen Diskussionen geführt und es gab Bestrebungen, den Zyklus vollständig durch eine Kopie der Bilder zu rekonstruieren. Schliesslich entschied die Stadtbevölkerung in einer Volksabstimmung die erhaltenen Originale auf der Brücke zu belassen und so der Authentizität gegenüber der Kopie Vorrang zu geben.

Bereits um 1300, noch einige Jahre vor der Kapellbrücke, entstand der Wasserturm als Teil des inneren Befestigungsrings. Der achteckige Turm mit dem markanten Pyramidendach diente bis Anfang des 18. Jahrhunderts als Verlies und Folterkammer sowie als Archiv und Schatzkammer. Während im untersten Geschoss, einem nur von oben zugänglichen, kreisrunden Kuppelgewölbe, die erbarmungswürdigen Gefangenen ihre Strafe verbüssten, wurden im oberen Geschoss der Luzerner Staatsschatz und kostbare Stücke der Burgunderbeute sowie weitere Beutestücke aus verschiedenen Schlachten aufbewahrt.

Ab 1611 erhielt die Kapellbrücke einen einzigartigen Bilderzyklus. Die im Stil der Spätrenaissance vom Maler Heinrich Wägmann geschaffenen dreieckigen Tafelbilder zeigen Szenen aus der Stadt- und der Schweizer Geschichte sowie Stationen aus dem Leben der beiden Stadtpatrone St. Leodegar und St. Mauritius. Jedes Bild ist unten in den Ecken mit den Wappen des Stifters und der Stifterin versehen und ein Vierzeiler von Stadtschreiber Renward Cysat und Hans Rudolf Sonnenberg erklärt den Bildinhalt. Von Cysat stammt auch der Entwurf für den Ablauf des Bildprogramms. Der Zyklus beginnt am Kleinstadtufer, führt zur Peterskapelle und schliesslich zum Ausgangspunkt zurück. Bis zum Brückenbrand von 1993 (s. Kasten S. 98) waren von den 158 Tafeln 147 erhalten geblieben; von diesen wurden 110 auf der Brücke gezeigt. Im 19. Jahrhundert mussten der südliche wie auch der nördliche Brückenkopf den neuen Anlagen am Reussufer weichen; die einst 285 Meter lange Kapellbrücke «verlor» dadurch 85 Meter. Sie beginnt heute an der Bahnhofstrasse und endet am Rathausquai, der Ende des 19. Jahrhunderts als Verkehrsweg und Promenade zwischen dem Rathaus und dem Haus Zur Gilgen angelegt wurde.

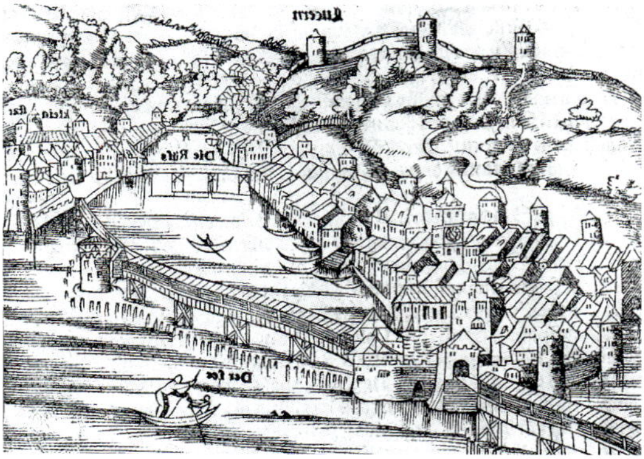

Älteste Darstellung von Luzern aus der «Cosmographia universalis» von 1543. Dort ist die Ansicht seitenverkehrt abgebildet.

Am Reussufer

Das 1510 errichtete **Patrizierhaus Zur Gilgen (Nr. 24)** gehört zu den ältesten bürgerlichen Steinhäusern der Stadt und ist eines der wenigen Zeugnisse spätgotischer Wohnbauten. Der mit dem Haus verbundene, bereits im 14. Jahrhundert erwähnte Baghardsturm war Teil der städtischen Befestigungsanlage; er brannte 1495 nieder und wurde mit dem Haus neu aufgebaut. Das nach allen Seiten frei stehende Bürgerhaus lag ursprünglich – bis zum Bau des Rathausquais – direkt an der Reuss. Wie viele gotische Bürgerhäuser wurde auch das Haus Zur Gilgen im Barock umgebaut und verändert. Einzig der Turm mit seinen gotischen Masswerkfenstern behielt im Wesentlichen den ursprünglichen Zustand bei.

Das Patrizierhaus Zur Gilgen (Nr. 24) mit dem Baghardsturm, Teil der alten Stadtbefestigung.

Über den 1833 aufgeschütteten **Rathausquai (Nr. 25)** führt der Weg zu den Arkaden **Unter der Egg (Nr. 26).** Die Gewölbe unter dem Rathaus waren – und sind auch heute noch – die Marktstätten, wo die Bauern und Fischer der Region ihre Produkte anboten. Weiter am rechten Reussufer, vorbei am 1899 errichteten Rathaussteg, an den Arkaden unter dem Zunfthaus zu Pfistern (Bäcker) entlang, über Fischmarkt und Metzgerrainle gelangt man schliesslich zur **Reussbrücke (Nr. 27),** einer zweijochigen Eisenbrücke aus der zweiten Hälfte des 19. Jahrhunderts. Hier, an der schmalsten Stelle der Reuss, befand sich bereits im 12. Jahrhundert ein Übergang; diese erstmals 1168 erwähnte Reussbrücke, die einzige ungedeckte der vier alten Luzerner Brücken, hatte eine grosse Bedeutung für die Gründung und Entwicklung der Stadt. Als Landstrasse, für Fuhrwerke befahrbar, war sie ein wichtiger Übergang für den regionalen Warenverkehr.

Lohnend ist ein Abstecher zum malerischen **Zöpfli (Nr. 28).** Direkt an der Reuss gelegen, bietet es einen interessanten Blick auf das Reusswehr und die gegenüberliegende Häuserzeile am Reusssteg. Hier, am rechten Reussufer, haben zahlreiche Patrizierfamilien ihre stattlichen Häuser errichtet. Am nördlichen Brückenkopf, direkt über dem Wasser, steht das 1787 errichtete Von-Sonnenberg-Haus mit Grisaillemalereien an der Süd- und Ostfassade sowie einem bemerkenswerten ganz aus Holz geschnitzten Doppelportal und gegenüber der Neubau mit der vorgeblendeten Fachwerkfassade des 1971 abgebrochenen Balthasarhauses aus dem 17. Jahrhundert.

Der Ausblick vom Zöpfli (Nr. 28) bietet einen eindrücklichen Blick auf das Reusswehr und die prächtigen Bürgerhäuser am Reusssteg (Nr. 29).

Auf dem anderen Reussufer, beim südlichen Brückenkopf, befindet sich flussabwärts am Reusssteg 7 das **Pfyffersche Stipendihaus (Nr. 29),** ein gotisches Bürgerhaus mit zwei schlanken Erkertürmchen aus dem Jahr 1579. Durch einen gedrungenen Torbogen beim Pfyfferschen Stipendihaus gelangt man in die etwas verborgen gelegene **Münzgasse (Nr. 30).** Hier, abseits der geschäftigen Gassen und Plätze, wird der spätmittelalterliche Charakter der Stadt noch fast unmittelbar spürbar.

Auf der Höhe des Reussstegs befindet sich das 1859 errichtete **Nadelwehr (Nr. 31).** Hier kann mit den sogenannten Nadeln, das sind 3,5 Meter lange Tannenbalken, der Seespiegel reguliert werden. Bereits im 13. Jahrhundert leiteten hier fest eingebaute Schwellen das Wasser der Reuss auf die Stadtmühlen am gegenüberliegenden Ufer. Bei Hochwasser staute sich das Wasser jedoch so stark, dass viele Uferorte am Vierwaldstättersee überschwemmt wurden. Mit dem Bau des flexiblen Wehrs anstelle der starren Schwellen liessen sich die schlimmsten Überschwemmungen vermeiden. Nach wiederholten Hochwasserschäden wurde das ursprünglich vollständig von Hand bediente historische Nadelwehr 2011 umfassend erneuert. Mit dem neuen Längswehr kann der Seestand nun automatisch reguliert werden, während das Stirnwehr verstärkt wurde und weiterhin von Hand bedient wird.

Auch beim neuen Reusswehr werden die Nadeln am Stirnwehr von Hand bedient.

Die Spreuerbrücke

Ein schmaler Durchgang führt zur **Spreuerbrücke (Nr. 32).** Die Gewölbe am südlichen Brückenkopf, der so genannte Weite Bogen mit dem Herrenkeller – einer ehemaligen Weinkellerei –, sind die Überreste eines Korn- und Zeughauses. Bis auf den Bogen im Erdgeschoss stammt das heutige Gebäude aus den siebziger Jahren des 20. Jahrhunderts.

Die Spreuerbrücke wurde in zwei Phasen gebaut. Bereits um 1300 bestand ein Zugang vom **Mühlenplatz (Nr. 11)** zu den teilweise auf künstlichen Inseln in der Reuss gelegenen Mühlen: der Mühlensteg. Der südliche Teil der Brücke wurde dagegen erst im letzten Drittel des 14. Jahrhunderts errichtet; noch heute sind die beiden Brückenteile klar getrennt. Die Konstruktionsteile der heutigen Brücke stammen aus dem 16. und 18. Jahrhundert, der nördliche Brückenarm wurde zwischen 1803 und 1805 neu gebaut. Die Spreuerbrücke bildete einen Teil des äusseren Befestigungsrings und diente sowohl als gedeckter Wehrgang wie auch als Fussgängersteg und Verbindung zwischen dem Mühlenplatz (Müller-Viertel) und der Pfistergasse (Bäcker-Viertel). Ihr Name kommt wahrscheinlich daher, dass nur von dieser untersten Stadtbrücke Spreu und Laub in die Reuss geschüttet werden durften. 1566 wurde die Spreuerbrücke während eines heftigen Unwetters fast vollständig zerstört und später wieder aufgebaut; der erkerartige Holzaufbau mit Spitzgiebel entstand wahrscheinlich beim Wiederaufbau der beschädigten Nordhälfte 1568/69. Als Brückenkapelle wurde er indessen erst im Lauf des 17. Jahrhunderts eingerichtet; die Unserer Lieben Frau geweihte Kapelle weist zum Brückeninnern eine Neurenaissancewand (1890) und zwei Glasgemälde von Eduard Renggli (1905) auf. Im Winter wird die gegen die Wetterseite offene Kapelle mit einer Bretterwand geschützt.

In den Jahren 1626 bis 1635 erhielt die Spreuerbrücke wie die beiden anderen Holzbrücken einen Gemäldezyklus. Unter der Leitung des Malers Kaspar Meglinger entstand ein 67 Tafeln umfassender Totentanz. Die Bilder wurden wie bei der Hof- und Kapellbrücke gestiftet, weshalb auch hier im unteren Teil jeweils die entsprechenden Wappen angebracht sind. Ebenso erklärt ein Vierzeiler den Bildinhalt. Der Bilderzyklus steht stark in der Tradition des bekannten Totentanzes von Hans Holbein dem Jüngeren. Stilistisch weisen die in Landschaften und Interieurs gestellten Figurengruppen jedoch über die mittelalterliche Malerei hinaus und sind von der französischen Malerei der Zeit beeinflusst. Durch die Verkürzung der Spreuerbrücke auf der Nordseite 1785 und die Auslagerung von Gemälden gingen einzelne Tafeln verloren; heute werden 45 Tafeln auf der Brücke gezeigt.

Am nördlichen Brückenkopf der Spreuerbrücke, beim **Mühlenplatz (Nr. 11),** befanden sich früher die **Stadtmühlen (Nr. 33).** Die Wasserkraft war im Mittelalter die wichtigste Energiequelle. Bereits vor der Stadtgründung betrieb hier das Kloster im Hof seine Mühlen. Die Anlage wurde seit der Stadtgründung immer wieder ausgebaut, zum Teil auf künstlichen Inseln in der Reuss. Mittels Schwellen und Kanälen leitete man das Wasser zu den Mühlrädern. Zahlreiche Wasserräder trieben verschiedene Mühlen an: Neben den vier Getreidemühlen gab es eine Harnisch- und Poliermühle für das Bearbeiten von Waffen, eine Münzmühle zum Prägen von Münzen, eine Walke für die Tuchproduktion, eine Pulver- oder Gewürzstampfe sowie weitere Gewerbebetriebe, die Wasser benötigten.

In der zweiten Hälfte des 19. Jahrhunderts wurden die traditionellen Wasserwerke allmählich durch die Elektrizitätswerke verdrängt. Nach zwei Bränden in den siebziger Jahren des 19. Jahrhunderts beschloss man, die Stadtmühlen abzubrechen und durch ein Kraftwerk mit direkter Transmission zu ersetzen. Dazu kam ein Gewerbegebäude mit zahlreichen kleingewerblichen Betrieben, welches seinerseits 1932 niederbrannte. Erst seither öffnet sich der Platz zur Reuss hin. Heute produziert an der Stelle der 1977 stillgelegten Anlage ein modernes Laufkraftwerk mit zwei Turbinen elektrischen Strom für rund 1500 Haushalte. Der Wasserstrahl beim Einlauf des 1998 errichteten Kleinwasserkraftwerks zeigt an, wie viel Energie im Augenblick erzeugt wird. An der Fassade des Hauses Fischerstube am Mühlenplatz erinnert ein Wandbild von 1939 in Anlehnung an den Martiniprospekt von 1597 an die mittelalterlichen Stadtmühlen.

Tafel 39 des Totentanzes auf der Spreuerbrücke (Nr. 32): Der Tod überrascht den Maler an der Staffelei. Vermutlich ein Selbstporträt des Malers Kaspar Meglinger.

Schiffbruch von Kaufleuten bei der Reussschwelle. Im Hintergrund das Wasserrad der Stadtmühlen. Chronik Diebold Schilling 1513.

«Gwüss ist der Tod»

Der Totentanz genoss vor allem im Spätmittelalter höchste Wertschätzung und Verbreitung. Auf Friedhöfen, in Beinhäusern und Kirchen war das Motiv des tanzenden Todes ständiger Begleiter der Menschen und erinnerte an die Vergänglichkeit des Lebens und die Allmacht des Todes. Im Mittelalter waren Sterben und Tod keine Angelegenheit privater Natur, sondern allgegenwärtig. Allein im Kanton Luzern sind noch drei weitere Totentänze aus dem 17. Jahrhundert bekannt: der Totentanz von Jakob von Wyl, dem Lehrer Kaspar Meglingers, im Ritterschen Palast, sowie die beiden Totentänze in den Beinhäusern von Wolhusen und Hasle.

Die klassische Darstellungsform des Totentanzes besteht aus einer Folge musizierender und tanzender Todesgestalten, die jeweils einen Todgeweihten mitten aus dem Leben zum Tanz, das heisst zum Sterben, auffordern. Tod und sterbende Person bilden dabei ein Paar. Die Todesgestalten sind als verwesende Leichen oder Skelette dargestellt, während die sterbenden Menschen mit den Kleidern und Attributen ihres Standes oder Berufs versehen sind. Ein Grundmotiv ist die Gleichheit aller vor dem Tod. Der Tod trifft unterschiedslos alle sozialen Schichten, Frauen und Männer, Kinder und Greise, geistliche wie weltliche Personen, Gläubige und Heiden, Reiche und Arme. Doch ist das Motiv der Gleichheit vor dem Tod nicht etwa als Kritik an der mittelalterlichen Ständeordnung zu verstehen. Erst im Jenseits galten alle Menschen als gleich, im Hier und Jetzt gab es sehr wohl eine gesellschaftliche Hierarchie. An dieser orientiert sich denn auch die Abfolge des Totentanzes; sie beginnt meist mit Papst und Kaiser und endet mit dem Bauernvolk, Bettlerinnen und Gauklern.

Der Musegghügel

Mühlentor – Zentralgefängnis – Gesellschaftshaus der Herren zu Schützen – Museggmagazin – Museggmauer – Nölliturm – Männliturm – Luegisland – Wachtturm – Zytturm – Schirmerturm – Kloster Maria Hilf – Museggschulhaus – ehem. Kriegs- und Friedensmuseum – Suva-Gebäude

Dauer: ca. 1 ¾ Std.

«Nölli, Männli, Lueg vom Wacht uf Ziit, schirm's Pulver uf em Allewinde Dächli» jedes Luzerner Schulkind kennt den kleinen Vers, um sich die Namen der neun Museggtürme zu merken. In der Tat ist die Museggmauer nicht nur eines der grössten spätmittelalterlichen Befestigungswerke der Schweiz, sondern gleichsam als Stadtkrone das markanteste Wahrzeichen Luzerns, vor allem für die Luzernerinnen und Luzerner. Wie in den Himmel gereckte Monolithen prägen die Türme der Museggmauer die Silhouette der Stadt und erinnern an ihre mittelalterliche Vergangenheit.

Eines der grössten, spätmittelalterlichen Befestigungswerke der Schweiz und als «Stadtkrone» ein markantes Wahrzeichen.

«Stadtluft macht frei» hiess die Losung im 13. Jahrhundert und mit ihr entstanden in Mitteleuropa zahlreiche kleine und grosse Städte. Neben den zunehmenden politischen Freiheitsrechten der Stadtbürger und dem städtischen Markt als Ausdruck der wirtschaftlichen, politischen und kulturellen Selbstverwaltung zählten die Stadtmauern zu ihren wichtigsten Kennzeichen. Als Schutzwall für die Sicherheit der Bürgerschaft gebaut, war die Stadtmauer ein Zeichen der Wehrhaftigkeit, der Autonomie und des Selbstbewusstseins. Die hohen Türme und Mauerzinnen verkündeten: Hier entsteht etwas Neuartiges, hier verläuft die Grenze zwischen feudalistischem Untertanenland und bürgerlicher Stadt.

Die erste steinerne Befestigungsanlage Luzerns umschloss die Grossstadt vom Baghardsturm beim **Haus Zur Gilgen (Nr. 24)** über den Grendel und den Löwengraben bis zu den Mühlen an der Reuss und auf der Seite der Kleinstadt ein Dreieck am linksufrigen Brückenkopf zwischen dem Oberen Hirschengraben und der Burgerstrasse. Dieser in der zweiten Hälfte des 13. Jahrhunderts errichtete innere Befestigungsring bestand überwiegend aus einer geschlossenen Häuserzeile mit verstärkten Aussenmauern sowie mehreren Türmen mit Toren. Mit dem Ausbau der regionalen Vormachtstellung Luzerns im 14. Jahrhundert und der zunehmenden Konkurrenz zu Habsburg als Landesmacht beginnt auch der Bau des zweiten oder äusseren Befestigungsrings. In der Kleinstadt umfasste dieser zweite Ring vor allem die Krienbachvorstadt und auf der Grossstadtseite die heute noch weitgehend erhaltene 870 Meter lange Museggmauer. Der Bau der Museggmauer begann in der zweiten Hälfte des 14. Jahrhunderts, noch vor der Schlacht bei Sempach und zog sich bis weit ins 15. Jahrhundert hinein. Im ausgebauten Zustand schützten 30 Türme und Mauern auf einer Länge von 3 Kilometern die Stadt und vor allem die weithin sichtbare Museggmauer mit ihren hochaufragenden und reich gestalteten Türmen war das steingewordene Zeugnis der Luzerner Machtpolitik im Spätmittelalter.

Die Befestigungsanlage verlor ihre militärische Bedeutung aber schon bald, denn die Waffentechnik der frühen Neuzeit hätte eine Anpassung der Anlage mit Schanzen und Bollwerken erfordert. Im 19. Jahrhundert begann man schliesslich, die Stadt zu entfestigen und die Stadtmauern zu schleifen, da Gräben, Mauern und Türme die bauliche Entwicklung behinderten und die Verkehrssicherheit beeinträchtigten. Die Behörden erhofften sich ausserdem durch die – wie es hiess – «Abtragung der mittelalterlichen Kolosse» eine Verbesserung der hygienischen Verhältnisse und eine «Verschönerung des Stadtbildes». Nach und nach wurden die Türme und Mauern des inneren Rings und der Kleinstadt abgebrochen, und heute erinnern einzig einige Strassennamen wie Hirschengraben oder Löwengraben an die mittelalterliche Befestigung. Die Museggmauer hingegen blieb von dieser Abbruchwelle verschont. Der Stadtrat erkannte, dass die Mauer trotz baulicher Mängel als touristische Attraktion und Wahrzeichen der Stadt erhalten bleiben musste. Von 2007 bis 2015 wurde die gesamte Museggmauer mit allen Türmen in mehreren Etappen umfassend restauriert. Dieses Grossprojekt brachte nicht nur viele neue Erkenntnisse zur Geschichte und zum Bau der Wehranlage sondern zeigte auch die Verbundenheit der Luzernerinnen und Luzerner mit Ihrer Mauer. Der Abschluss der Restaurierung wurde mit einem grossen Volksfest gefeiert.

Heute sind vom April bis November der Männliturm, der Zytturm und der Schirmerturm frei begehbar, vier weitere Türme beherbergen städtische Zünfte und Vereine und sind innen unterschiedlich ausgebaut. Die Mauer ist auch Lebensraum zahlreicher Tiere und Pflanzen: Dohlen und Mauersegler brüten in den Mauernischen, aber auch Fledermäusen, Spinnen und seltenen Flechten bietet die Mauer optimale Lebensraumbedingungen.

Die Museggmauer mit Männliturm (Nr. 40) und Luegisland (Nr. 41) im Gegenlicht.

Entlang der Museggmauer

Der Rundgang beginnt am **Mühlenplatz (Nr. 11).** Dort auf der Nordseite befindet sich als einziges erhaltenes Bauwerk des inneren Befestigungsrings das **Mühlentor (Nr. 34).** Das stark veränderte Tor diente als Ein- und Ausgang Richtung Norden und führt heute auf den Löwengraben. Dort erhebt sich einige Meter rechter Hand das ehemalige **Zentralgefängnis (Nr. 35),** heute ein trendiges Hotel mit Übernachtungsmöglichkeiten in den alten Zellen. Der Bau eines Gefängnisses (1860–1862) war mit der Schleifung der Stadtmauer nötig geworden, da viele der abgebrochenen Türme gleichzeitig als Kerker dienten; mit dem Abbruch der Gefängnistürme verschwanden diese meist feuchten und grausamen Verliese.

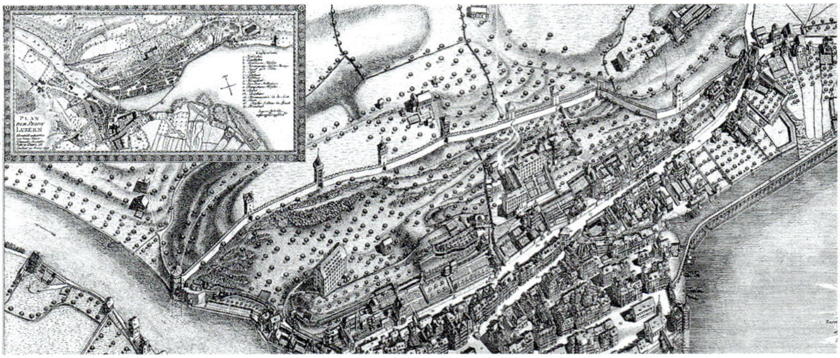

Die Museggmauer (Nr. 38) vom Nölliturm (Nr. 39) bis zum Dächliturm und die noch bestehende Hofbrücke auf dem Schumacherplan von 1792.

Ebenfalls am Löwengraben, dem Mühlentor direkt gegenüber, steht das **Gesellschaftshaus der Herren zu Schützen (Nr. 36)** von 1719. Der zweigeschossige Saalanbau von Josef Singer von 1808/09 zählt zu den ersten und besonders qualitätsvollen Bauwerken des Klassizismus in Luzern. Darüber thront das monumentale **Museggmagazin (Nr. 37)** ein Nutzbau, der 1686 ganz in der Tradition spätgotischer Magazinbauten vollendet wurde. Der viergeschossige Bau mit seinem mächtigen Satteldach diente früher als Vorratslager vor allem für Korn und Salz und zählt zu den stattlichsten erhaltenen Magazinbauten der Schweiz. Das imposante Dachwerk führt über drei Geschosse und für dessen Bau benötigte man damals schätzungsweise 1000 Bäume. Ab dem 19. Jahrhundert wurde das Magazin als Zeughaus für Militärkleider genutzt und heute ist ein Teil der pädagogischen Hochschule eingemietet.

Durch die Brüggligasse gelangt man zum westlichen Abschluss der **Museggmauer (Nr. 38)** und steht vor dem **Nölliturm (Nr. 39).** Der 1516–1519 neu errichtete Turm ist als einziger der Museggtürme über einem runden Grundriss errichtet und mit seiner gedrungenen, massiven Bauweise den aufkommenden Feuerwaffen angepasst. Ursprünglich als Roter Turm bekannt, soll sein heutiger Name auf einen Wächter im 18. Jahrhundert zurückgehen. Nach der Aufschüttung des St. Karliquais wurde im Jahr 1900 eine Durchfahrt in den Turm gebrochen und auch die beiden neugotischen Wappensteine stammen aus dieser Zeit.

Ein Fussweg direkt ausserhalb der Mauer führt hinauf zum **Männliturm (Nr. 40)** dem einzigen Turm, der die ursprüngliche Zinnenkrone behalten hat; die Dachaufbauten der Türme wurden erst später errichtet. Die Treppe hinauf auf den 33 Meter hohen Turm ist steil und schmal, doch der Aufstieg lohnt sich – die sich darbietende Aussicht ist einzigartig. Seinen Namen erhielt der Männliturm von der zwei Meter hohen Halbfigur auf dem Pyramidendach des kleinen, runden Erkertürmchens, einem Krieger mit Harnisch, Fahne und Schwert. Der benachbarte **Luegisland (Nr. 41)** ist mit 52 Metern der höchste aller Museggtürme. Der Turm ist kurz nach 1367 erbaut worden und ist der älteste Teil der Museggbefestigung. Er diente unter anderem als Beobachtungsturm für die Feuerwache und hat in den Obergeschossen als einziger die ursprüngliche Form eines zur Stadt hin offenen, so genannten Schalenturms bewahrt; alle anderen Türme wurden später geschlossen.

Beim **Wachtturm (Nr. 42)** kann man den Wehrgang der Mauer besteigen, der von hier bis zum Schirmerturm (s. u.) ohne Unterbrechung begehbar ist – allerdings nur in den Sommermonaten. Der ursprünglich als Heuschober und Pulvermagazin dienende Turm wurde 1701 durch einen Blitzschlag vollständig zerstört. Fünf Menschen starben bei der heftigen Explosion und in der Stadt wurden zahlreiche Gebäude beschädigt. Der auffällige Dachaufbau mit dem Glockentürmchen und den zwei Dacherkern auf allen Seiten kam erst mit dem Neubau Anfang des 18. Jahrhunderts hinzu. 1768 verlegte man die Wache in den Heuturm, von da an hiess dieser Wachtturm.

Der **Zytturm (Nr. 43)** war schon beim Bau der Mauer als Uhrturm bestimmt. Bei seiner Fertigstellung 1403 oder kurz danach erhielt er das Uhrwerk vom Graggentor (1385) eingesetzt. Diese älteste öffentliche Schlaguhr der Stadt wurde 1535 durch die heutige gotische Turmuhr ersetzt. Die der Stadt zugekehrte Turmfassade ist mit Fresken bemalt, die immer wieder Veränderungen erfuhren, letztmals 1939. Ein grosses, mit Eichenlaub verziertes Zifferblatt dominiert, darunter zwei Wilde Männer als Schildhalter von Standeswappen und Reichsschild. Im Giebel befindet sich auf der Stadtseite eine grosse, mit einem Blechdach geschützte Schallöffnung für die Glocke. Im Turminnern ist nicht nur das Uhrwerk von 1535 zu besichtigen, sondern eine Ausstellung historischer Turmuhren vom Spätmittelalter bis zum 20. Jahrhundert.

Die Uhr am Zytturm (Nr. 43) besitzt das Privileg, jeweils eine Minute vor allen anderen öffentlichen Uhren die volle Stunde zu schlagen.

Der dreigeschossige **Schirmerturm (Nr. 44)** entstand um 1420; er ist ebenfalls über eine Treppe zugänglich. Nach einem Brand 1994 wurde der Innenausbau vollständig erneuert. Dieser Turm wurde zur Zeit des Alten Zürcherkriegs (1436–1450), einer Auseinandersetzung zwischen Zürich und der Eidgenossenschaft, als Tor zur Zürcherstrasse, der Ausfallstrasse Richtung Zürich, genutzt. Auf der Stadtseite sind am Dachgeschoss zwei Luzerner Schilde und in der Mitte das Luzerner Banner aufgemalt. An der Aussenmauer befindet sich eine Kopie des Wappensteins vom ehemaligen, im 19. Jahrhundert abgebrochenen äusseren Weggistor: zwei Luzerner Wappen und darüber das Reichsschild mit zwei Löwen als Wappenhalter, datiert 1482. Die Anordnung der Wappen verweist auf die Reichsunmittelbarkeit der Stadt; die Bürgerschaft Luzerns war von 1415 bis zum Westfälischen Frieden 1648, der endgültigen Loslösung vom Reich, niemandem als dem deutschen Kaiser verpflichtet. Im Torbogen steht im Gewand eines römischen Hauptmanns mit Schild und Lanze – der heilige Mauritius, eine Figur, die 1743 für das ehemalige Baslertor geschaffen wurde. Die kleinen Öffnungen im Turm dienten als Schiessscharten für Hakenbüchsen.

Jede Stunde eine Minute zu früh

Eindrucksvoll schwingt das neun Meter lange Pendel im offenen Turm. Regelmässig dreht sich das Räderwerk, bis sich zur vollen Stunde die komplizierte Mechanik in Bewegung setzt. Es klopft und hämmert, es dreht sich und klappert, bis die Uhr mit dem Hammer von aussen die Stunde auf die Glocke schlägt. Noch heute besitzt die alte Turmuhr das Privileg, jeweils eine Minute vor der Zeit und vor allen anderen öffentlichen Uhren die volle Stunde zu verkünden. Das schmiedeeiserne Uhrwerk schuf der Zürcher Uhrmacher Hansen Luter 1535; Meisterzeichen, Jahreszahl und Zürcher Wappen sind auf einem der vier Eckpfeiler eingetieft. 1842 erhielt die Uhr das eiserne Pendel, wodurch sich die Ganggenauigkeit verbesserte. Die erste Glocke stammte aus der Peterskapelle; sie wurde 1788 in die Hofkirche versetzt. Im selben Jahr erhielt der Zytturm die heutige Glocke, auf der eingegossen als Relief eine Kreuzigungsszene und das Luzerner Wappen zu sehen sind. Noch heute steigt der so genannte Zytrichter, der Stadtuhrmeister, regelmässig die steilen Stufen des Zytturms hinauf, um die Mechanik zu ölen und vor allem um das Uhrwerk aufzuziehen, damit die Uhr den Luzernerinnen und Luzernern auch in Zukunft als Erste die Stunde schlägt.

Kirchen und Schulen

Beim Schirmerturm verlässt man die Museggmauer – Pulver-, Allenwinden- und Dächliturm sind nicht öffentlich zugänglich – und steigt wieder zur Stadt hinab. Auf halbem Weg, gleich unterhalb der Mauer, befinden sich die Kirche und das ehemalige **Ursulinenkloster Maria Hilf (Nr. 45).** Die Ursulinen wurden im 17. Jahrhundert nach Luzern berufen, um eine Mädchenschule einzurichten. Kirche und Kloster wurden 1676–1678 vom Jesuitenpater Heinrich Meyer entworfen, einem der Baumeister der Jesuitenkirche. An die Hanglage am Musegghügel angepasst, bildet die Anlage kein geschlossenes Klosterviereck, sondern eine lang gezogene S-Form; Kloster- und Schulgebäude schliessen unmittelbar an die Kirche an. Nach dem Zusammenbruch des Ancien Régime 1798 wurde das Kloster aufgehoben und zum neuen Sitz der helvetischen Regierung bestimmt. Im Klostertrakt richtete man Amtsstuben, Kanzleien und Archive ein und die Kirche baute man zum Parlamentssaal um. Doch noch vor der ersten Sitzung verlegte die Regierung ihren Sitz wegen der Kriegswirren nach Bern. Einige Jahre später diente die Kirche wieder als Gotteshaus und für kurze Zeit wurden auch die Ursulinen wieder nach Luzern berufen. Nach dem Sonderbundskrieg 1847 wurde der Konvent endgültig aufgehoben und die Mädchenschule den städtischen Schulen angegliedert.

Im ehemaligen Kloster Maria Hilf (Nr. 45) begann man 1798, als Luzern für acht Monate 2. Hauptstadt der Helvetik war, ein nationales Volksparlament einzubauen.

Der eigenartig wirkende Bau mit den für die Region ungewöhnlichen Formen weist Einflüsse des bayrisch-böhmischen Barocks auf. Die Sakristei umschliesst ringförmig eine kahle Chorpartie, seitlich angelegt sind zwei Rundtürme mit Kuppelhauben. Der schlichte, hallenartige Innenraum ohne jegliche Stuckaturen war ursprünglich ganz weiss; die dekorative Bemalung stammt von 1843. Mit dem Umbau zum Parlamentssaal ging die ursprüngliche barocke Ausstattung verloren. Heute bestimmen einfache Biedermeierformen aus der ersten Hälfte des 19. Jahrhunderts das Innere. Unter dem Chor befindet sich die ehemalige Gruft der Ursulinen.

Bei der Kirche Maria Hilf entstand im ausgehenden 19. Jahrhundert ein eigentliches Schulzentrum. Der Kirche gegenüber erhebt sich das 1878 errichtete **Museggschulhaus (Nr. 46).** Es gehört zu den idealtypischen Schulhausbauten jener Zeit, welche die Bedeutung des Schul- und Bildungssystems im 19. Jahrhundert als grosse, das Orts- oder Stadtbild dominierende Zweckbauten öffentlich demonstrieren sollten. In Anlehnung an die humanistische Bildungstradition der Antike wählte man dabei oft eine antikisierende, klassizistische Formensprache. Die strenge Symmetrie und der Fassadenaufbau zeichnen das Museggschulhaus als Neurenaissancebau aus. Über den drei grossen Eingangsportalen zeigen die drei Schlusssteine einen Mäd-

Über den Eingangsportalen am Schulhaus Musegg weisen links ein Mädchen- und rechts ein Knabenkopf darauf hin, wo einst wer in 2er-Kolonne einzutreten hatte.

Das Fresko «Pax besiegt den Krieger» am ehemaligen Kriegs- und Friedensmuseum.

chen- und einen Knabenkopf, die das Porträt eines alten Mannes flankieren. Den Treppenaufgang zum Hauptgebäude ziert das Relief «Vier Jahreszeiten» (1938) von August Blaesi. Heute gehört das Haus zur Kantonsschule Musegg.

Unweit des Museggschulhauses steht direkt neben der Stadtmauer der erste altkatholische Kirchenneubau in der Schweiz, die 1891/92 errichtete **Christuskirche (Nr. 47)** Die dreischiffige Basilika mit einem Eckturm östlich der Apsis erinnert an frühchristliche Kirchenbauten. Im Chor zeigt der 1973 von Steivan Könz geschaffene Bilderzyklus das Christusschiff auf stürmisch bewegter See zwischen Hölle und Paradies.

Durch die Maueröffnung der Museggstrasse gelangt man zum ehemaligen **Kriegs- und Friedensmuseum (Nr. 48).** Das direkt an die Museggmauer historisierend im Stil einer Burg angebaute Gebäude von 1910 zeigte Schlachtengemälde, historische Waffen und Uniformen; an der Fassade erinnert das Wandbild «Der letzte Krieger» von Hans Zürcher an das frühere Museum – ein einsamer Ritter mit blutverschmiertem Schwert vor der aufgehenden Sonne und die Inschrift «PAX». Wie der Tag über die Nacht triumphiert der Frieden über den Krieg – ein unerfüllter Wunsch, wenn man bedenkt, dass einige Jahre später Millionen von Menschen auf den Schlachtfeldern des Ersten Weltkriegs den Tod fanden. Bereits während des Kriegs blieb denn auch das Publikum aus und nach dem Krieg wurde das Museum aufgelöst. Das Gebäude wurde kurze Zeit als Gewerbemuseum genutzt und später zu einem Schulhaus umgebaut, das heute zur Kantonsschule Musegg gehört.

Etwas oberhalb erhebt sich der Monumentalbau der **Schweizerischen Unfallversicherungsanstalt Suva (Nr. 49).** Das 1914/15 errichtete Verwaltungsgebäude mit nur wenigen dekorativen Elementen war wohl einer der grössten Eingriffe in die Silhouette der Stadt im 20. Jahrhundert. Mit der massiven Kuppel setzte man aber auch ein architektonisches Zeichen der endgültigen Integration Luzerns in den Bundesstaat. Der Hauptsitz einer eidgenössischen Institution entschädigte die Stadt, nachdem sie als Verliererin des Sonderbundskriegs bei der Wahl der Hauptstadt und als Standort des Schweizerischen Landesmuseums noch übergangen worden war. Mit dem Suva-Gebäude erhielt die Silhouette der mittelalterlichen Museggmauer eine neuzeitliche Ergänzung.

Als nationale Institution über Luzern thronend, mit Blick über Stadt und See 1914–1915 erstellt, nahm 1918 die Suva (Nr. 49) ihren Betrieb auf und ist bald 100-jährig.

Hofbezirk und Tourismus

Hofkirche – Bourbaki-Panorama – Löwendenkmal – Antoniuskapelle – Gletschergarten – Alpineum

Dauer: ca. 1 ½ Std

Es ist heute nur schwer vorstellbar, dass der See an dieser Stelle früher bis tief in die Stadt eine Bucht bildete, die von der gedeckten Hofbrücke überspannt wurde. Das ehemalige Kloster mit seinen verschiedenen Gebäuden, der so genannte Hofbezirk, und die Stadt waren ursprünglich zwei getrennte Siedlungen und nur über den 385 Meter langen Wehrgang miteinander verbunden. Die Hofbrücke blieb bis zu ihrem definitiven Abbruch 1854 der einzige repräsentative Zugang von der städtischen Siedlung an der Reuss zur Stiftskirche.

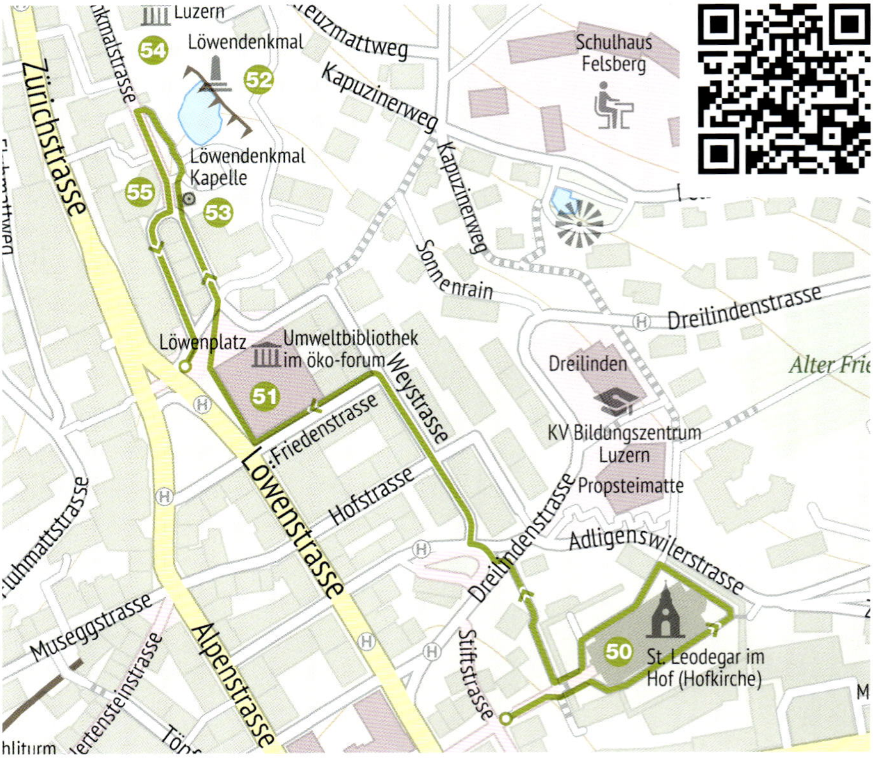

Das Löwendenkmal (Nr. 52) erinnert an das Schicksal der Schweizer Gardisten 1792.

SACRAMENTI FIDEM
AMICORUM CURA
H. SALIS-ZIZERS DÜRLER
E. ZIMMERMANN REPOND
DELUZE A. ZIMMERMANN
CONSTANT-REBECQUE
LACORBIERE
FORESTIER
MILITES CIRCITER CCCL
MONUMENTUM POSUERE

Mit dem Beginn des Fremdenverkehrs im 19. Jahrhundert wurde der im Mittelalter noch ausserhalb der Stadtmauern gelegene Hofbezirk in die stürmische Stadtentwicklung mit einbezogen. Der städtische Schwerpunkt verschob sich von der in sich gekehrten Altstadt zum offenen See hin, zur Uferpromenade mit den neuen repräsentativen Hotelbauten und der freien Sicht auf die Alpen. Nach dem Abbruch der Hofbrücke begann mit dem Bau der neuen Quaianlage (Uferpromenade) eine rasche Erschliessung des Gebiets rund um die Stiftskirche. Hotels, Souvenirläden, Biergärten und zahlreiche Bauten zur Unterhaltung der Fremden – wie das Alpineum, das Bourbaki-Panorama, der Gletschergarten und vor allem das Löwendenkmal (s. u.) – machten es bald zum wichtigsten Fremdenverkehrsviertel der Jahrhundertwende. Im nördlichen Teil, an der Ausfallstrasse nach Zürich, siedelten sich gleichzeitig verschiedene kleingewerbliche Betriebe, Brauereien, Fuhrdienste und andere an, die heute alle wieder verschwunden sind. Von Bedeutung waren die Steinbrüche in diesem Gebiet. Seit dem Mittelalter bis ins 19. Jahrhundert wurde der Luzerner Sandstein als wichtiges Baumaterial abgebaut. Gut sichtbar sind diese Sandsteinschichten beim Löwendenkmal, dem ehemaligen Antonisteinbruch.

Der Hofbezirk

Schon von weitem wird der Blick von der auf einer kleinen Anhöhe stehenden **Hofkirche (Nr. 50)** angezogen. Denn trotz aller Veränderungen beherrscht sie das rechtsufrige Stadtbild noch immer. Die Westfassade mit den beiden 69 Meter hohen Türmen und der monumentale Treppenaufgang sind eines der Wahrzeichen der Stadt Luzern. Obwohl nur wenige Stufen von der mehrspurigen Verkehrsachse entfernt, spürt man die Ausstrahlung und Ruhe der über tausendjährigen Geschichte des Hofbezirks.

Der ehemalige Klosterbezirk war die eigentliche Urzelle der Stadt Luzern. Lange vor der Stadtgründung im 12. Jahrhundert bestand auf der kleinen Hügelrippe am nördlichen Seeufer ein Benediktinerkloster, zu dessen Grundbesitz auch das Gebiet der heutigen Stadt Luzern gehörte. Die erste kirchliche Anlage ist urkundlich im 9. Jahrhundert verbürgt. Aus dieser frühen Bauperiode haben sich jedoch nur einige Fragmente erhalten, denn am Ostersonntag 1633 geriet die mit Holzschindeln gedeckte Kirche in Brand und wurde bis auf die beiden Türme vollständig zerstört. Der Dachdeckermeister Peter Steiner soll den Brand ausgelöst haben, als er das Kirchendach bestieg, um Dohlen zu schiessen. Der arme Mann wurde darauf mit Frau und Kind aus der Stadt verbannt, doch bereits im folgenden Jahr vom

Vor der Westfassade der Hofkirche (Nr. 50) mit den beiden gotischen Türmen spürt man die Ruhe der über tausendjährigen Geschichte des Hofbezirks.

Hofkirche, Kaplanenhäuser und Hofbrücke auf dem Gemälde von Xaver Schwegler. 1853 musste die dörfliche Idylle dem Schweizerhofquai weichen.

Rat begnadigt. Noch im Jahr der Brandkatastrophe wurde der Grundstein zum Neubau gelegt und nach elfjähriger Bauzeit erfolgte 1644 die feierliche Einweihung der Kirche.

Stilistisch vereinigt die vom Jesuitenpater Jakob Kurrer aus Ingolstadt gebaute Kirche Elemente der Gotik, der Renaissance und des Barocks. Besonders eindrucksvoll kommt diese Synthese an der Westfassade zum Ausdruck mit den beiden gotischen Türmen, dem Mittelstück als reinem Werk der Renaissance und dem 1788 aufgesetzten geschweiften Barockgiebel mit Zifferblatt. Am Fuss des Nordturms befindet sich in der rundbogigen Nische eine Ölberggruppe aus der Zeit um 1512. Sie zeigt den knienden Jesus umgeben von den schlafenden Jüngern und die herannahenden Soldaten. Die Kirchenvorhalle mit dem Portal ist reich gestaltet: links und rechts in den Nischen je drei Heiligenfiguren, über dem Portal mit zwei korinthischen Säulen eine

Das Kollegiatstift St. Leodegar

Über Gründung und Anfänge des Benediktinerklosters Luzern ist nur wenig bekannt. Bereits im 9. Jahrhundert gelangte das Kloster mit seinen 16 Höfen, darunter Luzern, unter die Hoheit der Abtei Murbach im Elsass und verlor so seine Selbständigkeit.

1291 verkaufte Murbach seine weltlichen und teilweise auch die geistlichen Rechte über die Stadt und die Höfe an die Habsburger. Die Stadt Luzern wehrte sich jedoch gegen den Verlust ihrer gewohnten Rechte und gegen die zunehmende Einbindung in die Habsburger Herrschaft und schloss 1332 ein Bündnis mit den Waldstätten Uri, Schwyz und Unterwalden. Selbstbewusst und gestärkt übernahm die Stadt nach und nach zahlreiche Rechte und Lehen – auch diejenigen über das Kloster – von den Habsburgern und erreichte mit der Reichsunmittelbarkeit 1415 die endgültige Ablösung aus der österreichischen Abhängigkeit. Das Kloster im Hof verlor in dieser Zeit zusehends an Bedeutung. Auch die klösterliche Disziplin liess zu wünschen übrig. 1456 wandelte sich die bisherige Klostergemeinschaft in ein Kollegiatstift um. Seither wirken im Hof Weltgeistliche, die vor allem mit der Seelsorge der Stadt betraut sind. Mit dem so genannten «Generalauskauf» von 1479 verzichtete das Stift schliesslich auf sämtliche Güter und Rechte in und um Luzern.

Die Blütezeit erlebte das Stift im Hof im 17. und 18. Jahrhundert mit 28 Klerikern – Propst, Chorherren, Kaplane, Leutpriester sowie Theologen der höheren Lehranstalt. Ihre Aufgabe bestand vor allem in der Pflege des Choralgesangs während des Gottesdienstes. Zusätzlich führten sie die Hofschule. Die Hofkirche war zudem die Kathedrale des päpstlichen Nuntius.

Muttergottesstatue mit Kind und in den geschnitzten Türflügeln als Relief die Kirchenpatrone Leodegar und Mauritius.

Der dreischiffige und fünfjochige Kirchenbau ist im Innern von einfacher, aber feierlicher Strenge. Die Innenausstattung weist eine seltene stilistische Einheit auf und stammt mit wenigen Ausnahmen aus der Bauzeit (1634–1643); die Oberaufsicht lag in den Händen des Bildhauermeisters Niklaus Geissler aus Schweinfurt. Die sechseckige Kanzel und das Chorgestühl sind Prunkstücke der Holzschnitzkunst, von den 13 Altären ist besonders der nach römischem Vorbild geschaffene Hochalter aus schwarzem Marmor und weissem Alabaster hervorzuheben. Das dreiteilige Chorgitter ist das älteste bekannte perspektivische Gitter, wobei besonders der mittlere Bogen mit den sich zu einem Doppeltor hin verjüngenden Arkadenwänden beeindruckt.

Detail des Seelaltars im südlichen Seitenschiff der Hofkirche (Nr. 50) mit der Kreuzabnahme Christi um 1640.

Die Hofkirche zählt zu den wichtigsten Kirchenbauten in der Schweiz am Übergang von der Gotik zum Barock. Trotzdem blieb ihre stilbildende Ausstrahlung gering, da mit der wenig später erbauten Jesuitenkirche (1666–1677) bereits das Barockzeitalter in der Innerschweiz begann.

Bemerkenswert ist, wie der Stiftsbezirk über all die Jahre hinweg seine Geschlossenheit bewahren konnte. Stilistisch ganz unterschiedliche Gebäude, die alle nicht öffentlich zugänglich sind, bilden zusammen ein Ensemble mit mittelalterlichem Charakter. Auf dem Kirchenvorplatz stehen zwei barocke Chorherrenhäuser: links der grossen Freitreppe der Peyersche Chorhof und rechts der Zurmühlehof sowie an der südwestlichen Ecke der Gräberhallen die Leutpriesterei (das heutige Pfarrhaus). Von der spätgotischen St.-Leonhardskapelle aus dem 15. Jahrhundert ist vom Kirchenvorplatz lediglich der Dachreiter zu sehen; das karge Innere des ehemaligen Beinhauses zeigt freigelegte Teile eines Freskenzyklus von 1624. Der prächtigste Bau, die Propstei, erhebt sich im nordöstlichen Teil. In dem 1535 erbauten und Ende des 18. Jahrhunderts zu einem frühklassizistischen Palais umgebauten Gebäude befindet sich auch der Kapitelsaal der Chorherren mit den Wappen sämtlicher Kloster- und Stiftspröpste. Der Propsteigarten ist in barocker Manier streng geometrisch angelegt. Zum Hofbezirk gehört auch das eindrückliche Rothenburgerhaus. In diesem wahrscheinlich ältesten erhaltenen städtischen Holzhaus der Schweiz (um 1500) schrieb und illustrierte Diebold Schilling seine berühmte Chronik.

Der Kirchplatz wird von den Gräberhallen des Friedhofs umfasst, die im Stil florentinischer Renaissance-Säulenhallen 1639–1641 erbauten wurden. Die Hallengräber blieben als privilegierte und repräsentative Grabstätten der Geistlichkeit und dem städtischen Patriziat vorbehalten. Ein Rundgang unter den Arkaden vermittelt ein Stück Geschichte über Lebensart und Lebenshaltung dieser einflussreichen Oberschicht. Hier wurden seit dem 17. Jahrhundert die Mitglieder der verschiedenen Räte von Stadt und Kanton begraben, die Söldneroffiziere in fremden Diensten, die Theologieprofessoren der höheren Lehranstalt und die Stiftspröpste. Nicht minder bemerkenswert ist auch die Gestaltung der Grabdenkmäler; die ältesten barocken Epitaphe stammen aus dem 18. Jahrhundert. Im nordöstlichen Teil des Friedhofs steht ein Obelisk zur Erinnerung an die in Luzern verstorbenen Internierten der Bourbaki-Armee von 1871.

Die Museumsmeile

Durch das Zinggentor verlässt man den Friedhof. Die Ansicht der Ringmauer von aussen veranschaulicht noch einmal den mittelalterlichen Charakter der Anlage. An der Mauer entlang führt der Weg zur Weystrasse und durch die Friedenstrasse zum Löwenplatz, wo sich der neu gestaltete sechzehneckige Zylinderbau mit dem **Bourbaki-Panorama (Nr. 51)** befindet, einem illusionistischen Rundgemälde von Edouard Castres. Das Bourbaki-Panorama

Das Bourbaki-Panorama ist als Massenmedium ein Zeitzeuge der Technikgeschichte des 19. Jahrhunderts, das ein inszeniertes Riesenrundwandgemälde zeigt.

Ausschnitt aus Edouard Castres' Bourbaki-Panorama (Nr. 51): Vorne erteilt ein Pater mit Rot-Kreuz-Binde einem sterbenden Soldaten die letzte Ölung.

zeugt als eines der wenigen noch erhaltenen Panoramabilder weltweit in einzigartiger Weise von der Mediengeschichte des 19. Jahrhunderts. Das 110 Meter lange und 10 Meter hohe Rundgemälde stellt eine Episode aus dem Deutsch-Französischen Krieg im Winter 1870/71 dar, nämlich den Übertritt der französischen Bourbaki-Armee in die Schweiz bei Les Verrières, deren Entwaffnung sowie deren Verpflegung und Betreuung durch das Rote Kreuz. 1889 wurde es von seinem ersten Standort Genf nach Luzern verlegt. Das Rundbild als eine Art Vorläufer des Kinos erwies sich schnell als touristische Attraktion und verlor erst mit der Verbreitung des Films an Anziehungskraft; 1926 wurde im Untergeschoss des Gebäudes eine Autogarage eingerichtet. Anlässlich baulicher Veränderungen mehrfach in der Höhe verkleinert und umgehängt, erlitt das Bild bedeutende Schäden. 1996–2000 wurde das Gebäude restauriert und erneuert sowie durch einen Neubau aus Glas und Stahl ergänzt. Gleichzeitig erfuhr das Rundbild eine sorgfältige Sicherung und wird seither laufend restauriert. Der Neubau mit der Stadtbibliothek, dem Panoramamuseum, mit Kinos, Restaurants und Geschäften präsentiert sich als Shopping-Mall und Kulturzentrum.

In fremden Diensten

Seit den Burgunderkriegen im 15. Jahrhundert waren die Schweizer als Krieger in fremden Diensten überaus begehrt. Der Sieg über das grosse und überlegen ausgerüstete Heer Karls des Kühnen begründete ihren Ruf als unerschrockene und tapfere Soldaten. Ob in französischen, spanischen, päpstlichen oder deutschen Diensten, vom 15. bis zum 18. Jahrhundert kämpften rund 50000 Schweizer Söldner auf den zahlreichen Schlachtfeldern Europas – nicht selten auch gegeneinander.

Es war nicht allein die Abenteuerlust, die viele junge Männer zum Solddienst trieb, sondern handfeste wirtschaftliche Interessen. Die Soldverträge, vor allem jene mit dem französischen Königshaus, waren ein wichtiger Bestandteil der Staatsfinanzen; Luzern konnte dank diesem Geldfluss auf direkte Steuern verzichten. Mehrere Luzerner Patrizierfamilien – die politische Führungsschicht der Stadt – verdankten ihren Reichtum den Einnahmen aus dem Söldnerwesen, ja der Kriegsdienst war geradezu ihr Hauptgeschäft. Militärische Karrieren, wirtschaftlicher Erfolg und politische Macht gingen oft Hand in Hand. Der Solddienst war gleichzeitig auch Lebensschule für die Patriziersöhne. Als Offiziere an den Fürstenhöfen Europas verinnerlichten sie adlige Lebensweise, die Lebenshaltung des französischen Adels wurde in diesen Kreisen zum Massstab. An einigen Herren- und Landsitzen lässt sich der Vorbildcharakter französischer Schlossarchitektur ablesen. Auch für die Landbevölkerung war der Solddienst attraktiv. Ein einfacher Gardist verdiente oft mehr als ein Handwerksgeselle, und die chronische Unterbeschäftigung und die Armut lockten manchen Bauernburschen in die Fremde.

In Paris wurden die Schweizer Söldner allerdings nicht von allen geschätzt. Louis-Sébastien Mercier schrieb im «Tableau de Paris», einer präzisen Schilderung der französischen Hauptstadt am Vorabend der Revolution, mit spitzer Feder: «Mitten in Paris bewahren diese Schweizer ihre fremdartigen Sitten; sie trinken und essen, als lebten sie noch in der reinen Luft ihrer Berge. Ihr Verhalten ist immer ein wenig grob. Ihre schwerfälligen Gesichtszüge scheinen sich nur auf Bällen ein wenig zu beleben, wenn das Büfett reichlich ausgestattet ist. In den Vorzimmern von Versailles sieht man sie meist ausgestreckt auf den Bänken liegen und gähnen.»

Mit der Niederlage der Schweizer Söldner beim Sturm der Tuilerien begann der Niedergang des Söldnerwesens. Zwar standen im 19. Jahrhundert noch einige Luzerner Patrizier als Offiziere in neapolitanischen Diensten, aber die modernen Armeen setzten immer weniger auf fremde Söldner und vor allem brachte die Industrialisierung zunehmend Verdienstmöglichkeiten in der Heimat. Die Bundesverfassung von 1848 verbot neue Soldverträge und 1859 untersagte ein Gesetz den Eintritt in ausländische Armeen. Einzig die päpstliche Garde in Rom bildet bis heute eine Ausnahme.

Nur wenige Schritte vom Bourbaki-Panorama entfernt, erzählt das **Löwendenkmal (Nr. 52)** ein anderes Kapitel aus der schweizerischen Militärgeschichte. (s. Bild S. 119) Hoch über einem kleinen Weiher, eingehauen in den Fels, erinnert der sterbende Löwe von Luzern an das Schicksal der Schweizer Gardisten bei der Verteidigung der Tuilerien in Paris. Als die revolutionären Volksmassen in Paris am 10. August 1792 voller Zorn den königlichen Palast stürmten, stellten sich etwa 800 Schweizergardisten, die im Sold des französischen Königs Ludwigs XVI. standen, als Verteidiger vor die Monarchie – allerdings vergeblich. Die Niederlage der Schweizergarde fiel vernichtend aus, die meisten Gardisten kamen bei den Kämpfen um.

Initiant des Löwendenkmals war Carl Pfyffer von Altishofen, Spross einer einflussreichen Luzerner Patrizierfamilie, Unterleutnant im Schweizer Garderegiment in Paris und zur Zeit des revolutionären Tuileriensturms und der Massaker von 1792 auf Heimaturlaub. Er fühlte sich verpflichtet, zur Ehrung und Erinnerung an seine Kameraden, die gefallenen Offiziere und Soldaten, ein Denkmal zu errichten. Pfyffer gelang es trotz zahlreicher Widerstände und vor allem auch finanzieller Schwierigkeiten, den berühmten dänischen Bildhauer Bertel Thorvaldsen für sein Projekt zu gewinnen. Der Steinmetz Lukas Ahorn übernahm die Aufgabe, den Entwurf eines überlebensgrossen Löwen in die Felswand des ehemaligen Steinbruchs zu hauen.

Am 10. August 1821 erfolgte die offizielle Einweihung des Denkmals – ein Fest der Aristokratie aus ganz Europa, nicht aber für die liberalen und fortschrittlichen Kreise. Sie sahen im Löwen vielmehr eine reaktionäre Demonstration und eine Verherrlichung der Alten Ordnung. All diesen weltanschaulichen Auseinandersetzungen um das Heldendenkmal zum Trotz wurde der Löwe von Luzern sehr bald zur bedeutendsten Touristenattraktion der Stadt, eine romantische Kulisse mit verschlungenen Wegen, Rasenflächen und locker gruppierten Bäumen und Büschen. Integriert in diesen englischen Garten war ursprünglich auch die kleine **Antoniuskapelle (Nr. 53).** Dieses sakrale Gegenstück zum profanen Löwendenkmal wurde als eine Art Pantheon an der Stelle einer älteren Kapelle gleichzeitig mit dem Denkmal 1819 errichtet. Innen ist die klassizistische Gedenkstätte mit den Fahnen und Wappentafeln der gefallenen Gardisten ausgemalt. Heute ist die enge Beziehung zwischen der Kapelle und dem Denkmal – trotz der räumlichen Nähe – durch die Überbauung der Denkmalstrasse und die Umgestaltung des Vorplatzes kaum mehr erkennbar.

Der Natur ein Museum

Direkt oberhalb dieses historischen Denkmals befindet sich das Naturdenkmal der Stadt Luzern schlechthin: der **Gletschergarten (Nr. 54).** Bei Aushubarbeiten für einen Weinkeller entdeckte der Luzerner Geologe Franz Josef Kaufmann 1872 eiszeitliche Gletschertöpfe und fossile Zeugen wie Muscheln, Palmblätter und Haifischzähne aus der tropischen Urzeit. Der Besitzer des Grundstücks, Joseph Wilhelm Amrein-Troller, erkannte den touristischen und kommerziellen Wert dieser Funde sofort. Eingebettet in einen romantisch inszenierten Garten mit Schweizerhäuschen, einem Waldkirchlein und einer Einsiedelei wurde die Anlage dem Publikum am 1. Mai 1873 geöffnet. Durch verschiedene naturhistorische Objekte wie Pfahlbaufunde und eine Mineraliensammlung ergänzt, entwickelten sich der Park und das im Schweizerhausstil erbaute Museum zu einer touristischen Sehenswürdigkeit ersten Ranges. Mit der sensationellen Ausgrabung des grössten Gletschertopfs von neun Meter Tiefe und dem Bau eines hölzernen Aussichtsturms über der Felswand erhielt der Gletschergarten einen begehrten Stern im Reisehandbuch Baedeker. 1899 wurde der Spiegelsaal eingebaut.

Kunstvoll geformte Gletschertöpfe im Gletschergarten (Nr. 54) zeugen von der gewaltigen Kraft des Schmelzwasserstrahls am Grund des eiszeitlichen Gletschers.

Das älteste Gebirgsrelief der Zentralschweiz, 1749–1786 von Franz Ludwig Pfyffer erstellt, war schon im 18. Jahrhundert eine berühmte Sehenswürdigkeit.

Ab 2016 wird das Museum, ein Bau in der Tradition des Schweizerhausstils mit dem typischen «Laubsägeli-Dekor», von den jüngeren Anbauten befreit und restauriert, der romantische Naturpark wird aufgewertet und erweitert und als neue Attraktion wird ein Erlebnisweg im Fels angelegt. Auf einem Rundweg tief im Innern des Felsens lassen sich dann die Schichtungen und Kluften des Luzerner Sandsteins unmittelbar erfahren.

Im Museum ist auch das älteste Grossrelief der Schweiz ausgestellt, das Relief der Zentralschweiz, das Franz Ludwig Pfyffer ab 1762 ohne kartografische Vorlagen allein aufgrund jahrelanger Naturbeobachtungen angefertigt hat. Das Modell zeigt auf einer Fläche von rund 24 Quadratmetern den Vierwaldstättersee mit Luzern, Unterwalden, Zug und den angrenzenden Kantonsteilen von Uri, Schwyz sowie Bern. Ganz im Zeichen der Entdeckung und Eroberung der Alpen vereint das Relief der Zentralschweiz die künstlerische Tradition der Alpenmalerei mit der wissenschaftlichen Erforschung der Alpen. Schon im 18. Jahrhundert war dieses älteste topografische Gebirgsrelief der Schweiz eine berühmte Sehenswürdigkeit. Nicht allein Goethe erkannte darin die «sehenswürdigste Sache der Stadt» und soll Luzern ausschliesslich wegen des Reliefs besucht haben. Als faszinierend empfand man vor allen Dingen die Möglichkeit, die Alpen erstmals aus der Vogelperspektive betrachten zu können.

Geradezu virtuell in die Alpenwelt reisen kann man ohne schweisstreibenden Aufstieg und mitten in der Stadt im Illusionsraum des **Alpineums (Nr. 55).** Das nur wenige Schritte unterhalb des Eingangs zum Gletschergarten 1885 ursprünglich als Museum zum Löwendenkmal erbaute Gebäude zeigt seit 1905 idyllisch inszenierte Alpengemälde, sogenannte Dioramen, der Malerdynastie Hodel. Die fünf grossformatigen, mit plastischem Vordergrund gestalteten Bilder zeigen berühmte Alpenregionen der Schweiz, u.a. die Rundsicht vom Gornergrat auf die Walliser Berge. Teile davon hatte der Kunstmaler und Besitzer des Alpineum Ernst Hodel vom Meyerschen Diorama, das 1901 ausgebrannt war, übernommen.

Eine weitere Touristen-Attraktion befand sich gegenüber dem Bourbaki-Panorama, im heutigen Restaurant Old Swiss House, das besonders für seine grossen Wienerschnitzel bekannt ist. Der 1858 als Naturalienkabinett für ausgestopfte Alpentiere errichtete malerische Fachwerkbau war einer der ersten Tourismusbauten am Löwenplatz. Dazu kamen und kommen bis heute zahlreiche Souvenirshops, früher vornehm noch als «Salon d'Art» bezeichnet, die allerlei Kitsch und Ramsch feilbieten.

Seit über 150 Jahren wird hier Swissness für den Tourismus genutzt.

Promenade am See

Hotel Schwanen – Hotel Schweizerhof – Matthäuskirche – Schweizerhofquai – Verwaltungsgebäude der Gotthardbahngesellschaft – Kurplatz – Nationalquai – Carl-Spitteler-Quai – Lido – Verkehrshaus der Schweiz – Kirchenzentrum St. Johannes – Seeburg

Dauer: ca. 1 ¾ Std.

Die Kleinstadt Luzern war bis ins 18. Jahrhundert kaum eine Reise wert. Das enge, kleinräumige Städtchen an der Reuss bot den damaligen Bildungsreisenden nur wenig Interessantes. Erst mit der Entdeckung und Eroberung der Alpen gegen Ende des 18. Jahrhunderts wurde Luzern als Aufenthalt für Reisende attraktiv. Der Blick wechselte von den engen Gassen hin zur Naturkulisse der Berge, die Lage am See wurde zur viel gerühmten Aussichtsterrasse.

Die Quaianlagen vom Schwanenplatz bis zum Lido sind Promenade und Ort zum beschaulichen Verweilen.

acht-Charter
Occasionen

Diese grossartige Aussicht auf See und Berge genossen die Gäste des Hotels Schweizerhof (Nr. 75) um 1860 von ihren Zimmern aus. Kolorierte Aquatinta.

Von den dreissiger Jahren des 19. Jahrhunderts an entstand in Luzern eine eigentliche touristische Infrastruktur. In rascher Folge wurden zahlreiche Hotelbauten errichtet, das Dampfschiff und später die Eisenbahn verstärkten diesen Boom. Das Geschäft mit den Fremden wurde allmählich auch als Wirtschaftsfaktor entdeckt, initiative Unternehmer begannen, viel Geld in luxuriöse Grandhotels zu investieren. So entstand eine eigentliche Hotellandschaft, die das Stadtbild markant veränderte. Luzern wandelte sich von der in sich geschlossenen Kleinstadt an der Reuss zur offenen Touristenmetropole am See.

Die Zahl der Reisenden nahm von der Mitte des 19. Jahrhunderts an stetig zu und prominente Gäste wie Königin Viktoria (1868) oder Kaiser Wilhelm II. (1893) festigten nachhaltig den internationalen Ruf Luzerns als exklusives Reiseziel. Die Gäste kamen mehrheitlich aus England, während die Amerikaner und Deutschen Luzern erst später zu entdecken begannen. Um 1900 setzte mit organisierten Gruppenreisen bereits eine frühe Art Massentourismus ein. 1910, im Spitzenjahr vor dem Ersten Weltkrieg, verzeichnete man in der Hochsaison zwischen Mai und Oktober über 192 000 Gäste; in 111 Hotels oder Pensionen wurden insgesamt über 8500 Betten angeboten – mehr als heute. Dieses Angebot war jedoch zu gross und es zeichnete sich noch vor dem Ausbruch des Ersten Weltkriegs eine «Investitionsblase» in der Tourismusindustrie ab. Mit dem Beginn des Krieges 1914 brach der Tourismus in Luzern endgültig zusammen, viele Hotels und Pensionen mussten ihre Tore schliessen. Nach dem Krieg setzte man im inzwischen hart umkämpften Tourismusmarkt zunehmend auf Unterhaltung und Sport. Mit dem Kunst- und Kongresshaus und verschiedenen Sportanlagen hoffte man, den Tourismus wieder zu beleben. Dabei gelang es vor allem dank der 1938 ins Leben gerufenen Internationalen Musikfestwochen, Luzern als Fremdenstadt wieder ins

Rampenlicht zu rücken. In der zweiten Hälfte des 20. Jahrhunderts wurden insbesondere die aussereuropäischen Tourismusmärkte in Amerika und Asien erschlossen. Es etablierte sich ein Massentourismus, der 1982 erstmals die Schallgrenze von einer Million Übernachtungen überstieg.

Heute werden regelmässig über eine Million Logiernächte gezählt, dazu kommen jährlich mehr als 5 Millionen Tagestouristen. Der Tourismus ist für die Stadt Luzern zu einem wichtigen Wirtschaftsfaktor geworden aber auch zu einer Belastung der einheimischen Bevölkerung. Die vielen Reisecars am Schwanenplatz, der zunehmend einseitige Geschäftsmix mit immer neuen Uhren- und Souvenirläden und grosse Touristengruppen sind die Schattenseiten des kommerziellen Erfolgs.

Der Schweizerhofquai

Mit dem Neubau des **Hotels Schwanen (Nr. 56)** im Jahr 1835 begann in Luzern die Zeit des Fremdenverkehrs. Als das alte Gasthaus Schwanen einem Stadtbrand zum Opfer fiel, errichtete der findige Hotelier Xaver Grob den Neubau nicht mehr in der Altstadt, sondern der Aussicht wegen direkt am See. Mit diesem ersten Aussichtshotel Luzerns kam er dem Wunsch jener Reisenden entgegen, die den prachtvollen Blick auf See und Berge nicht missen wollten. Der Biedermeierbau mit einer später angefügten Neurenaissancefassade wurde im 20. Jahrhundert umgebaut und wie viele andere Bauten des Historismus purifiziert.

Gleichzeitig mit dem Bau des Schwanen wurden zwei Tore des inneren Befestigungsrings und erste Teile der Hofbrücke abgebrochen sowie am Seeufer vor dem Hotel der so genannte Schwanenplatz aufgeschüttet und mit einer Landebrücke für die Dampfschiffe versehen.

Einheimische und Touristen flanieren an der Uferpromenade, Abendstimmung am Schweizerhofquai, Holzschnitt um 1870.

«Abendessen im Hotel Schweizerhof»

«Um halb acht rief man mich zum Essen. Im grossen, prächtig ausgestatteten Parterresaal waren zwei lange Tische für mindestens hundert Personen gedeckt. Etwa drei Minuten dauerte das stumme Erscheinen der Gäste, das Rauschen der Damenkleider, die leichten Schritte und die leisen Unterredungen mit den ungemein höflichen und eleganten Kellnern, vor allen Gedecken sassen bald Herren und Damen, die alle sehr elegant, sogar kostbar und überhaupt ungemein sorgfältig gekleidet waren. Wie überall in der Schweiz, bestand der grösste Teil der Tischgesellschaft aus Engländern; daher bestimmten den allgemeinen Ton der Table d'hôte eine strenge Beachtung der gesetzlich anerkannten Anstandsregeln, eine Verschlossenheit, die nicht auf dem Stolz der Gäste, sondern auf dem Mangel eines Bedürfnisses, sich einander zu nähern, beruhte, und das Behagen, das jeder für sich in der bequemen und angenehmen Befriedigung seiner Bedürfnisse fand. Überall schimmerten schneeweisse Spitzen, schneeweisse Kragen, schneeweisse, echte und falsche Zähne und schneeweisse Gesichter und Hände.» (Leo Tolstoi, «Luzern», 1857)

Nur wenige Jahre nach dem Hotel Schwanen wurde 1845 mit dem **Schweizerhof (Nr. 57)** das erste Luxushotel in der Stadt eröffnet. Zahlreich sind die prominenten Gäste, die im Schweizerhof abstiegen. Erwähnt seien Leo Tolstoi, der hier 1857 seine Novelle «Luzern» schrieb, und Kaiser Wilhelm II., der hier 1893 vom Bundesrat empfangen wurde.

Der palastartige klassizistische Bau wurde nach Plänen des Architekten Josef Placid Segesser erbaut. Die zwei etwas später errichteten Dépendancen sind durch Passerellen mit dem Hauptgebäude verbunden. In den folgenden Jahrzehnten wurde das Hotel mehrfach umgebaut und erweitert. Die Hotelhalle, das elegante Treppenhaus und vor allem der Zeugheersaal von 1865, ein grosser Festsaal mit kunstvoller und reicher Ausstattung, aber auch der Wintergarten sind einzigartige Zeugnisse von Repräsentationsräumen in historischen Hotelbauten des 19. Jahrhunderts. 1999 wurde das Hotel innen und aussen vollständig renoviert und es ist heute mit seinen Sälen ein beliebter und wichtiger Ort im Luzerner Kultur- und Gesellschaftsleben.

Unter einer der Passerellen hindurch gelangt man direkt zur **Matthäuskirche (Nr. 58),** die 1861 hinter dem Hotel Schweizerhof nach Plänen von Ferdinand Stadler errichtet wurde. Dieser erste grosse Bau der Neugotik in Luzern war gleichzeitig der erste Kirchenbau auf Stadtgebiet seit der Vollendung der Jesuitenkirche und die erste Kirche der evangelischen Gemeinde. Die dreischiffige Basilika mit Eckturm und Masswerkfenstern ist, abgesehen vom reich verzierten Spitzhelm, von schlichter Einfachheit.

Mit dem Umbau des Hotels Schweizerhof und dem Neubau des benachbarten Einkaufszentrums im Jahr 2000 durch das Architekturbüro Diener & Diener erfuhr der Raum um die Kirche eine städtebauliche Klärung und Aufwertung. Rund um die Matthäuskirche entstand ein grosszügiger und offener Platz. Der dunkelgrüne, einfache Kubus setzt zudem einen reizvollen Kontrast zur neugotischen Architektur der Kirche.

Mit dem Bau des Hotels Schweizerhof wurde ein Teil der seichten Bucht zwischen Schwanenplatz und Hofbezirk aufgeschüttet und ein weiteres Stück der Hofbrücke abgebrochen. Und im Zuge der stufenweisen Verlängerung der Uferpromenade bis zum Kurplatz (s. u.) verschwand die mittelalterliche Holzbrücke schliesslich ganz. Der **Schweizerhofquai (Nr. 59),** die neue «urbane Aussichtsterrasse» Luzerns, wurde zur touristischen Flaniermeile. An warmen Sommerabenden vergnügten sich die vielen ausländischen Gäste an der beleuchteten Promenade, wo man sich zum gesellschaftlichen Stelldichein traf.

Der breite, moderne Kubus des Migros-Einkaufszentrums, der klassizistische Hotelpalast des Schweizerhofs und die neugotische Matthäuskirche bilden einen reizvollen städtebaulichen Kontrast.

Nur katholisch?

Der reformierte Glaube wurde im katholischen Vorort Luzern lange Zeit nicht geduldet. Während des Ancien Régime galt der Katholizismus als alleinige Staatsreligion, so wie die reformierten Vororte Bern und Zürich ausschliesslich den evangelisch-reformierten Glauben duldeten. Die Staatszugehörigkeit schloss automatisch die Zugehörigkeit zur katholischen oder reformierten Kirche mit ein. Der reformierte Glaube galt in Luzern als Irrlehre und wer sich trotzdem dazu bekannte, musste mit Repressionen rechnen.

Erst mit der Helvetischen Verfassung 1798 wurde in der Schweiz die Glaubensfreiheit garantiert und der protestantische Gottesdienst in der Stadt Luzern durchgesetzt. Nach einigen Wirren und gegen heftige Widerstände erlaubte die Regierung schliesslich 1826 die Ausübung des evangelisch-reformierten Gottesdienstes.

Der regelmässige Gottesdienst wurde vorerst in der ehemaligen päpstlichen Nuntiatur in der Rössligasse abgehalten. Da die Kapelle der Nuntiatur bald zu klein war, beschloss die reformierte Kirchgemeinde eine eigene Kirche zu bauen und beauftragte den Architekten Ferdinand Stadler mit dem Bau der Matthäuskirche. Den Namen des Evangelisten Matthäus erhielt die Kirche allerdings erst, als man 1935 die zweite reformierte Stadtkirche nach dem Evangelisten Lukas benannte.

Gegen Ende des 19. Jahrhunderts konnten auch Angehörige anderer Glaubensrichtungen und Religionen in der Stadt eigene Gotteshäuser errichten. 1892 wurde mit der **Christuskirche (Nr. 47)** die erste altkatholische Kirche der Schweiz in Luzern eingeweiht und 1897 die kleine St. Mark's Church (Haldenstrasse 31) für den anglikanischen Gottesdienst der zahlreichen englischen Touristen.

1867 erfolgte die Gründung des Israelitischen Kultusvereins. Bereits zur Zeit der Stadtgründung siedelten sich jüdische Familien in Luzern an. Doch im Zusammenhang mit den Verfolgungen und Pogromen im 14. Jahrhundert wurde die jüdische Bevölkerung auch aus Luzern vertrieben und es finden sich bis ins 19. Jahrhundert nur noch vereinzelt jüdische Spuren. Erst als ihnen 1866 die Niederlassungsfreiheit garantiert wurde, liessen sich wieder jüdische Familien in Luzern nieder, dies obwohl der Widerstand gegen die Gleichberechtigung gerade in katholischen Kreisen Luzerns besonders heftig war. Diese ersten jüdischen Familien wohnten hauptsächlich im Stadtteil Bruch und dort konnte die kleine Gemeinde eine **Synagoge** bauen, die 1912 eingeweiht wurde **(Nr. 96).**

Vom Seeufer etwas zurückversetzt entstand 1887/88 das monumentale **Verwaltungsgebäude der Gotthardbahngesellschaft (Nr. 60),** heute Sitz der sozialrechtlichen Abteilungen des Schweizerischen Bundesgerichtes. Der im Stil der Neurenaissance von Gustav Mossdorf, dem Chefarchitekten der Gotthardbahn, errichtete Bau weist eine repräsentative und reich gestaltete Fassade auf, die am besten von der gegenüberliegenden Platzseite aus zu betrachten ist. Über den Säulen des mittleren Bauteils stehen vier allegorische Figuren: die Ingenieurskunst mit Massstab, die Architektur mit Zirkel, die Mechanik mit Flügelrad und die Elektronik mit Blitzen. Die Relieffiguren über den Portalen der Seitenflügel symbolisieren die vier Flüsse Rhein, Reuss, Tessin und Rhone, die im Gotthardmassiv entspringen.

Der **Kurplatz (Nr. 61)** am östlichen Ende des Schweizerhofquais wurde in seiner heutigen Form nach 1900 angelegt. Die streng architektonische Anlage mit den beiden Schalenbrunnen und dem muschelförmigen Musikpavillon wurde auf Initiative des Kurkomitees, einer Interessenvereinigung der Hoteliers, gestaltet. Man wollte den Gästen aus dem Ausland neben der Naturkulisse auch gesellschaftliche Unterhaltung bieten. Während der Hochsaison spielte das rund sechzigköpfige Kurorchester jeweils zweimal täglich im Musikpavillon zur Unterhaltung der Touristen auf. Heute gehört der Kurplatz den Pétanque-Spielern, die beinahe rund um die Uhr mit ihren glänzenden Metallkugeln den kleinen Holzball jagen. Kurkonzerte finden während den Sommermonaten immer noch statt (von Anfang Mai bis Ende September am Dienstag- und Freitag-Abend sowie am Sonntagmorgen). Im Juli aber erobert der Blues den Kurplatz, wenn am Blue Balls Festival nationale und internationale Rock- und Bluesstars die altehrwürdige Muschel mit Gitarren, Bass und Schlagzeug zum Zittern bringen.

Vom Nationalquai zum Lido

Die östliche Fortsetzung der Uferanlage wurde ebenfalls etappenweise aufgeschüttet. Der erste Teil, der **Nationalquai (Nr. 63),** reichte 1906 bis zum Hotel Palace (s. u.); es entstand eine weitläufige Quaianlage ganz im Zeichen des Tourismus. Die grosszügige Allee und die platzartigen Erweiterungen entsprachen den mondänen Luxushotels, die sich hier aneinander reihten: das **Hotel National (Nr. 62)** von 1870, ein monumentaler Bau im Stil französischer Schlossarchitektur und der erste sogenannte Hotelpalast in Luzern, der neubarocke **Kursaal (Nr. 64)** von 1882 und das **Hotel Palace (Nr. 65)** von 1906 mit seiner reichen Fassade zwischen Neubarock und Jugendstil. Parallel zur Expansion am Seeufer zog sich die touristische Infrastruktur auch die grünen Hügel um das Seebecken hinauf. Eine Vielzahl von Hotels und Pensionen entstand um 1900 und formte eine aussergewöhnlich bewegte Topografie auf den Anhöhen der Halde und auf Dreilinden. Zum Beispiel das markante und hoch über dem See gelegene Hotel Montana aus dem Jahr 1901, das stilistisch zwischen Historismus und Reformarchitektur mit Elementen des Jugendstils einzuordnen ist und heute als «Art-Deco-Hotel» mit entsprechender Innenausstattung angepriesen wird.

Geschichte der Grandhotels

Die Hotellandschaft am rechten Seeufer ist auch Zeugnis einer völlig neuen und eigenständigen Hotelarchitektur, wie sie in vielen touristischen Orten der Schweiz zu dieser Zeit entstand – grosse, mondäne Hotelpaläste an bester Aussichtslage mit noblen Suiten und reich ausgestatteten Gesellschaftsräumen, Luxushotels für ein adliges und grossbürgerliches Publikum aus aller Welt. In der auf Monumentalität, Repräsentation und Originalität ausgerichteten Architektur verbinden sich gleichsam gesellschaftliche Selbstdarstellung und Naturbegeisterung des ausgehenden 19. Jahrhunderts. Doch bereits kurz nach 1900 war die Zeit der Grandhotels abgelaufen. Die Heimatschutzbewegung bekämpfte diese Hotelbauten als Verunstaltung der Landschaft und auch die moderne Architektur der zwanziger Jahre wandte sich gegen historisierende und dekorative Stilformen. In der Folge wurden in Luzern viele dieser historischen Hotelbauten abgebrochen oder bis zur Unkenntlichkeit purifiziert. Erst gegen Ende des 20. Jahrhunderts entdeckte man die Qualität und Ausstrahlung der Grandhotels wieder und begann, die betrieblichen Unzulänglichkeiten unter Bewahrung der historischen Substanz den heutigen Standards anzupassen.

Bald musste das bisher bescheidene Unterhaltungs- und Freizeitangebot für die stetig wachsende Gästezahl ausgebaut werden. Während mit **Löwendenkmal (Nr. 52), Gletschergarten (Nr. 54), Alpineum (Nr. 55)** und **Bourbaki-Panorama (Nr. 51)** eine illusionäre Erlebniswelt entstand, wurde das Seeufer zur Sportarena.

1885 fand die Eröffnung der auch als Volksbad für die Einheimischen konzipierten Badeanlage vor dem Hotel Palace statt, eines Pfahlbaus im Cottagestil, wo Weiblein und Männlein sich noch in getrennten Becken tummeln mussten. Auf den Plätzen gleich hinter dem Seebad spielte man Tennis und es gab auch regelmässig internationale Turniere zu sehen. Zur Unterhaltung und als gesellschaftliche Ereignisse fanden auf dem See Ruderregatten und Motorbootrennen statt. Höhepunkt waren jeweils die bekannten Springreiten auf der direkt am See gelegenen Hausermatte, die dann 1981 überbaut wurde.

Die Erweiterung Richtung Halde mit dem von Pappeln gesäumten **Carl-Spitteler-Quai (Nr. 66)** erfolgte in den dreissiger Jahren. Der Dichter Carl Spitteler lebte von 1892 bis zu seinem Tod 1924 in Luzern. Zu Ehren des einzigen Schweizer Nobelpreisträgers für Literatur schuf der Künstler Roland Duss 1940 eine Bronzeskulptur. Doch seine «Liegende», ein Frauenakt von sinnlicher Körperlichkeit, löste eine Flut von Protestaktionen aus; viele empörten sich über die «nackte und lässig» daliegende Frauenfigur. Mehrmals wurde sie mit Farbe verschmiert und einmal sogar von Unbekannten eingekleidet. Ein anderes umstrittenes Kunstwerk fand später ebenfalls am Carl-Spitteler-Quai einen neuen Platz: die beiden von Hugo Siegwart 1933 ursprünglich für den Vorplatz des ersten Kunsthauses geschaffenen Bronzepferde mit den Pferdebändigern. Beim neuen Kultur- und Kongresszentrum fanden die von Kunstkritikern als pathetisch und von schlechter Qualität geschmähten, von vielen aber ins Herz geschlossenen Pferde kein Gnadenbrot und so wurden sie kurzerhand auf die grüne Wiese am Carl-Spitteler-Quai verlegt.

Flaniermeile vor den Grandhotels auf dem Nationalquai (Nr. 63).

Ganz am Ende der Uferpromenade, beim Delta des Würzenbachs, wurde 1929 das **Strandbad Lido (Nr. 68)** eröffnet. Da das Bad am Nationalquai touristischen Ansprüchen längst nicht mehr genügte, drängten vor allem die Luzerner Hoteliers auf den Bau einer neuen Anlage; sie wollten den Gästen auch ein Badevergnügen mit Strand anbieten. Das Lido zählte zu den schönsten und modernsten urbanen Strandbädern der Zeit. Leider musste der elegant geschwungene Sichtbetonbau in den neunziger Jahren abgebrochen und durch einen Neubau ersetzt werden. Hauptelement des neuen Lido ist das sichelförmige, über 300 Meter lange Dach über den Umkleidekabinen und dem Eingangstrakt. Die dunkelblau gestrichenen Gebäudeteile stehen in einem starken Kontrast zum Grün der Bäume und der grosszügigen Rasenflächen.

Ganz in der Nähe des Strandbades Lido befindet sich das **Verkehrshaus der Schweiz (Nr. 67).** Dieses spektakuläre, meistbesuchte Museum der Schweiz öffnete seine Tore 1959 und wird seither kontinuierlich erneuert

Halle Schienenverkehr im Verkehrshaus mit Lokomotive Be 6/8 II (Krokodil). Sie war als Güterlok am Gotthard eingesetzt.

und erweitert. Die unter grösstmöglicher Ausnützung des beschränkten Terrains errichteten Hallen und Erweiterungsbauten bilden eine pavillonartige Struktur, die gleichzeitig auch die Entwicklung der Museums- und Ausstellungsarchitektur der letzten Jahrzehnte dokumentiert. Mit der Einrichtung des Verkehrshauses als Museum wurden erstmals technische Produkte als kulturhistorische Denkmäler anerkannt und ausgestellt und dadurch die bekannten schweizerischen Verkehrsmittel wie Eisenbahn, Bergbahnen und Postauto als Zeugnisse nationaler Leistungsfähigkeit popularisiert. Beliebte Attraktion im Verkehrshaus sind das IMAX Filmtheater, mit der grössten Leinwand der Schweiz und das Planetarium, wo Gross und Klein auf einer riesigen Kuppel den Sternenhimmel erleben können.

Auf dem Gelände des Verkehrshauses steht seit 1979 das Hans Erni Museum. Der sechseckige Bau zeigt rund 300 Arbeiten aus dem Schaffen des wohl populärsten, aber auch umstrittenen und lange Zeit als Kommunist verschmähten Luzerner Künstlers. Hans Erni verstarb 2015 im Alter von 106 Jahren und war bis zu seinem Tod künstlerisch tätig.

Nicht weit entfernt vom Verkehrshaus befindet sich das **Kirchenzentrum St. Johannes (Nr. 69),** ein «must» für Fans moderner Sichtbeton-Architektur. Die Pfarrkirche des Quartiers Würzenbach wurde 1965–1970 vom bekannten Architekten Walter M. Förderer geplant und ist eine durchgestaltete Betonskulptur, ganz in der Tradition der sogenannten «Beton-Brut-Architektur». Für Förderer waren die radikalen Formen auch eine Kritik an der damals in der Architektur verbreiteten Zweckfunktionalität und er bezeichnete seine Kirchenbauten als «Gebilde notwendiger Zwecklosigkeit».

Zurück am Seeufer wird nach dem Lido die wohl längste Quaianlage der Schweiz durch die **Hotelanlage «Seeburg» (Nr. 70)** abgeschlossen; ein Ensemble von Hotelbauten mit prachtvollen Gartenanlagen und historischen Festsälen unterschiedlicher Bauepochen. Das älteste erhaltene Gebäude ist der ehemaligen Sommersitz der Jesuiten (datiert von 1729), die jüngste Erweiterung der Anlage ein mit Kupfer verkleideter Verbindungsbau, welcher 2004 realisiert wurde. Im Sommer ist die Sunset Bar der Hotelanlage ein beliebter Treffpunkt am See, von wo man einen wunderbaren Blick auf die Kulisse Luzerns erleben kann.

Von der Hotelanlage sind es nur wenige Schritte zur Schiffstation «Seeburg», wo man bequem mit dem Schiff zurück an den Bahnhofplatz fahren kann. Der einfache Steg wurde 1912 zur Wartehalle ausgebaut. Der Heimatstilbau gehört zu den schönsten Landungsbrücken am See und ist ein früher Bauzeuge der touristischen Infrastruktur.

Rund um den Bahnhof

Bahnhof – Hauptpost – Hotel Monopol – Hotel Waldstätterhof – Schifflandebrücke – Kultur- und Kongresszentrum KKL – Universität / Pädagogische Hochschule – Inseli

Dauer: ca. 1½ Std.

Mit der Ankunft der ersten Dampflokomotive 1859 begann auch in Luzern das Eisenbahnzeitalter. Die Eisenbahn, Symbol für Mobilität und Moderne, beschleunigte den Wandel von der beschaulichen Kleinstadt zur Touristenmetropole. Innerhalb weniger Jahrzehnte veränderte sich das Stadtbild markant. Der Bau des Bahnhofs gab den Anstoss für die Erschliessung und Überbauung des ursprünglich ausserhalb der Stadt gelegenen sumpfigen Landstrichs am linken Seeufer und bestimmte in den folgenden Jahren die Stadtentwicklung massgeblich.

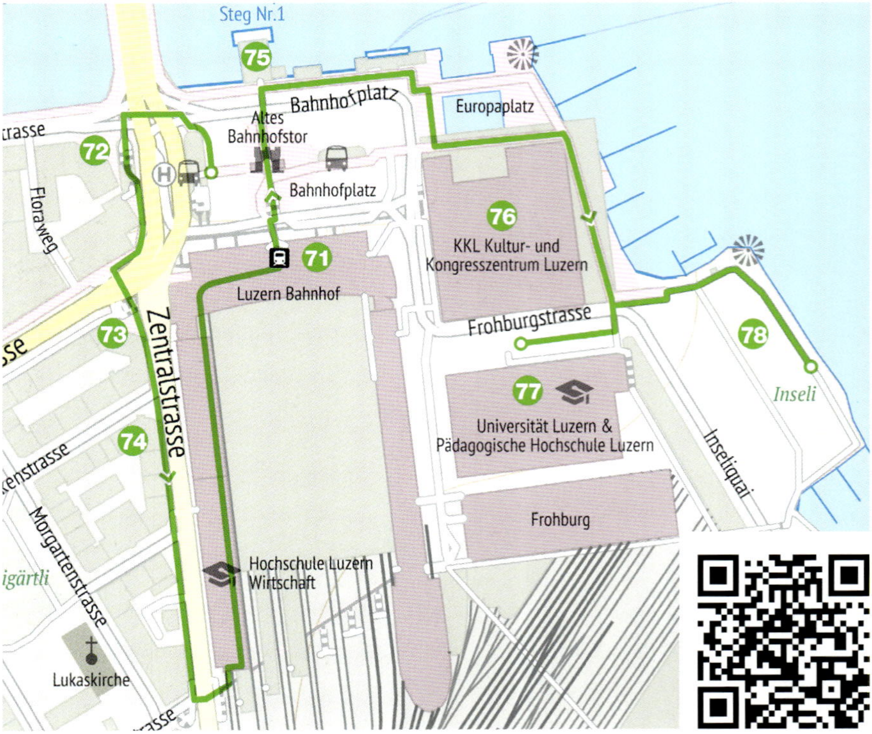

Heute ist der Bahnhofplatz von der vielgestaltigen Mobilität geprägt.

KKL Luzern
E
C C

Der Bahnhofsvorplatz wurde zum verkehrsreichsten Strassenplatz Luzerns, zum eigentlichen städtischen Verkehrszentrum. Der öffentliche Verkehr – Bahn, Bus und Schiff – und vor allem das Auto bestimmten von nun an weitgehend das Gesicht dieses Platzes. Um 1900 bildete er mit dem Bahnhof, dem Postgebäude und den verschiedenen Hotelbauten das neue städtische Zentrum Luzerns. Mobilität, Kommunikation und Tourismus waren zentrale Koordinaten im schnellen Wachstum der Stadt Luzern an der Schwelle zum 20. Jahrhundert.

Hundert Jahre später ist der Bahnhofplatz mehr denn je von der Mobilität geprägt. Doch sein Gesicht hat sich in dieser Zeit immer wieder stark verändert. In den knapp 150 Jahren seit der Aufschüttung des Sumpfgebiets entstanden hier nicht nur drei Bahnhöfe, sondern auch zwei Kunsthäuser, eine Festhalle aus Holz im Stil einer mittelalterlichen Burganlage sowie verschiedene Hotels und Verwaltungsgebäude. Heute setzen der Bahnhof und vor allem das Kultur- und Kongresszentrum (KKL) neue architektonische Akzente im Stadtbild. Insbesondere das KKL wurde zum neuen Wahrzeichen Luzerns und zu einem Symbol kultureller Visionen über die Stadt- und Landesgrenzen hinaus. Das Gebiet rund um den Bahnhof ist in den letzten Jahrzehnten aber auch eine «Bildungsmeile» geworden, seit sich hier mehrere Hochschulen und auch eine Berufsschule angesiedelt haben.

Der Bahnhof

Der erste eingleisige Schienenstrang der 1859 eröffneten Eisenbahnlinie Luzern–Basel führte damals durch die heutige Pilatusstrasse direkt ans Seeufer. Ein kleines «Chalet» (Holzhaus) diente als erstes Abfertigungsgebäude, dahinter lag ein Güterbahnhof für das Verladen der Waren auf die Schiffe zum Weitertransport Richtung Gotthard. Auch die Passagiere, die nach Italien weiterreisen wollten, stiegen hier auf die Dampfschiffe um. Mit dem Bau der ersten Seebrücke 1869/70 wurde der Bahnhof direkt mit den neuen Hotels am See verbunden. Der Bahnhofsvorplatz stand nun dem Durchgangsverkehr offen und rückte so in den Mittelpunkt der städtischen Verkehrswege.

Doch der kleine Holzbahnhof erwies sich für die stetig wachsende Zahl der Reisenden bald als zu klein und vor allem auch als zu wenig repräsentativ. Als der deutsche Kaiser Wilhelm II. 1893 die Stadt besuchte, schämten sich die Einheimischen derart ihres kleinen Bahnhofs, dass sie das Häuschen üppig mit Girlanden, Fahnen und Pflanzen schmückten, bis es kaum noch zu erkennen war. Bereits ein Jahr später verschwand der alte Bau und 1896 wurde ein neues Bahnhofsgebäude feierlich eröffnet sowie gleichzeitig die heutige

Der Gotthardtunnel machte es möglich. Luzern empfängt seine Eisenbahngäste in der Bahnhof-Kathedrale. Pferdefuhrwerken bleibt die Hotelversorgung.

Linienführung der Bahntrasse festgelegt. Der neue Bahnhof, ein eigenwilliger Monumentalbau, demonstrierte die Bedeutung der Eisenbahn auch architektonisch. Seine markante Kuppel und die zentrale städtebauliche Lage machten deutlich: Hier befindet sich das neue Stadttor Luzerns. Der Bahnhof blieb bis zu seiner Zerstörung durch einen Grossbrand das Wahrzeichen des modernen Luzern.

Es geschah am frühen Morgen des 5. Februar 1971. Im Dachstock entzündete sich ein Feuer und bald hingen dicke Rauchwolken über der Stadt. Die Feuerwehr blies zum Grosseinsatz, doch es half nichts. Der Bahnhof wurde durch den Grossbrand weit gehend zerstört, die Kuppel stürzte ein und die Bahnhofsuhr blieb um 9.03 Uhr stehen. Da der Bau jedoch ohnehin den Anforderungen an einen zeitgemässen Bahnhof längst nicht mehr genügte, verzichtete man auf einen Wiederaufbau und beschloss, das gesamte Bahnhofsareal neu anzulegen. So entstanden in den folgenden Jahren ein Geschäfts- und Wohnhaus am Inseliquai (1984), das Postbetriebsgebäude (1985), an dessen Stelle 2007–2011 das neue Gebäude der Universität/Pädagogische Hochschule Luzern errichtet wurde, das Gewerbeschulzentrum über den Gleisen (1989), der Westtrakt mit der Hochschule für Wirtschaft (1996) und schliesslich 1991 das neue **Bahnhofsgebäude (Nr. 71).** Der mit

Das elegant geschwungene Vordach und die transparente Vorhalle des Bahnhofs von Santiago Calatrava (Nr. 71).

dunkelgrünem Serpentin ausgekleidete Bau besticht vor allem durch die transparente Vorhalle des spanischen Architekten Santiago Calatrava, die den Blick auf den Bahnhofplatz und den See freigibt. Das elegant geschwungene Vordach setzt wie ein Flügel die transparente Glaskonstruktion fort. Calatrava verbindet hier wie in vielen seiner späteren Grossprojekte die Gesetze der Statik mit organischen Grundmustern – die skelettartige Dachkonstruktion mit dem auf Beton- und Stahlpfeilern ruhenden Vordach macht die Konstruktion, die Zug- und Druckkraft sichtbar und wird über ihre Funktion hinaus zu einem ästhetischen Gestaltungsmittel.

Der alte Bahnhof ist allerdings nicht vollständig verschwunden. Das Hauptportal und das grosse Wandbild «Nord et Sud» des Genfer Malers Maurice Barraud von 1928 in der Schalterhalle hatten das Feuer von 1971 überstanden und wurden in den Neubau integriert. Das Bild wurde nach dem Brand unter Schutz gestellt und mit grossem Aufwand von seinem ursprünglichen Standort abgelöst und in einer klimatisierten und durch Sicherheitsglas abgeschlossenen Nische an der Westfassade des neuen Bahnhofs wieder montiert. Der beste Blick darauf bietet sich von der Strassenecke vor dem Hotel Monopol (s. u.) aus. Das Fresko zeigt in Form einer etwas idealisierten Vorstellung südländischer Lebensart Luzerns Stellung als Tor in den Süden.

Einen prominenten Platz fand das Hauptportal des ehemaligen Bahnhofs. Es steht neu als monumentaler Torbogen mitten auf dem Bahnhofsvorplatz, bekrönt mit der Figurengruppe «Zeitgeist» des Bildhauers Richard Kissling. Der Jüngling auf dem geflügelten Räderpaar verkörpert als Genius der Zeit den Fortschritt der Eisenbahn; links und rechts schaffen zwei Arbeiter mit Werkzeugen die Hindernisse vor dem Wagen beiseite. Richard Kissling (1848–1919) war wohl der berühmteste Schweizer Bildhauer seiner Zeit. Der heute fast vergessene Schweizer Nationalbildhauer, Schöpfer zahlreicher Denkmäler, schuf mit dem Telldenkmal in Altdorf (Kanton Uri) das gleichsam «gültige» Tellbild des bärtigen, in einfache Bauerntracht gekleideten legendären Freiheitshelden.

Der Bahnhofplatz

Den nördlichen Abschluss des Bahnhofplatzes zur Reuss hin bildet das vom bekannten Zürcher Architekten Gustav Gull 1888 erbaute **Postgebäude (Nr. 72).** Der im Stil der Neurenaissance errichtete Bau ist zusammen mit dem ehemaligen **Verwaltungsgebäude der Gotthardbahngesellschaft (Nr. 60)** am **Schweizerhofquai (Nr. 59)** ein architektonisches Zeugnis der so genannten «Bundesrenaissance», eines Baustils, der die Bedeutung wichtiger staatspolitischer Aufgaben des jungen Bundesstaates wie Post-, Bahn- oder

Auf dem 1947 wohl verkehrsreichsten Platz im Kanton Luzern erkennt man das Fehlen von Markierungen und Signalen, zahlreiche Fahrräder, mehr Lastwagen als Personenautos und viele Fahrzeuge des öffentlichen Verkehrs.

Schulbetrieb zum Ausdruck brachte. Auf den kolossalen Säulen des über Eck gestellten Eingangstrakts stehen vier allegorische Figuren – die Post, die Telegrafie, die Schifffahrt und die Eisenbahn – als Zeichen der grenzenlosen Begeisterung für die neuen Kommunikationsmittel.

Den zweiten Eckpfeiler am Bahnhofplatz, gleichsam den westlichen Abschluss, bildet der Tourismus mit den beiden **Hotels Monopol (Nr. 73)** und **Waldstätterhof (Nr. 74).** Beide Gebäude wurden kurz vor 1900 von Emil Vogt erbaut: das Monopol mit einem Kuppelaufbau, der heute eine trendige Bar beherbergt, und einer reich gestalteten neubarocken Fassade, die besonders bei abendlicher Beleuchtung zur Wirkung kommt, und der Waldstätterhof eine Strassenecke weiter als Neurenaissancebau mit einer Prachtfassade aus rotem Sandstein und zwei grossen Turmerkern. Weitere vornehme Hotels aus der Jahrhundertwende rund um den Bahnhof fielen in der Nachkriegszeit dem Abbruchhammer zum Opfer.

Der Architekt Emil Vogt (1863–1936) war der erfolgreichste Luzerner Hotelbauer um die Jahrhundertwende. Neben den beiden Hotels beim Bahnhof realisierte er die Erweiterung des **Hotels National (Nr. 62)** und des **Kursaals (Nr. 64)** sowie zahlreiche Villen und Verwaltungsgebäude, beispielsweise den Hirzenhof am Hirschengraben 33. Nach seinen Plänen entstanden aber auch verschiedene Hotels in der übrigen Schweiz und im Ausland, so das Grandhotel in Brunnen und das Kurhaus Chantarella in St. Moritz, das Excelsior in Rom und Neapel, das King David in Jerusalem und das Ritz in Kairo.

Auf dem Weg zum nächsten sehenswerten Punkt unseres Rundgangs durchqueren wir das Bahnhofsgebäude und treten dann hinaus auf den Bahnhofplatz. Genau in der Hauptachse des ehemaligen Bahnhofs, in der Verlängerung des alten Torbogens, befindet sich die **Schifflandebrücke (Nr. 75)** von Armin Meili. Mit seiner schlichten Stahl- und Glaskonstruktion von 1936 hob Meili die Bedeutung des Bahnhofsvorplatzes als Verkehrsdrehscheibe zwischen Bahn und Schiff hervor. Hier stieg – und steigt – man von der Bahn kommend auf die eleganten Raddampfer des Vierwaldstättersees um. Gleich nebenan befindet sich Seebistro LUZ. Der ehemalige Billett- und Warteraum der Schifffahrtsgesellschaft, 1907 ebenfalls von Emil Vogt erbaut, wurde 2009 zum Restaurant umgebaut. Eine Terrasse über dem See und lichte Räume haben das Bistro schnell zu einem beliebten Treffpunkt gemacht.

An dieser Stelle sei als Ergänzung des Rundgangs zu Fuss eine Seerundfahrt auf dem historischen Motorschiff «Rütli» empfohlen. Die knapp einstündige Fahrt auf dem 1929 in Dienst gestellten Boot kreuz und quer durch das Luzerner Seebecken ist eine eigentliche Stadtbesichtigung von weitem.

Wie Landmarken erzählen die verschiedenen Stadtteile und Wahrzeichen die Geschichte Luzerns; die **Museggmauer (Nr. 38)** und ihre Türme von der mittelalterlichen Vergangenheit, die mondänen Hotelbauten von der touristischen Erschliessung, die Kuppel des **Suva-Gebäudes (Nr. 49)** von den Anfängen der Dienstleistungsgesellschaft, das **Hochhaus Schönbühl (Nr. 85)** vom modernen Wohnen und, nicht zuletzt, das weit auskragende Dach des **Kunst- und Kongresshaus (Nr. 76)** von kulturellen Visionen.

Der ehemalige Billett- und Warteraum der Schifffahrtsgesellschaft ist heute ein Restaurant und ein beliebter Treffpunkt.

Mit Dampf über den See

Eine Schifffahrt auf dem Vierwaldstättersee ist für Touristen wie für Einheimische eine besondere Attraktion. Fünf alte Schaufelraddampfer und zahlreiche Motorschiffe der Schifffahrtsgesellschaft verkehren heute fahrplanmässig auf dem See. Schon bevor der deutsche Kaiser Wilhelm II. mit dem Dampfschiff von Flüelen nach Luzern fuhr, erfreuten sich Generationen von Passagieren an der atemberaubenden Naturkulisse und auch heute noch zählt die Schifffahrt zur Rütliwiese zu den Klassikern unter den Schulausflügen.

Mit der Öffnung des Gotthardpasses wurde der See zum wichtigen Transportweg zwischen Nord und Süd. Auf so genannten Nauen (mit Ruder und Segel ausgerüsteten Transportkähnen) beförderte man Waren wie auch Personen zwischen Luzern und Flüelen. Bis zum Bau der Gotthardbahn 1882 bildete die Schifffahrt die einzige Verkehrsverbindung vom und zum Gotthard. Die Inbetriebnahme des ersten Dampfschiffs 1837 läutete eine neue Ära der Schifffahrt auf dem Vierwaldstättersee ein. Der erste Raddampfer konnte rund 300 Personen, dazu zehn Tonnen Güter aufnehmen und benötigte für die Strecke zwischen Luzern und Flüelen nur noch 3 Stunden. Während die Dampfschiffe nach der Eröffnung der Gotthardbahn ihre ursprüngliche Funktion als Warentransportmittel verloren, nahm ihr Stellenwert als wichtiger Teil der touristischen Infrastruktur für die Erschliessung der Innerschweiz mehr und mehr zu. Immer grösser und prächtiger wurden die Dampfer, immer reicher und kostbarer präsentierte sich ihre Innenausstattung. In den prunkvollen Salons gab es Parkettböden mit Intarsien aus Ebenholz, Perlmuttverzierungen und üppige Schnitzereien. Die vier heute noch erhaltenen eleganten Salondampfer «Uri», «Unterwalden», «Schiller» und «Gallia» wurden Anfang des 20. Jahrhunderts in Betrieb genommen, im Zeitalter der Belle Epoque, als der Tourismus in Luzern seinen Höhepunkt erlebte, während das etwas bullig wirkende Flaggschiff «Stadt Luzern» in den zwanziger Jahren dazukam. In der Nachkriegszeit verdrängten leichte und im Betrieb einfachere Dieselmotorschiffe die schwerfälligeren Salondampfer, denen die Verschrottung drohte, da sie ihres Alters und ihres langjährigen intensiven Betriebs wegen in schlechtem Zustand waren. Nur dank dem Einsatz zahlreicher Dampferfreunde und Spenden in Millionenhöhe gelang es, die alten Raddampfer zu retten, die Maschinen vollständig zu überholen und die Schiffe sorgfältig zu restaurieren. Heute bilden die fünf Dampfer eine stolze Flotte, die majestätisch und fast wie vor hundert Jahren über den Vierwaldstättersee kreuzt.

Das Inseli (Nr. 78) links ist wie das Ruderclubgebäude des Seeclubs davor vom See umflutet. Rechts das schmucke Gebäude des Brünigbahnhofs (um 1890).

Vom KKL zum Inseli

Gross war die Begeisterung, als im Sommer 1998 der prächtige Konzertsaal des neuen **Kultur- und Kongresszentrums KKL (Nr. 76)** des Pariser Architekten Jean Nouvel der Öffentlichkeit vorgestellt wurde. Gestaunt wurde über den wohl spektakulärsten Neubau in der Schweiz seit langem, gestaunt wurde aber auch über die Tatsache, dass Jean Nouvel mit seinem mondänen Kulturtempel der Kleinstadt eine Attraktion von internationalem Rang bescherte. In der Tat war die Realisierung des Kultur- und Kongresszentrums nur dank des ideellen und finanziellen Engagements seitens Politik, Wirtschaft, Kultur und vor allem auch der Bevölkerung möglich – mit grosser Mehrheit bewilligten die Luzernerinnen und Luzerner in einer Volksabstimmung einen Kredit von 94 Millionen Franken aus der Stadtkasse an die Baukosten. Doch das Engagement hat sich gelohnt. Einheimische wie Fremde, Fachleute wie Laien, sie alle schwärmen voller Begeisterung vom neuen Wahrzeichen Luzerns.

Das 12 000 Quadratmeter grosse Schwebedach ist gleichsam das Epizentrum des Gebäudes; kein anderes Element veranschaulicht deutlicher das inhaltliche und formale Programm des KKL. Das markant ins Stadtbild eingreifende Dach evoziert je nach Licht, Witterung und Entfernung verschiedenste Bilder und Stimmungen und beim atemberaubenden Ausblick von den Terrassen verwandelt sich die Stadt zur Miniatur, zum gerahmten Postkartenidyll. Das gigantische Dach schafft aber auch einen grossen, vor der

Wie eine Messerklinge ragt das Dach des neuen Kunst- und Kongresszentrums hinein ins vertraute Bild mit dem Raddampfer «Uri».

Witterung geschützten Platz und fasst gleichzeitig die drei unterschiedlichen Einzelbauten zu einem Ganzen zusammen: Unter seiner Spiegelfläche sind das rot, blau und grün schimmernde Konzertsaalgebäude, der schwarze Kubus des Luzerner Saaltraktes und der von einem Gitter umhüllte, transparente Kongress- und Museumstrakt vereint. Das von ferne wie ein schwarzes Loch wirkende Gebäude gewinnt aus der Nähe durch die verschiedenen Materialien und Formen eine starke plastische Wirkung, die durch Spiegelungen und Durchblicke noch zusätzlich betont wird.

Zu ebener Erde betritt man das Foyer des Konzertgebäudes. Hier entfaltet sich eine fantastische Innenwelt mit Wassergräben, Brücken, Treppen und Gangways. Wie ein Schiffsheck oder ein monumentaler Geigenkasten aus edlem Holz präsentiert sich die äussere Hülle des Konzertsaals im dezenten Rot des Foyers. Der eigentliche Saal erstrahlt in blendendem Weiss unter einem nachtblauen Sternenhimmel. Mit seinen 1840 Plätzen besticht er vor allem durch seine akustische Qualität, die sich durch Echokammern zusätzlich variieren lässt.

Wie das Dach drei verschiedene Gebäude zusammenfasst, vereint das KKL auch unterschiedliche Funktionen. Neben dem Lucerne Festival, (s. 314), ist hier auch das Luzerner Sinfonieorchester zu Hause, es finden Rock- und Jazzkonzerte statt, Comedy, Kongresse, Vorträge oder auch politische Veranstaltungen. Im KKL fand auch das traditionsreiche Kunstmuseum Luzern neue Räumlichkeiten. Mit ambitionierten Wechselausstellungen und einer kleinen aber feinen Sammlung Schweizer Kunst gehört das Haus zu den wichtigen Institutionen im kulturellen Leben der Stadt und der ganzen Zentralschweiz.

Bis fast unters Dach des KKL reichen die Fontänen des Wagenbachbrunnens auf dem Europaplatz, den Uhrmacher Xaver Wagenbach der Stadt schenkte. Entworfen hat ihn Armin Meili, der Architekt des ersten Kunst- und Kongresshauses, 1934. Mit diesem ersten Kunsthaus, das dem Neubau des KKL weichen musste, hatte er einen für Luzern modernen, sachlichen Bau geschaffen, in dessen Konzertsaal Dirigenten wie Arturo Toscanini, Herbert von Karajan und andere Aufstieg und Ruhm der Internationalen Musikfestwochen erst begründeten.

Gleich hinter dem KKL befindet sich die erst im Jahr 2000 gegründete **Universität Luzern (Nr. 77).** Das Gebäude mit seiner markanten Aussenhülle konnte 2011 nach einer turbulenten Vorgeschichte bezogen werden. Die Universität Luzern ist die jüngste Universität der Schweiz, ihre Wurzeln gehen jedoch als theologische Lehranstalt bis ins 16. Jahrhundert zurück. Die heutige Universität wurde aber erst 1993 mit grossem Mehr von der Bevölkerung befürwortet und umfasst neben der theologischen eine rechtswissenschaftliche, eine kultur- und sozialwissenschaftliche sowie eine wirtschaftswissenschaftliche Fakultät. Heute sind bereits gegen 3000 Studierende an der Uni Luzern eingeschrieben. Im gleichen Gebäude ist auch die Pädagogische Hochschule und ein Teil der Zentral- und Hochschulbibliothek untergebracht.

Universität und Pädagogische Hochschule Luzern (Nr. 77) konnten das Gebäude mit seiner markanten Aussenhülle (ehemals Postbetriebsgebäude) 2011 nach einem Umbau durch die Architekten Enzmann + Fischer beziehen.

Von Sittenwächtern und Moralaposteln

Luzern war und ist auch heute noch ein steiniges Pflaster für Kunst im öffentlichen Raum. Kaum ein Kunstwerk konnte im 20. Jahrhundert aufgestellt werden, ohne dass Sittenwächter und Moralapostel in lautes Gezeter über die Verwahrlosung der Sitten und die moralische Gefährdung der Jugend ausbrachen. Nicht nur nackte Frauengestalten wie die «Liegende» von Roland Duss am Carl-Spitteler-Quai, sondern selbst ein patriotisches Denkmal wie die Schwingergruppe von Hugo Siegwart lösten jeweils einen heftigen Proteststurm aus, der vielfach ganz im Zeichen politischer Grabenkämpfe stand. Katholisch-konservative Kreise fochten mit dem Schlagwort der «unsittlichen Kunst» oft auch ihren Kampf gegen den liberal dominierten Stadtrat aus.

1905 erhielt der Luzerner Bildhauer Hugo Siegwart für sein Werk «Schweizer Schwinger» auf einer internationalen Kunstausstellung in München eine Auszeichnung. Der Verschönerungsverein der Stadt Luzern, die Luzerner Kunstgesellschaft und weitere Kunstliebhaber setzten sich in der Folge für Ankauf und Ausführung des Gipsmodells ein und im Frühjahr 1908 war die Bronzeplastik fertig gestellt. Die kraftvollen, wuchtigen Schwinger, als antike Helden idealisiert, zelebrieren, ganz dem Zeitgeist entsprechend, die patriotische Verherrlichung des Schweizer Nationalsports. Sie sind von einem sachlichen Realismus, der sich durch eine möglichst naturgetreue Wiedergabe auszeichnet. Die natürliche Nacktheit erregte noch vor der Einweihung des Denkmals heftigen Anstoss von kirchlicher Seite: Die Plastik sei für die Jugend in sittlicher und moralischer Hinsicht eine Gefahr. Schliesslich wurden die Schwinger im Januar 1909 unter Polizeischutz auf dem Kurplatz aufgestellt – und bald darauf verstummten die Proteststimmen. Knapp fünfzig Jahre später wurde die Plastik vom Kurplatz auf das Inseli versetzt, weil inzwischen Kastanien das Denkmal verdeckten.

Nicht besser erging es der «Kauernden», einem Frauenakt von Otto Charles Bänninger. Als die stehende Frauenfigur des Zürcher Bildhauers 1946 vor dem Eingang des Kunsthauses aufgestellt werden sollte, hagelte es wiederum Proteste. Die Argumente waren immer noch dieselben. Der Protest war so heftig, dass man auf den ursprünglichen Standort verzichtete und der Künstler von seinem Wettbewerbsentwurf abwich und 1951 eine kauernde Frauenfigur präsentierte. Unter Ausschluss der Öffentlichkeit wurde sie im Garten auf der Ostseite des Kunsthauses aufgestellt. Die unbekleidete Frauenfigur gab danach kaum mehr Anstoss. Als das alte Kunsthaus dem KKL weichen musste, wurde die «Kauernde» auf das Inseli versetzt.

Auf dem Inseli bei der Buvette am Seeufer – Leben, wo andere Ferien machen.

Mit ein Grund für die Standortwahl der Universität/Pädagogische Hochschule war auch das nahe **Inseli (Nr. 78).** Ursprünglich eine kleine, längliche Insel, die dem Sumpfland bei der Fröschenburg vorgelagert war, ist der Ort heute ein beliebter Treffpunkt: am Tag für Studierende und Familien, an lauen Sommerabenden für Nachtschwärmer und Verliebte. Die Insel war früher Privatbesitz; erst 1924 erwarb die Stadt den Grund mit dem aus dem 18. Jahrhundert stammenden Landsitz, der einige Jahre später abgebrochen wurde. Die romantische Insel mit dem Schiff zu umrunden, war als Ausflug beliebt. 1954/55 wurde der Kanal zwischen der Insel und dem Festland zugeschüttet und es gab keine Insel mehr, doch der Name blieb. Das Inseli wurde zum öffentlichen Park umgestaltet, mit Voliere und Schwingerdenkmal. Im Herbst findet hier die traditionelle Luzerner Herbstmesse statt, die «Määs». Gleich anschliessend ans Inseli bildet das 2006 errichtete Lakefront-Center mit dem Hotel Radisson einen neuen Blickpunkt in der Silhouette des linken Seeufers. Der funktionale Bau mit den Glasfassaden erhält durch die bunten Stoffmarkisen einen verspielten Ausdruck. Im Radisson befindet sich auch die Nectar Bar. Die Bar bietet nicht nur einen spektakulären Blick über die Geleise des Bahnhofs und die Stadt Luzern, sondern auch einen wunderbaren Sonnenuntergang, falls denn die Sonne scheint. Gegenüber dem Radisson steht das Gebäude der Hochschule für Soziale Arbeit, die zusammen mit der Universität/Pädagogische Hochschule, der Hochschule für Wirtschaft im Westtrakt und dem Berufsbildungszentrum im Osttrakt des Bahnhofs eine eigentliche «Bildungsinsel» schafft.

Vom Inseli nach Tribschen

Werftsteg – Ufschötti – Tribschenquartier – Kantonsschule Alpenquai – Landsitz Tribschen (Richard-Wagner-Museum) – Wartegg – Hochhaus Schönbühl

Dauer: ca. 1½ Std.

Das linke Seeufer mit der Sonne im Rücken und dem eingeschränkten Bergpanorama stand immer etwas im Schatten der grosszügigen Promenade am gegenüberliegenden Ufer. Mit dem Bau des neuen Bahnhofs im letzten Jahrzehnt des 19. Jahrhunderts trat dieses Gebiet jedoch vermehrt ins Blickfeld des öffentlichen Interesses und es gab immer wieder Initiativen und Pläne zur Gestaltung der Uferzone zwischen Inseli und der Wartegg-Rippe. Doch die Erschliessung des Stadtrandgebiets hinter den Gleisanlagen blieb lange Zeit ein Stückwerk.

Im Landhaus Tribschen (Nr. 83), wo der Komponist von 1866–1872 wohnte, befindet sich heute das Richard-Wagner-Museum.

Das Luftschiff «Ville de Lucerne» über der Stadt (Postkarte). Zeppelin-Rundflüge zählten bis zum Ausbruch des Ersten Weltkriegs zu den spektakulärsten Attraktionen.

Bereits der Stadtbauplan von Heinrich Meili-Wapf und Robert Winkler von 1897 sah für dieses Gebiet eine schachbrettartige Überbauung vor, nach dem gleichen Prinzip wie in der Hirschmatt, nur doppelt so gross. Das Vorhaben wurde nicht realisiert und einzig das Seeufer um 1900 zum Alpenquai aufgeschüttet. Am Ufer entstanden Bootshäuser, Werften, Lagerplätze und Badeanlagen, während das «Hinterland» nur zögernd erschlossen wurde. Der sumpfige Baugrund in Ufernähe war schlecht, der Bauboom der Jahrhundertwende eingebrochen und der grüne Uferstreifen sollte für die promenierenden Gäste am anderen Ufer von Bauten frei bleiben. So entstand auf der Rösslimatte hinter dem Rangierbahnhof ein kleines Industrieareal mit vielen kleingewerblichen Betrieben und ein Sammelsurium von Bretterbuden, Schrebergärten und Schrottsammelplätzen, die aber heute weitgehend durch moderne Büro- und Verwaltungsgebäude verdrängt worden sind.

Am Ende des Alpenquais, im Tribschenmoos, fand 1910 die Eröffnung der ersten Luftschiffhalle der Schweiz statt. Die Rundflüge mit dem Zeppelin zählten zu den spektakulärsten Touristenattraktionen, bis sie mit dem Ausbruch des Ersten Weltkriegs abrupt zu Ende gingen. Im Tribschenmoos befanden sich auch die ersten Fussballplätze der Stadt und eine Natureisbahn. Von den vierziger Jahren des 20. Jahrhunderts an wurden die grossen Freiflächen in diesem Gebiet allmählich überbaut. Es entstanden verschiedene kleine Fabriken und Gewerbegebäude sowie die Büros und Hallen der städtischen Verkehrsbetriebe, die Kunsteisbahn und die Kantonsschule (Kantonales Gymnasium). Mit der Überbauung Tribschenstadt wurde zudem ab 2000 wieder ein markanter städtebaulicher Akzent gesetzt.

Heute ist das Seeufer vom Inseli bis zum Schönbühl als durchgängige, abwechslungsreiche Promenade gestaltet, die ganz im Gegensatz zum durchgestalteten rechten Seeufer da und dort noch wildwüchsige und natürliche Nischen aufweist, kleine ökologische Freiräume mitten im städtischen Ballungsgebiet.

Tribschenquartier und Alpenquai

Vom **Inseli (Nr. 78)** führt der Rundgang über den **Werftsteg (Nr. 79),** wo im Winter die Dampfschiffe überholt werden und die grossen Nauen Kies aus den Steinbrüchen rund um den Vierwaldstättersee entladen, zum Seepark Alpenquai, offiziell **Ufschötti (Nr. 80)** genannt. Der bekieste Platz wurde bereits 1918 angelegt, der Brunnen mitten drin stammt vom Kapellplatz. Die eigentliche Ufschötti aber, eine hügelige Parklandschaft, wurde 1970–1976 mit dem Ausbruchmaterial des Sonnenbergtunnels – wie der Name sagt:

Baden, Fussball spielen, sonnenbaden, flirten – die Ufschötti (Nr. 80) ist im Sommer ein beliebter Treffpunkt für Gross und Klein.

Der Rudersport hat in Luzern eine lange Tradition. Auf dem Rotsee und im Luzerner Seebecken sieht man regelmässig die schlanken Boote.

aufgeschüttet. Das Material verkleinerte die Seefläche um insgesamt 37 000 Quadratmeter! Der Sonnenbergtunnel, ein 1,5 Kilometer langer Autobahntunnel auf der Nord-Süd-Achse, war übrigens einst zusätzlich als gigantische Zivilschutzanlage für 21 000 Luzernerinnen und Luzerner konzipiert worden. Da sich indessen die 350 Tonnen schweren Tore nicht schnell genug schliessen liessen und sich die Bedrohungslage seither doch ein wenig verändert hat, hob man das Konzept des weltweit grössten Bunkers inzwischen auf (s. 318). Die Ufschötti aber wurde zum weitläufigen Freizeitpark direkt am See und zum grossen Gratisbad der Einheimischen. Auf dem Dach der benachbarten Bootshalle befindet sich ausserdem ein Apothekergarten mit viel Wissenswertem und Kuriosem zu Kräuter- und Heilpflanzen. Leicht erhöht geniesst man hier auch eine schöne Rundsicht auf See und Berge.

Das zurückversetzt zum Seeufer liegende **Tribschenquartier (Nr. 81)** wurde in mehreren Etappen über das ganze 20. Jahrhundert überbaut, vorerst nur südlich der schnurgerade angelegten Tribschenstrasse, ab den 1960er-Jahren auch im sumpfigen und aufwändig zu fundamentierenden Baugrund in Ufernähe. Ein erster Komplex ist die einheitliche, fünfgeschossige Häuserzeile der Baugenossenschaft Pro Familia, im Volksmund auch «Vatikan» genannt, ein Beispiel des sozialen Wohnbaus der 1930er-Jahre, der aber noch stark in der traditioneller Architektursprache verhaftet blieb (Tribschenstrasse 32–42). Es folgen verschiedene, grossformatige Wohn- und Geschäftsbauten in unterschiedlicher architektonischer Qualität und ohne städtebau-

Auf dem ehemaligen Areal des Werkhofs ist ein eigentliches Stadtquartier mit über 300 Wohnungen, mit Läden, Büros, Ateliers und Gewerberäumen entstanden.

lichen Bezug. Erst mit der Überbauung «Tribschenstadt» wurde das Quartier städtebaulich mit einem urbanen Viertel in zeitgenössischer Interpretation der Blockrandbebauung aufgewertet. Ausgehend von einem Projektwettbewerb entstand auf dem ehemaligen Areal des Werkhofs ein eigentliches Stadtquartier mit über 300 Miet- und Eigentumswohnungen, mit Läden, Büros, Ateliers und Gewerberäumen. Die einzelnen Bauten unterscheiden sich in ihrer Materialität. In der Form sind sie gleich – jeweils über Eck geöffnet, sind sie um grosszügige Innenhöfe angeordnet. Angrenzend an die Tribschenstadt schliesst ein lang gestreckter Verwaltungsbau das Quartier gegen die Hauptverkehrsachse ab. Vor allem die nachts blau leuchtenden Fensterbänder verleihen dem Bau einen «coolen» Touch.

Das Tribschenquartier etablierte sich aber nicht nur als Wohn- und Geschäftsquartier, sondern auch als Kultur- und Ausgehmeile. Das Konzerthaus Schür, das Jugendkulturhaus Treibhaus, der Spielleutepavillon, die Zwischennutzung Neubad im ehemaligen städtischen Hallenbad gehören heute zum festen Programm der Luzerner Kulturszene.

Von der Ufschötti führt der sogenannte Kantisteg, eine elegante Bogenbrücke über der Einfahrt des Ruderhafens, zur **Kantonsschule Alpenquai (Nr. 82).** Der Rudersport hat in Luzern eine lange Tradition, bereits 1881 wurde der See-Club Luzern gegründet und wenig später 1904 der Ruderclub Reuss. Seit dem ausgehenden 19. Jahrhundert fanden regelmässig Regatten auf dem Vierwaldstättersee statt, bis man 1933 den Rotsee als ruhiges und viel geeig-

Der erste Schultag an der Kantonsschule Alpenquai (Nr. 82) bleibt meist unvergessen. Auch nach 50 Jahren wirkt dieser Campus am See immer noch modern.

neteres Gewässer entdeckte. Der Rudersport erfreut sich auch heute noch grosser Beliebtheit und früh am Morgen, wenn der See noch ruhig und still daliegt, durchziehen zahlreiche schlanke Ruderboote die glatte Wasserfläche.

Direkt am Seeufer liegt die 1963–1967 erbaute Kantonsschule Alpenquai. Die grossen Bauvolumen in Sichtbeton bilden einen reizvollen Kontrast zur natürlichen und malerischen Umgebung. Besonders augenfällig ist die Aula mit der geraden Aussentreppe, die zur Terrasse im ersten Obergeschoss führt. Unmittelbar vor der Kantonschule wurde 1981 in Ufernähe eine kleine künstliche Insel angelegt, die zahlreichen Wasservögeln geschützte Brutplätze bietet. Vorbei am grossen Segelhafen führt der Weg weiter zur Wartegg-Rippe und steil hinauf zum Landsitz Tribschen.

Wartegg und Schönbühl

Bereits im 16. Jahrhundert befand sich auf der Felsenrippe, die das Tribschenmoos vom Schönbühl trennt, ein Landgut. Im 18. Jahrhundert gehörte der **Landsitz Tribschen (Nr. 83)** der Familie Am Rhyn, um 1800 erhielt der Herrensitz sein heutiges Aussehen – ein einfacher, dreigeschossiger Bau nach französischem Vorbild mit einem flachen, leicht geknickten Walmdach. 1866–1872 wohnten der Komponist Richard Wagner und seine spätere Ehefrau Cosima von Bülow auf Tribschen. Es war dies bereits der fünfte und zugleich längste Aufenthalt Richard Wagners in Luzern. In der Abgeschiedenheit der ländlichen Idylle konnte sich Richard Wagner ganz auf sein musikalisches und literarisches Schaffen konzentrieren. In diese Zeit fallen die Vollendung der «Meistersinger» und die Wiederaufnahme der Arbeit am «Ring des Nibelungen» sowie der Beginn der Vertonung der «Götterdämmerung». Während seines Aufenthalts in Luzern pflegte Richard Wagner auch die freundschaftlichen Begegnungen mit dem in Basel lehrenden Friedrich Nietzsche. Am 12. April 1872 nahm die Familie endgültig Abschied von Luzern und übersiedelte nach Bayreuth. 1933 wurde im Landsitz Tribschen das Richard-Wagner-Museum eingerichtet.

Ebenfalls an den Abhängen der Landzunge Tribschen befinden sich die herrschaftliche spätklassizistische Villa Wartegg und das **Schlössli Wartegg (Nr. 84),** ein pittoreskes neugotisches Landhaus mit Schloss-Dekor. Im ehemaligen Wohnsitz der Sängerin Minnie Hauk (1851–1929) einer amerikanischen Opernsängern, die an vielen grossen Bühnen ein gefeierter Star war, üben und spielen heute Schülerinnen und Schüler der städtischen Musikschule ihre Etüden.

Über den von Pappeln gesäumten Seeuferweg führt der Rundgang, vorbei am Bootshaus des Landsitzes und der Tribschenbadi, weiter Richtung Schönbühl. Das heute dicht besiedelte Gebiet wurde erst nach 1945 über-

Das Richard-Wagner-Museum im Landsitz Tribschen (Nr. 83) zeigt Bilder, Dokumente und Partituren des Komponisten.

baut und wird nach dem ehemaligen Bauernhof «Wartegg» genannt. Hier ist auch der Fussballverein Sportclub Obergeissenstein zu Hause. Der 1920 gegründete Quartierclub «OG» ist bei den jungen Fussballbegeisterten Knaben und Mädchen sehr beliebt und eine Institution im Quartier. Zu den Höhepunkten der Saison gehört jeweils das Derby gegen den FC Kickers, dem Fussballclub auf der anderen Seite der Wartegg-Rippe im Tribschenmoos. Die beiden Stadtclubs verbindet eine freundschaftliche Rivalität, auch wenn die Schwarz-Roten vom FC Kickers meist erfolgreicher sind als die Orangen vom OG und erst noch ein schmuckes Stadion besitzen.

Die südlichen Abhänge des Bireggwaldes und der Wartegg-Rippe waren bis dahin vor allem landwirtschaftlich genutzt worden; es gab Wiesen und Obstgärten, ja sogar Reben an den sonnenbeschienenen Hängen. Noch heute erinnern zahlreiche Flur- und Strassennamen an die ehemaligen Bauernhöfe in diesem Gebiet. Bereits 1391 fand ein Landgut Schönbühl erstmals Erwähnung. Der stattliche Herrensitz am See in der Art eines barocken Bauernhauses ist aber eine Rekonstruktion aus dem ausgehenden 20. Jahrhundert. Das kleine, beim Durchbruch durch die Wartegg-Rippe gelegene Bauernhaus stammt jedoch mutmasslich aus dem frühen 17. Jahrhundert. Das sogenannte Gasshüsli wird heute von einer Künstlervereinigung genutzt.

Unweit des Ufers und schon von weitem sichtbar steht das **Wohnhochhaus Schönbühl (Nr. 85).** Das auf Privatinitiative 1965–1968 entstandene Hochhaus ist der einzige Bau des finnischen Architekten Alvar Aalto in der Schweiz. Gleichzeitig realisierte Alfred Roth das erste Schweizer Einkaufszentrum, das mit dem Hochhaus verbunden ist. Der auf den ersten Blick wenig aufregend wirkende Bau besticht durch seine schlanken Proportionen, den fächerförmigen Grundriss und die entsprechend geschwungene Fassade. Mit der einzigartigen Aussicht reiht sich das Aalto-Hochhaus schliesslich ganz in die Tradition des für Luzern so wichtigen Panorama-Ausblicks ein. Von den ersten Aussichtshotels am See bis zum neuen Kultur- und Kongresszentrum stehen viele wichtige Bauwerke Luzerns in einem unmittelbaren Bezug zum See und zu den Bergen.

Der einzige Bau des finnischen Architekten Alvar Aalto in der Schweiz ist das Wohnhochhaus Schönbühl (Nr. 85).

Quer durch das Hirschmattquartier

Sempachergarten – Zentral- und Hochschulbibliothek – Lukaskirche – Viktoriaplatz – Sammlung Rosengart – Hotel Astoria – Hirschmattstrasse – Kleintheater – Helvetiaplatz

Dauer: ca. 1½ Std.

Am Ende des 19. Jahrhunderts befand sich Luzern im Aufbruch. Der Tourismus blühte, Hotels wurden gebaut, die Eisenbahn brachte Gäste. Mit dem Aufbruch kamen aber auch Arbeiter, Angestellte, Beamte und Unternehmer. Wie in allen Schweizer Städten verzeichnete Luzern in dieser Zeit einen massiven Bevölkerungszuwachs. Allein von 1850 bis 1910 vervierfachte sich die Wohnbevölkerung von 10 000 auf 40 000. Die in sich geschlossene beschauliche Kleinstadt drohte aus allen Nähten zu platzen; es gab viel zu wenig Wohnraum und die Wohnverhältnisse selbst waren eng und oft schlecht.

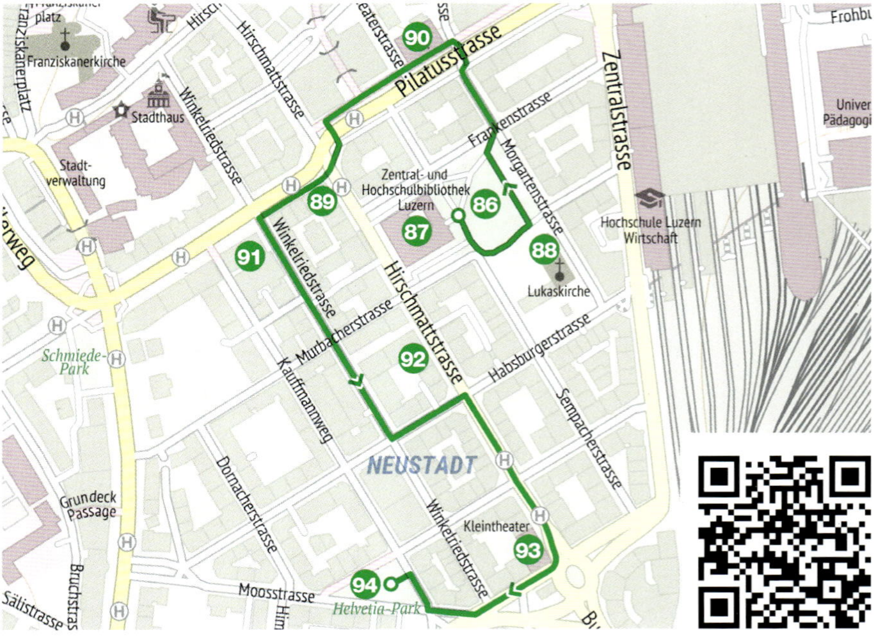

Das Hotel Astoria (Nr. 91) ist wohl das «amerikanischste» Gebäude der Stadt. Dahinter der spektakuläre Ergänzungsbau der Architekten Herzog & de Meuron von 2007 mit der «Gletscherspalte».

ASTORIA HOTEL
KONGRESSHOTEL
KONGRESSHOTEL

So begann sich die Stadt in alle Richtungen auszudehnen, zuerst in die alten Vorstädte und entlang den Ausfallstrassen; später wurden ganze Gebiete neu erschlossen. Um 1900 setzte die Überbauung der Hirschmatt ein, die konsequenteste städtebauliche Erschliessung jener Zeit. Unmittelbarer Anlass hierzu waren der Bahnhofsbau von 1893 und die neue Linienführung der Eisenbahn. Diese fuhr ursprünglich durch die Pilatusstrasse und ihre Gleise umschlossen den südlichen Stadtteil wie ein eiserner Gürtel. Erst die neue Linienführung, die um die Stadt einen weiten Bogen schlug, ermöglichte die Erschliessung dieses Gebiets und dessen Anbindung an die Kernstadt.

In der Folge des Bahnhofsneubaus entwarfen Pilatusbahndirektor Robert Winkler und Architekt Heinrich Meili-Wapf 1897 einen Bebauungsplan für die Gebiete Tribschen, Bahnhof, Hirschmatt, Neustadt und Bruch. Nach diesen Plänen entstand innerhalb weniger Jahre auf der bis dahin weitgehend landwirtschaftlich genutzten Fläche ein modernes, rasterförmig angelegtes Stadtviertel.

Schachbrettartig wurde die Hirschmatt mit mehrgeschossigen Geschäfts- und Mietshäusern überbaut. Mit der Blockbauweise wurden nicht nur grosszügige, zum Teil begrünte Innenhöfe geschaffen, sondern es entstanden auch zahlreiche markante Eck- und Stirnbauten. Die Bebauung sah eine gemischte Nutzung mit Wohnungen, Büros, Geschäften und Hotels vor. So entstanden boulevardähnliche Strassen mit grossen, repräsentativen Geschäfts-, Verwaltungs- und Hotelbauten.

In der Nachkriegszeit trat mit der Hochkonjunktur erneut Wohnungsmangel und vor allem eine Verteuerung der Bodenpreise ein und der wirtschaftliche Druck auf die Hirschmatt nahm zu. Viele Wohnungen wurden zu Büros umgenutzt, sanierungsbedürftige Bauten aus der vorletzten Jahrhundertwende abgerissen und durch reine Geschäftshäuser ersetzt und Innenhöfe Autoparkplätzen geopfert. Die Hirschmatt ist heute ein bunt durchmischtes Viertel mit beliebten und mehrheitlich sanierten Alt-Wohnungen, Bürohäusern, kleinen Boutiquen und zahlreichen Bars, Clubs und Restaurants, die das Quartier in den letzten Jahren zur trendigen Ausgehmeile der Stadt machten.

Um das «Vögeligärtli»

Erste Station des Rundgangs ist der **Sempachergarten (Nr. 86),** eine kleine grüne Oase mitten im Stadtzentrum mit Spielplatz und Gartenschachspiel. Wer Lust hat, spielt hier eine Partie Schach oder mischt sich unter das zahlreiche Publikum, das oft lautstark einzelne Züge kommentiert und den Spielenden gute Ratschläge erteilt.

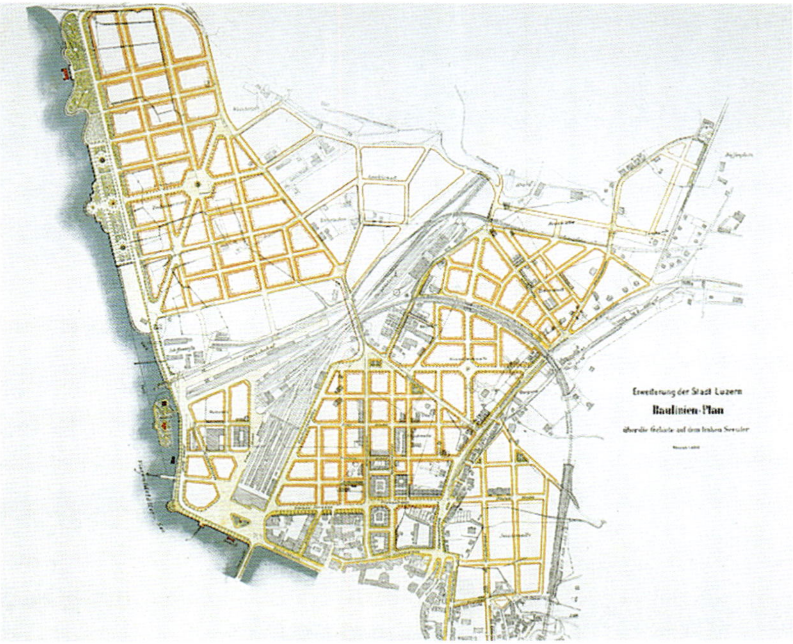

Der Stadtbauplan von 1897 diente als Grundlage für die schachbrettartige Überbauung des Hirschmattquartiers.

Auf dem Areal des Sempachergartens stand einst Luzerns erste Gasfabrik. 1858 gingen in Luzern die ersten Gaslichter an, allerdings nur wenige, auf den wichtigsten Strassen und Plätzen der Stadt. Die Nebenstrassen und Aussenviertel blieben dunkel oder wurden mit Ölfunzeln erhellt. Bei Vollmond blieben übrigens die meisten Laternen ohnehin aus. Noch bis zum Ende des Ersten Weltkriegs betrieb die Stadt die Strassenbeleuchtung mit Gas. Elektrisches Licht gab es aber bereits seit 1891 ebenfalls. Vor allem touristische Einrichtungen wie der **Gletschergarten (Nr. 54)** oder die Hotels versuchten, mit einer wirkungsvollen Illumination zusätzlich an Attraktivität zu gewinnen. Elektrische Beleuchtung galt als schick und modern.

Die Gasfabrik musste um 1900 der Erschliessung der Hirschmatt weichen. An ihrer Stelle wurde ein englischer Garten mit einer Tropfsteinhöhle und einem Hirschpark angelegt. Das Hirschgehege wurde später durch eine Voliere ersetzt, die dem Park seinen den Einheimischen geläufigen Namen «Vögeligärtli» gab. Die Vögel sind inzwischen längst auf das **Inseli (Nr. 78)** umgezogen, doch der Name hat sich bis heute erhalten. Die kleine Parkanlage wurde in der Folge mehrmals umgestaltet und ist heute eine der beliebtesten grünen Oasen im Stadtgebiet. Der Park bildet zusammen mit der angrenzenden Zentral- und Hochschulbibliothek und der Lukaskirche ein einzigartiges städtebauliches Ensemble. Entsprechend gross war der Widerstand der Luzernerinnen und Luzerner als 2012 die Zentral- und Hochschulbibliothek durch einen Neubau ersetzt werden sollte, der auch den Park stark beeinträchtigt hätte. Mit grosser Mehrheit stimmten die Stadtluzerner Stimmberechtigten 2014 gegen diesen Neubau und für die Sanierung der «ZB», wie sie landläufig genannt wird.

Die 1949–1951 nach den Plänen von Otto Dreyer erbaute **Zentral- und Hochschulbibliothek (Nr. 87)** ist eine architektonische Perle der Spätmoderne. Der fein gegliederte Bau zeigt eine für die 1950er-Jahre charakteristische präzise Gestaltung und sorgfältige Detaillierung und ist durch die gegen die Hirschmattstrasse ansteigende Staffelung auch ausgezeichnet in die schachbrettartige Bebauung des Hirschmattquartiers eingefügt. Den vorspringenden Eingangsrisalit mit dem elegant schwebenden Vordach aus Aluminium schmückt ein Relief von August Blaesi. Die Bibliothek sollte ursprünglich auf dem Areal des ehemaligen Freienhofs neben der **Jesuitenkirche (Nr. 12)** errichtet werden, doch nach heftigen Protesten gegen die Verbauung der Seitenfassade dieser Barockkirche wurde der heutige Standort gewählt.

Eine architektonische Perle der Spätmoderne – vor dem Abriss gerettet – ist die von Otto Dreyer 1949–1951 erbaute Zentral- und Hochschulbibliothek (Nr. 87).

Schräg gegenüber erhebt sich die 1935 von den renommierten Architekten Alfred Möri und Friedrich Krebs errichtete reformierte **Lukaskirche (Nr. 88).** Sie verweist stilistisch auf die nur ein Jahr früher eingeweihte **Kirche St. Karl (Nr. 115).** Bei beiden Kirchen handelt es sich um frühe Stahlbetonbauten in einer sachlich klaren Architektursprache. Die Lukaskirche mit dem breiten Turm, der direkt aus dem Kirchenbau aufsteigt, wirkt jedoch gedrungener und der Innenraum ist schmucklos und nüchtern. Der Bau ist aber ein gutes Beispiel für die frühe Moderne in Luzern und gehört zu den wichtigsten evangelischen Kirchenbauten dieser Zeit in der deutschen Schweiz.

Rund um den Sempachergarten stehen noch einige Miets- und Geschäftshäuser aus der ersten Bauperiode auf der Hirschmatt um 1900. Die einzelnen Bauwerke weisen abwechslungsreiche stilistische Einflüsse auf und sind äusserst unterschiedlich; Erker, Balkone und Ecktürme schaffen bewegte Ansichten. Jede Fassade, sogar jedes einzelne Wohngeschoss ist etwas anders gestaltet. Diese reich und individuell geschmückten Bauten sind Ausdruck eines selbstbewussten städtischen Bürgertums, das seinen persönlichen Wohnstil auch nach aussen demonstriert.

Der Gutenberghof mit seinem markanten Eckturm (Frankenstrasse 7) ist ein typisches Beispiel für die kombinierte Geschäfts-/Wohn-Bauweise. Das Erdgeschoss und das Hochparterre als die eigentlichen Geschäftsetagen heben sich mit grossflächigen Fenstern deutlich ab von den mit Balkonen und Erkern ausgezeichneten Wohngeschossen. Gegenüber, auf der anderen Seite des «Vögeligärtlis», befindet sich heute das Designhotel «The Hotel» (Sempacherstrasse 14), dessen Zimmer von Jean Nouvel individuell gestaltet und mit grossflächigen Deckenbildern aus der Filmgeschichte ausgestattet wurden. An der Sempacherstrasse 3 steht zudem eines der wenigen Wohnhäuser mit bedeutenden Elementen des Jugendstils. Charakteristisch sind die Auflösung des horizontalen Dachrandes mit dem schwungvollen Giebelaufbau und das ausgeprägte plastische Dekor. Ganz in der Nähe, an der Ecke Pilatusstrasse-Hirschmattstrasse, erhebt sich der **Kellerhof (Nr. 89),** ein mit Türmchen und Zinnen bekröntes Wohn- und Geschäftshaus im neugotischen Stil. Gleich gegenüber, Pilatusstrasse 18, steht das ehemalige Hotel Victoria, als Eckbau einer geschlossenen Blockrandbebauung. Nicht nur die Grandhotels am See, sondern die Gesamtheit von über 100 Hotelbauten in der ganzen Stadt Luzern haben die Stadt bis zum Vorabend des Ersten Weltkrieg zur Metropole des internationalen Fremdenverkehrs gemacht und prägen das Stadtbild auch heute noch massgeblich. Das 1892 erbaute Hotel Victoria ist eines der zahlreichen Beispiele dieser Bauten, die zwar heute noch erhalten

Der Gutenberghof mit seinem markanten Eckturm ist ein typisches Beispiel für ein kombiniertes Geschäfts-/Wohn-Haus.

sind, aber meist schon lange nicht mehr als Hotel genutzt werden: Das ehemalige Hotel Bristol-Bahnhof an der Pilatusstrasse 3, das Hotel du Nord an der Morgartenstrasse 5 oder das Hotel Oberland an der Sempacherstrasse 26, um nur einige zu nennen.

In unmittelbarer Nähe, gegen den Bahnhof hin, befindet sich das jüngste Museum der Stadt. Im einstigen Sitz der Nationalbank, einem neoklassizistischen Bau von 1924, wird heute die **Sammlung Rosengart (Nr. 90)** ausgestellt. Zahlreiche bedeutende Werke des Impressionismus und der klassischen Moderne sind in der ehemaligen Schalterhalle oder in den umgebauten Büroräumlichkeiten zu besichtigen. Die Sammlung Rosengart ist eine Stiftung der Kunsthändlerin Angela Rosengart, die mit mehreren Künstlern der klassischen Moderne persönlich befreundet war. Pablo Picasso porträtierte sie nicht weniger als fünfmal.

Durch die Hirschmatt zum Helvetiaplatz

Die Blockrandbebauung des Hirschmattquartiers aus der vorletzten Jahrhundertwende hat sich im südöstlichen Teil, zwischen der Zentralstrasse und der Hirschmattstrasse sehr gut erhalten, im nordwestlichen Teil wurde die Bausubstanz vor allem in der Zeit der Hochkonjunktur der 1960er-Jahre ausgewechselt und durch neue grossvolumige Wohn- und Geschäftshäuser ersetzt. Viele dieser Bauten sind architektonisch belanglos und integrieren sich kaum in die historische Bebauungsstruktur, einige weisen jedoch eine durchaus eigenständige und bemerkenswerte Gestaltung aus. Das **Hotel Astoria (Nr. 91),** das 1956/57 nach Plänen von Fedor Altherr und Theo Hotz errichtete und wohl «amerikanischste» Gebäude der Stadt, wirkt durch seine sachlich elegante Architektur zeitlos modern. Das Astoria verkörpert den damaligen innovativen Hoteltypus der innenstädtischen Lage mit Restaurants und Läden im Erdgeschoss und einer Lobby im Dachgeschoss mit Blick über die Dächer. Die Lobby wurde inzwischen in eine Bar umgewandelt. Gleich hinter dem Hotel Astoria errichteten die Architekten Herzog & de Meuron 2007 einen spektakulären Ergänzungsbau.

Nur wenige Schritte entfernt, an der Hirschmattstrasse 36, bildet das **Wohn- und Geschäftshaus Publicitas (Nr. 92)** (1966–1969) mit seiner konsequent gerasterten Glas-, Stahl- und Betonfassade einen markanten Blickpunkt im Strassenraum. An der Habsburgerstrasse 23 ist es das Wohn- und Geschäftshaus Arlecchino (1959–1961), das mit seiner Sichtbetonfassade einen gestalterischen Akzent setzt. Im Erdgeschoss befindet sich seit 1962 das «Arlecchino». Die kleine, von einem Verein geführte Cafeteria und Kunstgalerie hat

Die konsequent gerasterte Fassade des Wohn- und Geschäftshaus (Nr. 85) schafft einen markanten Blickpunkt im Strassenraum.

scheinbar zeitlos sämtliche Gastro-Modetrends der letzten Jahrzehnte überdauert und zählt auf viele treue Stammgäste, die seit fast «immer» ihren Morgenkaffee mit Zeitung im Arlecchino bestellen. Am Bundesplatz schliesslich ist in einem schlichten Wohn- und Geschäftshaus das **Luzerner Kleintheater (Nr. 93)** beheimatet. Das 1967 vom Luzerner Kabarettisten Emil Steinberger gegründete Theater gehört zu den ältesten Kleinkunstbühnen der Schweiz und hat sich bis heute als renommierte Gastspielbühne für Sprech-, Musik- und Tanztheater, für Kabarett, Musik, Kindertheater und Literatur erfolgreich etabliert. Das Kleintheater ist als Veranstaltungsort im Kulturraum Zentralschweiz kaum mehr wegzudenken. Nach dem anstrengenden Spaziergang durch die Hirschmatt empfiehlt es sich, im nahen **Helvetiaplatz (Nr. 94)** eine ausgiebige Rast einzulegen. Der kleine Park mitten im Stadtverkehr entstand erst in den 1990er-Jahren im Rahmen der Stadtbegrünung und Verkehrsberuhigung. Mit einfachen gestalterischen Mitteln wurde ein attraktiver städtischer Freiraum geschaffen, der sich schnell zu einem beliebten Treffpunkt entwickelte. Unter den Schatten spendenden Bäumen findet hier jeden Samstag ein Markt statt und in den Boulevard-Restaurants trifft man sich mit Kind und Kegel zum Kaffee und Apéro im «Salü» oder zum Essen im «Helvetia».

LA
VIE
EN ROSE
www.lavie-enrose.ch

Vom Untergrund zum Obergrund

Druckerei Keller – Bruchstrasse – Spitalmühle – Sälischulhaus – Dulaschulhaus – Landsitz Himmelrich – Lindengarten – Pauluskirche – Schloss Steinhof – Römerhof u. Voltahof – Kaserne Allmend

Dauer: ca. 1 ¾ Std.

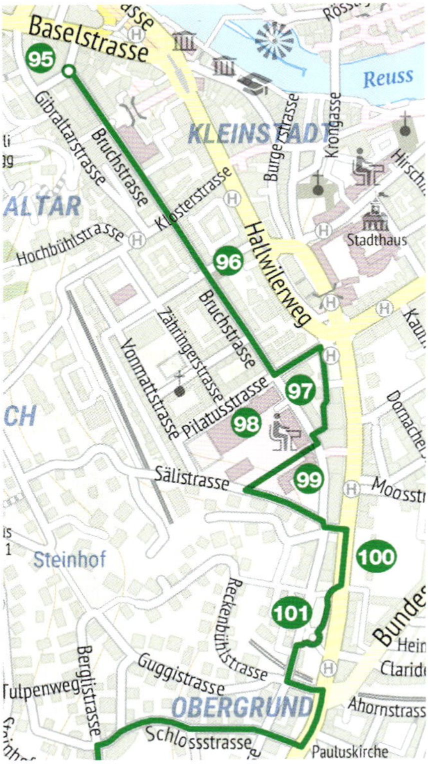

Der historische Lindengarten, direkt neben der verkehrsreichen Obergrundstrasse, ist heute ein idyllischer Quartiertreffpunkt.

Das an die Kleinstadt angrenzende Gebiet, westlich des ehemaligen Stadt- oder Hirschengrabens wurde im Bereich des Baslertors bereits im 19. Jahrhundert mit kleingewerblichen Arbeiter- und Handwerkerhäusern überbaut. Mit dem Abbruch des Klosters St. Anna im Bruch erfolgte im frühen 20. Jahrhundert die Bebauung des südlich anschliessenden Obergrunds nach einem schachbrettartigen Plan hauptsächlich in Blockrand-Bauweise. Während die kleinmassstäbliche und lockere, eher spätmittelalterlich anmutende Bebauung bis auf wenige Ausnahmen durch den Sog der Erneuerung verschwunden ist, hat sich die Blockrandbebauung in ihrer Geschlossenheit weitgehend erhalten. Als verbindendes Element führt die Bruchstrasse durchs Quartier und hier startet auch unser Rundgang.

Durch die Bruchstrasse

Markant am nördlichen Abschluss des Bruchquartiers steht an der Baselstrasse die ehemalige **Buchdruckerei Keller (Nr. 95).** Der mächtige Bau, nach den Plänen der Architekten Möri & Krebs aus dem Jahr 1912/13 verbindet Elemente des Neoklassizismus und des Heimatstils und ist ein wichtige Zeugnis der Luzerner Pressegeschichte. In der Druckerei Keller wurde während Jahrzehnten das Luzerner Tagblatt gedruckt, das Sprachrohr der Liberalen. 1991 fusionierte das Tagblatt mit dem damaligen Erzfeind, dem konservativen Vaterland, zur Luzerner Zeitung, aus der dann einige Jahre später die heutige und noch einzige Luzerner Tageszeitung, die Neue Luzerner Zeitung, hervorging. Gedruckt wird an der Baselstrasse schon lange nicht mehr, heute sind im ehemaligen Pressehaus schicke Loftwohnungen und Ateliers eingerichtet.

An der Bruchstrasse 51 befindet sich die **Synagoge Luzerns (Nr. 96).** Seit über 100 Jahren zeugt die Synagoge von der orthodoxen jüdischen Gemeinde in Luzern. Lange Zeit war das Bruchquartier jüdisch geprägt, seit 1866 durften sich die Juden offiziell im Bruchquartier ansiedeln, nachdem sie auch in Luzern während Jahrhunderten in ihren Rechten immer wieder eingeschränkt wurden. 1911 konnte schliesslich der für die jüdische Gemeinschaft wichtige Versammlungsort gebaut werden. Die Synagoge fügt sich in die Blockrandbebauung ein, unterscheidet sich jedoch durch das ausgeprägt steile Walmdach von den benachbarten Mietshäusern. Heute ist die jüdische Gemeinde in Luzern nur noch sehr klein und die jüdische Metzgerei und der koschere Lebensmittelladen sind in den letzten Jahren geschlossen worden (s. auch S. 138). Wo heute die Bruchstrasse durchführt, befand sich von 1619

2012 war die Luzerner Synagoge 100-jährig – es droht der jüdischen Gemeinde Luzern wegen fehlenden Mitgliedern aber seit längerem das Ende.

bis 1904 das Frauenkloster St. Anna im Bruch. Ursprünglich im ausgehenden 15. Jahrhundert als Beginen (christliche Gemeinschaft ohne Ordensgelübde und Klausur) nach Luzern gekommen, etablierte sich im 17. Jahrhundert im Bruch, damals noch ausserhalb der Stadtbefestigung gelegen, ein voll ausgebautes Frauenkloster, in dem bis zu 50 Schwestern lebten, vornehmlich aus dem städtischen Patriziat. Gegen Ende des 19. Jahrhunderts kam das Kloster im Bruch zunehmend in den Sog der sich ausdehnenden Stadt. Ein Gönner stellte der Klostergemeinschaft auf dem Gerlisberg einen Bauplatz zur Verfügung und bereits 1904 konnten die Schwestern das neue Haus beziehen, das sie heute noch bewohnen. Das Kloster im Bruch wurde indes abgetragen und heute erinnert nur noch die Klosterstrasse an die Geschichte der St. Anna Schwestern in der Stadt Luzern.

Im Obergrund

Die Obergrundstrasse war im Mittelalter eine wichtige Ausfallstrasse nach Kriens. Der Weg folgte dem Krienbach, der heute gedeckt unter der Strasse fliesst. Am Krienbach liessen sich bereits früh zahlreiche Gewerbebetriebe nieder, die sein Wasser nutzten. Verschiedene Mühlen, Badestuben, eine Salpeterhütte und eine Sägerei sind aus den Quellen überliefert. Heute erinnert inmitten moderner Bauten einzig die **Spitalmühle (Nr. 97)** von 1674 am

Pilatusplatz an dieses Gewerbegebiet. Die ehemalige Mühle belieferte das nahe **Spital (Nr. 19)** mit Mehl. Um 1800 wurde der Betrieb eingestellt; heute befinden sich hier Unterrichts- und Proberäume der städtischen Musikschule. Der zierliche zweistöckige Fachwerkbau über einem Erdgeschoss aus Stein steht stilistisch dem **Anderallmendhaus (Nr. 109)** nahe und stammt ebenfalls aus dieser kurzen Periode des Fachwerkbaus in Luzern. Nach einem Brand wurde die Spitalmühle 1995/96 wieder aufgebaut und ist im Innern vollständig erneuert.

Hinter der ehemaligen Spitalmühle befinden sich drei Schulhäuser. Das **Sälischulhaus (Nr. 98),** ein markanter Backsteinbau von 1898, und das Pestalozzischulhaus (1904) sind noch Beispiele für den Schulhausbau des 19. Jahrhunderts, mit monumentalen und repräsentativen Schulpalästen, die vor allem der gestiegenen Bedeutung des Bildungswesen einen baulichen Ausdruck verliehen. Das benachbarte **Dulaschulhaus (Nr. 99)** hingegen, 1933 nach Plänen von Albert Zeyer errichtet, ist nicht nur ein wichtiges Zeugnis des Umbruchs und Neuen Bauens in Luzern sondern widerspiegelt auch die pädagogischen und schulhygienischen Forderungen der Zeit. Der konsequent moderne Bau besticht durch seine funktionale Architektur und städtebauliche Eingliederung und beeinflusste den Schulhausbau in der Schweiz nachhaltig. 2008 wurde die Anlage umfassend restauriert und präsentiert sich heute

Das Dulaschulhaus (Nr. 99), 1933 nach Plänen von Albert Zeyer errichtet, ist ein wichtiges Zeuge für den Umbruch und das Neue Bauen in Luzern.

als einzigartiges Bauzeugnis der Moderne mit viel originaler Bausubstanz. Im Obergrund findet sich eine Reihe stattlicher Landhäuser aus dem 18. und frühen 19. Jahrhundert, namentlich der Grundhof von 1818 (Obergrundstrasse 11), der **Landsitz Himmelrich (Nr. 100)** und das Schloss Steinhof (s. u.). Der für Franz Placidus Schumacher 1772 errichtete Landsitz Himmelrich ist ein stattliches Werk des Rokoko und gehört zu den repräsentativsten und besterhaltenen Beispielen der ehemals vorstädtischen Herrensitze des Luzerner Patriziats. Auf dem hohen Mansardendach prangt ein markantes Türmchen mit Uhr, das dem Bauherrn als Observatorium für seine vielfältigen Forschungen diente. Franz Placidus Schuhmacher und sein Sohn Franz Xaver Schumacher waren beide sehr gebildete und vor allem wissenschaftlich interessierte Vertreter des Patriziats. Sie betrieben auf ihrem Landsitz verschiedene naturwissenschaftliche Studien, darunter Versuche mit Heissluftballons und Blitzableitern. Franz Xaver ist auch der Schöpfer des bekannten Schumacherprospekts von 1792, eines bedeutenden Stadtplans, der die frühneuzeitliche Kleinstadt kurz vor dem städtebaulichen Aufbruch im 19. Jahrhundert zeigt (s. S. 110). Zum ursprünglich in freier Landschaft gelegenen Herrensitz gehört ein axial ausgerichteter französischer Garten mit Pavillonbauten. Im südlichen der beiden symmetrisch angelegten Nebenbauten befindet sich eine kleine Hauskapelle.

Der Landsitz Himmelrich (Nr. 100) mit seinem markanten Türmchen ist eines der stattlichsten Herrenhäuser des Luzerner Patriziats.

Balthasar, Pfyffer, Segesser, Schumacher: Luzerner Patrizierfamilien

Seit dem 16. Jahrhundert wurden die Stadt Luzern und ihre Untertanengebiete, die so genannten Landvogteien, von einer kleinen, in sich geschlossenen Oberschicht regiert. Diese Familien, auch als Patrizier bezeichnet, dominierten den Rat und besetzten die wichtigsten Ämter der Stadt. Eine Mitgliedschaft im Rat oder die Ausübung eines Amtes als Landvogt oder Schultheiss (Regierungspräsident) war finanziell sehr lukrativ. Die Ämter und die Ratsmitgliedschaft waren mit einträglichen Einkünften aus Pensionen und Pfründen verbunden. Dazu kamen Renten aus dem eigenen Grund und Boden sowie beträchtliche Einnahmen aus dem Söldnerwesen. Viele Patrizi-

ersöhne waren als Offiziere in fremden Diensten tätig und zusätzlich sicherten sich die Regierenden mit lukrativen Soldverträgen einen regelmässigen Geldfluss aus den französischen oder savoyischen Herrscherhäusern. Die führenden Luzerner Familien teilten die politische, wirtschaftliche und militärische Macht unter sich auf und etablierten eine eigentliche Geschlechterherrschaft. Diese Tendenz zur Machtkonzentration und Aristokratisierung erreichte im 17. und 18. Jahrhundert ihren Höhepunkt. Mit dem Zusammenbruch der Alten Ordnung 1798 und der Umbildung der Eidgenossenschaft zur Helvetischen Republik verloren die Patrizierfamilien an Macht und Einfluss.

Das Patriziat entwickelte auch einen eigenen Lebensstil. Man pflegte die französische Sprache und Kultur und wohnte in Patrizierhäusern in der Stadt oder in den palastartigen Herrensitzen auf dem Land. Diese Herren- oder Landsitze erfüllten als repräsentative Sommerresidenzen des Patriziats eine wichtige gesellschaftliche Funktion. So entstanden rund um die Stadt zahlreiche stattliche Landsitze, die inzwischen von Häusern umschlossen sind. Die ersten dieser Landsitze waren meist schlichte Bauten mit Walmdach und einer einfachen Gartenanlage. Erst im 18. Jahrhundert wurden die Landsitze üppiger gestaltet und nach französischem Vorbild zu eigentlichen schlossartigen Palästen ausgebildet. Nach aussen demonstrierte man den patrizischen Lebensstil nicht nur mit dem eigenen Haus. Die reich ausgestatteten Säle im Rathaus, das Prunkgeschirr und die kunstvollen Bilderzyklen von Ratsherrenporträts, die grossartigen Epitaphe in der Franziskanerkirche und in der Gräberhalle im Hof zeugen heute noch von dieser barocken Machtentfaltung einer kleinen Gruppe.

In der Obergrundstrasse befindet sich auch der **Lindengarten (Nr. 101),** eine historische Anlage von 1759. Dieser öffentliche Park wurde im Auftrag von Jakob Thüring von Sonnenberg angelegt, dem Bauherrn des Landsitzes Steinhof, und war ursprünglich ein regelmässig mit Linden bepflanztes Rechteck. Den Brunnen ziert eine Tellfigur von Hugo Siegwart von 1912. Der Lindengarten war ein eigentlicher Volkspark. 1798 fand hier ein Volksfest anlässlich des Eides auf die neue helvetische Verfassung statt. Der Garten diente aber auch als militärisches Exerzierfeld und im 19. Jahrhundert verschiedentlich als Bühne für eidgenössische Turn- und Sängerfeste.

Ein markantes Wahrzeichen im Obergrund ist die **Pauluskirche (Nr. 102)** von Karl Moser. Bereits früher befand sich hier eine kleine Kapelle am Weg nach Kriens. Mit der Erweiterung des Hirschmattviertels wurde indessen auch bald der Ruf nach einer eigenen Kirche für dieses neu erschlossene Gebiet laut. So sammelte die Kirchengesellschaft Obergrund Geld und wählte schliesslich unter verschiedenen Projekten jenes des Architekten Karl Moser aus Baden aus. Moser zählte zu den bedeutendsten Architekten in der deutschsprachigen Schweiz am Übergang vom Historismus zur Moderne; er

Im Innern der Pauluskirche (Nr. 102) verschmelzen das kreuzgrätige Netzgewölbe (Neugotik) und die gemalten Grüntöne (Jugendstil) in ein Ganzes.

Der Festsaal im Schloss Steinhof (Nr. 103) – auf diese alte Aristokratenherrlichkeit folgte zu Beginn des 20. Jahrhunderts der vollständige Niedergang.

schuf unter anderem 1928 mit der Antoniuskirche in Basel die erste unverputzte Betonkirche in der Schweiz. Die Einweihung der Pauluskirche 1912 war die erste katholische Kirchenweihe in der Stadt Luzern seit jener der Jesuitenkirche, und St. Paul war auch die erste selbständige Pfarrgemeinde in den neuen Aussenvierteln.

Die Pauluskirche überrascht mit einer einzigartigen Verschmelzung von Neugotik und Jugendstil. Schwungvoll erhebt sich die nach oben strebende Silhouette mit dem dominierenden Turm direkt aus einer Strassengabelung. Die unverputzte Fassade aus unregelmässigen Bruchsteinquadern und die Masswerkfenster verweisen auf den neugotischen Grundcharakter der Kirche, während beim Gestaltungsprinzip Elemente des Jugendstils überwiegen, etwa die dekorative Behandlung der Oberfläche und vor allem die in verschiedenen Grüntönen variierte Ausmalung des Innenraums mit stilisierten Baum- und Pflanzenmotiven. Die dreischiffige Halle wirkt mit den schmalen Seitenschiffen wie ein Einheitsraum. Im Tympanon über dem Eingangsportal befindet sich ein Relief des Kirchenpatrons.

Zur künstlerischen Ausstattung gehören das Chorwandgemälde und die Seitenaltarbilder. Das streng axialsymmetrische Chorfresko von Theophil Robert zeigt eine figurenreiche Kreuzigungsgruppe, im Hintergrund erkennt man eine Stadtbefestigung, die an die Museggmauer erinnert. Das kuppelbekrönte Bauwerk verweist auf die Stadt Jerusalem und deren Grabeskirche. Die Bilder der Seitenaltäre wurden von Künstlern aus der Region geschaffen.

Auf einer Anhöhe über dem Obergrund liegt **Schloss Steinhof (Nr. 103),** 1771–1777 nach Plänen des Bauherrn Marschall Johann Thüring von Sonnenberg nach französischem Vorbild errichtet. Der palastartige Landsitz ist der grösste profane Barockbau im Kanton. Der fast quadratische Grundriss wird von vier Ecktürmen beherrscht, am Balkon befindet sich die Sonne als Wappenzeichen der Familie von Sonnenberg. 1924 wurde das Schloss an die Krankenbrüder von Mariahilf aus Trier verkauft, die hier seitdem ein Pflegeheim führen. 1986–1987 wurde das Wohn- und Pflegeheim erweitert und die ganze Anlage umfassend restauriert.

Ganz in der Nähe, an der Voltastrasse 50 und 52 befinden sich der **Römerhof** und der **Voltahof (Nr. 104).** Die beiden benachbarten Wohnhäuser wurden im ersten Jahrzehnt geschaffen und gehören zu den originellsten und qualitätvollsten Jugendstilhäusern in der Stadt Luzern. Der 1904 vollendete Römerhof zeigt vor allem in der dekorativen Ausgestaltung mit pflanzlichen und ornamentalen Formen Einflüsse des Jugendstils. Das Portal mit der kreisrunden Türöffnung wird von einem mächtigen Adler gekrönt. In den

Der 1904 vollendete Römerhof zeigt in der dekorativen Ausgestaltung mit pflanzlichen und ornamentalen Formen Einflüsse des Jugendstils.

Die dunkle Fassade aus geripptem Glas am neuen Armee-Ausbildungszentrum (Nr. 105) zeigt je nach Wetterlage und Licht ein überraschend breites Farbenspektrum.

Abschlussgiebeln der beiden Erker befinden sich zwei Schrifttafeln mit der Inschrift «Ars» und «Labor», womit programmatisch die Durchdringung von Kunst und Arbeit als Zielsetzung des Jugendstils formuliert wird.

Von der Voltastrasse schliesslich sind es nur wenige Schritte bis zur Luzerner Allmend. Zwei Hochhäuser, Sportstätten, ein Messegelände und eine Infanteriekaserne dominieren das Gelände. Die **Kaserne Allmend (Nr. 105)** wurde 1933–1935 nach Plänen des Architekten Armin Meili erbaut. Der schalungsroh belassene Stahlbetonbau ist mit den kubisch ineinander verschachtelten Bauteilen ein Zeugnis des Neuen Bauens. Meili gelang es mit den klaren Formen, militärische Ordnung architektonisch zu vermitteln. Die ehemalige Infanteriekaserne wurde in den neunziger Jahren innen vollständig umgestaltet und aussen renoviert; sie dient heute zusammen mit dem Neubau der Architekten Enzmann + Fischer als Armee-Ausbildungszentrum für die Schulung von Offizieren und Instruktoren. Der dunkle Kubus des Neubaus besticht vor allem durch seine Aussengestaltung und durch den sich über mehrere Stockwerke erstreckenden, vielschichtigen Lichthof im Innern.

Mit diesem grosszügigen Komplex und den multiflexibel gestalteten Hallen wurden die Möglichkeiten für Messen, Events und Kongresse markant verbessert.

Das Luzerner Messegelände wurde in den letzten Jahren kontinuierlich erneuert und erweitert und präsentiert sich heute als moderner Messestandort mit vier grossen Hallen. Seit 2012 ist die Allmend über eine unterirdische Strecke der Zentralbahn erschlossen und die Haltestelle Allmend/Messe der vorerst einzige «Tiefbahnhof» der Stadt Luzern. Von hier fährt man bequem in wenigen Minuten mit der S-Bahn wieder ins Stadtzentrum zurück.

Vom alten Stadtrand zum Seetalplatz

Kasernenplatz – Historisches Museum – Natur-Museum – Anderallmendhaus – Schützenhaus – Staatsarchiv – Sentikirche und Sentispital – Sentihof – Schlosshotel Gütsch – Kirche St. Karl – Friedhof Friedental – Reussbühl

Dauer: ca. 2½ Std.

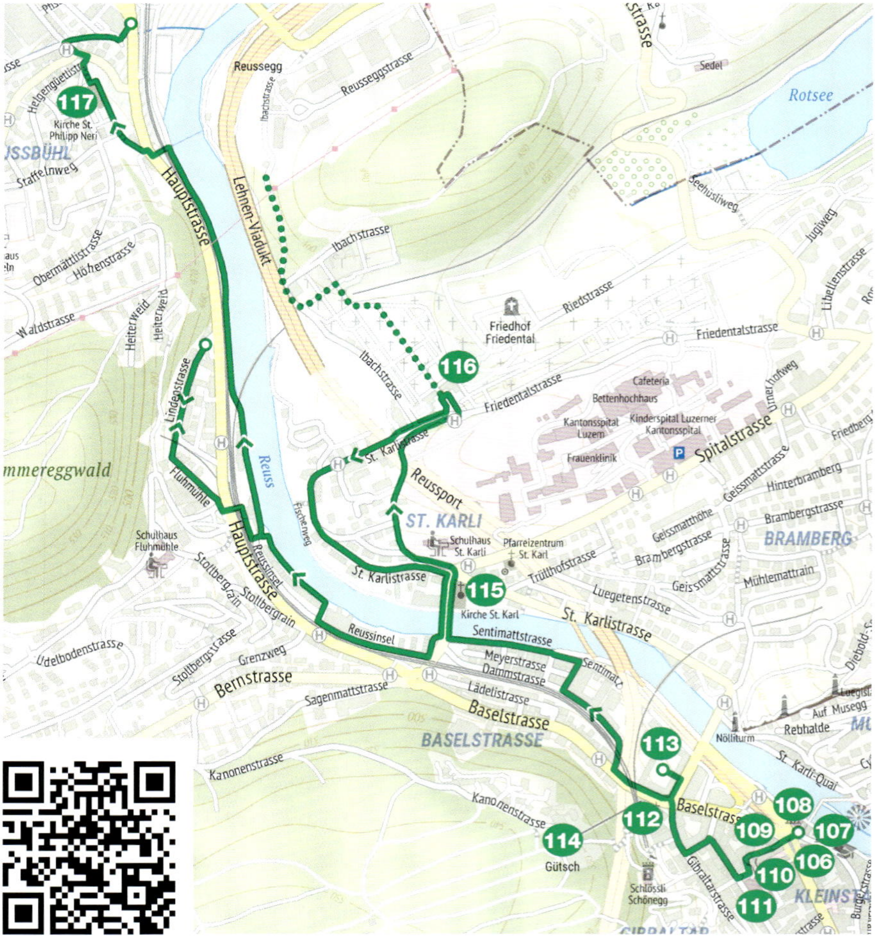

Die Kirche St. Karl (Nr. 115) von Fritz Metzger (1934) ist der erste und wichtigste Sakralbau aus der Zeit der Moderne in der Innerschweiz.

Die zwischen dem ehemaligen Baslertor und dem Sentitor gelegene Vorstadt hiess ursprünglich St.-Jakobs- oder Senti-Vorstadt. Im Mittelalter auch als «am nidern Grunde» bezeichnet, heisst das Gebiet heute schlicht der Untergrund. Das am Stadtrand gelegene Viertel war und ist immer noch das etwas «andere» Luzern. Hier befanden sich im Mittelalter mit dem St. Jakobs-Spital eine Herberge für Pilger und mit dem Sentispital ein Siechenhaus für Aussätzige, aber auch der Schweinemarkt und später, im 18. und 19. Jahrhundert, das Waisenhaus, die Strafanstalt, die Kaserne und der Schlachthof. Etwas ausserhalb des Sentitors lag die Richtstätte mit der Wohnung des Henkers und dem Friedhof für die Hingerichteten und durch eigene Hand aus dem Leben Geschiedenen, die nicht in geweihter Erde bestattet werden durften.

Die durch die Vorstadt führende Baselstrasse war die wichtigste – und verkehrsreichste Ausfallstrasse Luzerns. An dieser Strasse entwickelte sich seit dem frühen 19. Jahrhundert ein kleingewerbliches Zentrum. Büchsen-

Viehmarkt am Kasernenplatz. Im Hintergrund das abgebrochene Baslertor, rechts das Anderallmendhaus (Nr. 109). Aquarell um 1800.

macher, Färber, Kupferschmiede, Schreiner und Drucker hatten hier ihre Wohn- und Werkstätten. Auf einer Sandbank in der Reuss, der so genannten Reussinsel, begannen erste kleine Industriebetriebe die Wasserkraft zu nutzen, darunter die von Moos'schen Eisenwerke sowie die Maschinen- und spätere Aufzugsfabrik Schindler.

Mit dem Bauboom Ende des 19. Jahrhunderts setzte die Einwanderung italienischer Arbeitskräfte ein. Die italienischen Maurer bauten die noblen Hotels am See und der Untergrund wurde in der Zeit der Hotelindustrie zum Wohngebiet dieser «Fremdarbeiter». «Klein Chicago» hiess es auch, das Viertel mit der grössten Dichte an Gasthäusern, Beizen und Cucinen, den Arbeiterküchen der Italiener. Die Wohnverhältnisse in der schattigen Gegend zwischen Gütsch und Reuss waren oft denkbar schlecht. Viele der Zugewanderten mussten mit engen, schlecht belüfteten und feuchten Wohnungen praktisch ohne sanitäre Einrichtungen vorlieb nehmen. Die Sterblichkeitsrate an Tuberkulose lag denn auch viel höher als in anderen Stadtteilen. Die sozialen Verhältnisse waren schliesslich auch der Nährboden für die zahlreichen Arbeiterstreiks im Steinbruch der Baselstrasse. Die Anfänge der Luzerner Arbeiterbewegung sind eng mit dem Untergrund verbunden.

Der Untergrund ist bis heute das kulturell am meisten durchmischte Stadtviertel geblieben und der Anteil der ausländischen Wohnbevölkerung liegt im Gebiet Baselstrasse/Bernstrasse mit über 50 % sehr hoch. Waren es früher Entlebucher, dann Deutsche und Italiener, sind es heute Kurden, Tamilen, Südamerikaner und Afrikaner die hier leben, Menschen aus 76 Nationen wird im Quartier erzählt. Wer hier wohnt, leidet unter dem Lärm und Gestank des Verkehrs: Autobahn und Eisenbahn durchtrennen die Häuserzeilen wie früher die Stadtmauern, Prostitution und Drogenhandel gehören zum Strassenbild. Wer die Möglichkeit hat, der zieht weg.

Zwischen der Basel- und Bernstrasse leben und arbeiten aber auch viele Studentinnen und Studenten, Künstlerinnen und andere Kreativ-Wirtschafter und einige von ihnen bleiben für immer. Das Quartier und seine Bewohner kämpfen für mehr Lebensqualität und städtebaulicher Aufwertung. Zahlreiche kleine Geschäfte mit zum Teil exotischer Auslage zeigen ein anderes Bild des Quartiers. Hier finden sich neben Imbissbuden aus aller Welt auch kleine Handwerksbetriebe und traditionelle Arbeiterbeizen, die noch nicht in trendige In-Lokale umgebaut wurden. Zahlreiche Bars und Clubs ziehen am Wochenende die Jugend der ganzen Stadt an. Und in der ehemaligen Schindlerfabrik an der Sentimatt ist heute die Pädagogische Hochschule Luzern eingemietet.

Am Kasernenplatz führt heute die Autobahnausfahrt mitten in die Stadt. Links der Fachwerkbau des Anderallmendhauses (Nr. 109) aus dem 17. Jahrhundert.

Am Kasernenplatz

Unser Rundgang beginnt am Ende der Pfistergasse, dort, wo früher das Baslertor stand. Hier am **Kasernenplatz (Nr. 106),** wo einst der Schweinemarkt war und die Schützen sich in ihrer Kunst übten, dominiert heute auf sieben Spuren der motorisierte Verkehr. Mit dem Bau der Autobahnausfahrt (1974) direkt ins Stadtzentrum entstand nicht nur die hässlichste Wunde im Stadtbild, sondern auch eine verkehrspolitische und städtebauliche Dauerdiskussion um die Wiedergutmachung dieser Bausünden zwischen Pfistergasse, Baselstrasse und Reuss.

Mehrere historische Gebäude erinnern jedoch an die Vergangenheit des Kurzweilplatzes, wie das Gebiet früher auch hiess. Noch innerhalb der ehemaligen Stadtmauer liegt das Zeughaus, ein 1567–1569 errichteter frühneuzeitlicher Magazinbau, in dem heute das **Historische Museum (Nr. 107)**

Das Natur-Museum (Nr. 108) zeigt eine ständigen Sammlung zur Natur der Zentralschweiz und immer wieder spannende Sonderausstellungen.

des Kantons untergebracht ist. Das schlichte, spätgotische Gebäude ist weitgehend schmucklos, einzig auf der Reussseite befindet sich ein rekonstruiertes Fresko aus der Bauzeit, ein von zwei wilden Männern gehaltenes Standeswappen. Im Zeughaus wurden die gemeinsamen Waffen wie die schweren Geschütze und Armbrüste aufbewahrt sowie Beutestücke aus den Kriegszügen und Kuriositäten ähnlich wie in einer Wunderkammer ausgestellt. Helm und Schwert des Reformators Zwingli und das Panzerhemd des Herzogs Leopold von Österreich waren weithin bekannte und viel bestaunte Sehenswürdigkeiten.

Daneben, etwas reussabwärts, befindet sich im ehemaligen Waisenhaus der Stadt heute das **Natur-Museum (Nr. 108);** das klassizistische Gebäude stammt von Josef Singer (1808–1811). Die damalige «Anstalt» für «verwahrloste und uneheliche Kinder» wurde von Ordensschwestern geführt, die für sittliche Ordnung und religiöse Ausbildung der Waisen zu sorgen hatten. Die Hausordnung war sehr streng, Schule und körperliche Arbeit bestimmten den Alltag der Kinder, um sie von schlechten Einflüssen fern zu halten. Das sehr repräsentative Gebäude stand ursprünglich direkt an der Baselstrasse und musste der Autobahn und einem Parkhaus weichen. Es wurde abgebrochen und unter Verwendung von wenig originaler Bausubstanz als eigentliche Kopie an der Stelle wieder aufgebaut, wo von 1861 bis 1971 die Infanteriekaserne gestanden hatte.

Auf der gegenüberliegenden Strassenseite befindet sich das Gasthaus Galliker. Seit über 200 Jahren werden hier Gäste bewirtet, früher einfache Bauern vom nahen Viehmarkt und Soldaten aus der Kaserne, heute traditionsbewusste Luzernerinnen und Luzerner, die ein währschaftes Essen in authentischer Umgebung schätzen. Gleich nebenan steht das **Anderallmendhaus (Nr. 109),** ein stattlicher spätbarocker Fachwerkbau von 1679. Das mit geschweiften Formen und Voluten durchsetzte Fachwerk ist eines der wenigen erhaltenen Beispiele aus der kurzen Blütezeit des Luzerner Fachwerkbaus in der zweiten Hälfte des 17. Jahrhunderts. Am «Markt» dahinter befindet

Die spätgotische Kirche mit dem schlanken Dachreiter der Sentikirche (Nr. 112), davor die restaurierte Kaplanei.

sich linker Hand das **Schützenhaus (Nr. 110)** von 1756. Erste Belege für ein Schützenhaus für die Büchsen- und Armbrustschützen stammen bereits aus dem 15. Jahrhundert. Auf dem Vorplatz zu den Arkaden standen einst die Schiessstände. Der Festsaal im zweiten Stock ist mit ausgezeichneten Rokokostuckaturen geschmückt. Am Platz hinter dem Schützenhaus steht das 1990–1993 erbaute neue **Staatsarchiv (Nr. 111)** des Kantons.

Zwischen Gütsch und Reuss

Über die Schützenstrasse und die Gibraltarstrasse erreichen wir die Sentikirche mit dem ehemaligen **Sentispital (Nr. 112)** direkt an der Baselstrasse. Dieses Siechenhaus für Aussätzige befand sich seit dem 13. Jahrhundert hier am Stadtrand unmittelbar beim Sentitor. Im Mittelalter wurden hier die Leprakranken untergebracht, vom 18. Jahrhundert an vor allem Personen mit Hautkrankheiten wie Krätze oder Räude. Ganz in der Nähe wurde erst vor einigen Jahren ein historischer Friedhof aus dem 17. Jahrhundert entdeckt, der vermutlich im Zusammenhang mit den im Sentiquartier angesiedelten Spitälern steht.

Die heutige Sentikirche stammt ebenfalls aus dem 17. Jahrhundert. Die Fassade hat Josef Singer 1817–1819 klassizistisch umgestaltet, wobei die beiden symmetrisch angefügten Spitaltrakte vollständig erneuert wurden. Den spätgotischen Charakter der Kirche mit dem zierlichen Dachreiter und dem Chorbogen erkennt man nur von der Rückseite.

Im Innern zeigt sich die fast schmucklose Sentikirche als schlichtes Gotteshaus für die Armen und Kranken. Einzig das Chorgewölbe weist eine einfache Rokokostuckatur auf. Die kleinen Fenster in der Gewölbezone des Langhauses ermöglichten die Teilnahme am Gottesdienst vom Spitaltrakt aus. Der bunt marmorierte Hochaltar von 1755 ist ein Werk des Rokoko, die beiden Altargemälde der Seitenaltäre im Biedermeierstil zeigen den heiligen Antonius und Maria Magdalena als Eremitin. Im Langhaus befindet sich ein Gemäldezyklus mit vier Heiligenfiguren; bemerkenswert vor allem das Bildnis des Franz Xaver, das im Hintergrund die Jesuitenkirche mit den geplanten Türmen zeigt. Im ehemaligen Krankenhaustrakt befindet sich seit über 30 Jahren der Sentitreff, ein beliebter Kultur- und Quartiertreff wo man zum Mittagstisch, «Sonntagszmorge» oder gemeinsamen Fussball schauen zusammenkommt.

Gegenüber der Sentikirche befand sich die ehemalige Kantonale Strafanstalt. Nach deren Abbruch entstand auf dem Areal 1953–1955 der **Sentihof (Nr. 113),** eine Vorzeige-Wohnsiedlung, mit rund 300 Wohnungen und einem

In der Kirche St. Karl (Nr. 115) zeigen die Architektur von Fritz Metzger und die Fresken von Hans Stocker den Willen zur Erneuerung der sakralen Kunst.

grosszügigen, begrünten Innenhof. Die mit den neuesten haushaltstechnischen Errungenschaften der Zeit ausgestatteten Wohnungen waren sehr begehrt. Waschmaschine, Heisswasser aus der Röhre und eine funktionale Einbauküche mit Elektroherd gehörten zur Standardeinrichtung. Die Wohnkultur im Sentihof entsprach dem kleinbürgerlichen Familienideal während des wirtschaftlichen Aufschwungs in den fünfziger Jahren. Doch bereits drei Jahrzehnte später wurde die Siedlung mit dem Bau der Autobahn zu einer Insel mitten im Strassenverkehr und der Komfort von der Entwicklung überholt.

Neben der Sentikirche führt die Gütschbahn steil hinauf zum **Schlosshotel Gütsch (Nr. 114).** Die 2015 vollständig erneuerte Bahn verbindet heute als Schräglift die Baselstrasse mit dem 1881–1884 errichteten «Zuckerbäckerschloss». Besonders zu empfehlen ist der Aufstieg wegen der herrlichen Aussicht. Von der Terrasse geniesst man einen exklusiven Ausblick auf Stadt, See und Umgebung.

Von der Baselstrasse führt der Rundgang durch die Dammstrasse zur Sentimattstrasse und entlang der Reuss weiter zum Kreuzstutz. Direkt an der Reuss gelegen, lädt das altehrwürdige und legendäre Wirtshaus «Reussfähre» zu einer kleinen oder auch längeren Rast. Am Kreuzstuz, einem neu-

Sakrale Erneuerung

Der Bau der Kirche St. Karl stand ganz im Zeichen der Diskussion um die Erneuerung der sakralen Kunst. Getragen von der 1924 gegründeten Schweizerischen St.-Lukas-Gesellschaft, suchte man in der Architektur, der Malerei und der Bildhauerei das Verhältnis der Kirche zur zeitgenössischen Kunst neu zu positionieren. Die oft beliebigen und formelhaften historischen Stilmerkmale wurden dabei ebenso abgelehnt wie die Massenproduktion kirchlicher Kunstgegenstände. Die Mitglieder der St.-Lukas-Gesellschaft forderten eine Abkehr vom Kitsch und die Rückbesinnung auf Funktion und Form sowie eine einfache, dem «Wesenhaften» verpflichtete Gestaltung. Frei von oberflächlichen Ornamenten und Verzierungen, frei von Naturalismus und Sentimentalität sollte die christliche Kunst ein Bekenntnis sein, ein Dienst an der Kirche. Dieses Bekenntnis umfasste das Kirchengebäude genauso wie die Innenausstattung und das liturgische Gerät. Für St. Karl entstanden alle liturgischen Geräte und Paramente unter Fritz Metzgers Anleitung. Kelch, Ziborium und Monstranz sind von schlichter Einfachheit und betonen die Funktion als kultisches Gerät.

ralgischen Verkehrsknotenpunkt, erinnert ein kaum beachtetes, hoch über der Strasse vor der Felswand stehendes Wegkreuz aus dem Jahr 1954 an den Stadtbann, der hier im Mittelalter die Stadtgrenze markierte.

St. Karl und Friedhof

Über die St.-Karli-Brücke gelangt man zur **Kirche St. Karl (Nr. 115).** Die direkt am Wasser gelegene Kirche von 1934 ist der erste und wichtigste Sakralbau aus der Zeit des Funktionalismus in der Innerschweiz. Ganz dem Stil des Neuen Bauens verpflichtet, prägte die Stahlbetonkonstruktion von Fritz Metzger die weitere Entwicklung des Kirchenbaus in der Schweiz massgeblich. Imposant steigt die Südfassade aus der Reuss auf, vier mächtige Säulen tragen das Dach der hohen Vorhalle mit den vier Evangelisten aus grauem Sandstein von August Blaesi über dem Eingang. Die weiss gestrichene, glatte Fassade geht ohne Unterbrechung in die elegante Rundung des Chorbogens über und an der Ostseite schliesst sich die Sakristei an den Chor an.

In der Kirche bilden Chor und Schiff einen grosszügigen Raum in U-Form. Der Säulenkranz und das durchlaufende Fensterband fassen Laien- und Altarraum zu einem Ganzen zusammen, wobei der Altar durch einige Treppenstufen leicht erhöht ist. Das Fensterband als einzige natürliche Lichtquelle

Das nach Plänen von Albert Froelich 1924–1926 errichtete Krematorium. Der klassizistische Rundbau mit der Hallen- und Gartenanlage bildet eine eindrückliche Gesamtanlage im Friedental (Nr. 116).

lässt das Dach gleichsam auf den Wänden schweben und taucht den Kirchenraum in sanftes, farbiges Licht. Die Glasgemälde und der Freskenzyklus sind ein Werk des Basler Malers Hans Stocker. Friesartig ziehen sich Fresken mit Szenen aus dem Leben Christi an beiden Seitenwänden bis zum Altar, im Chor die Wiederkunft Christi zum Weltgericht. Die Farbigkeit, die Konzentration auf einige wenige Figuren und die ausgeprägte Gestik verleihen den Szenen eine grosse Eindringlichkeit. Wie die ganze Kirche spricht auch aus den Fresken der Geist der Erneuerung, der Wunsch nach einer spezifisch sakralen Malerei.

Von der Kirche St. Karl lohnt sich ein Abstecher entlang des Reusssportwegs vorbei am 1909 erbauten St. Karlischulhaus und am Hirschpark, der sich seit 1906 hier befindet, auf das Hochplateau des Mohrentals. Hier, zwischen Reuss und Rotsee, liegt der Friedhof der Stadt Luzern, das **Friedental (Nr. 116).** Er ist charakteristisch für die städtischen Friedhofsanlagen des 19. Jahrhunderts, die in den schnell wachsenden Städten hauptsächlich aus hygienischen und räumlichen Überlegungen als so genannte Zentralfriedhöfe aus dem Zentrum an den Stadtrand verlegt wurden. In Luzern war der alte Friedhof auf der Propsteimatte hinter der Hofkirche zu klein geworden und der Boden dazu sehr ungünstig, weshalb man beschloss, den neuen Friedhof weit ausserhalb der Wohngebiete im Mohrental anzulegen; 1885 wurde er feierlich eingeweiht.

Die streng geometrische Anlage und der symmetrische, von zwei historistischen Tempelpavillons flankierte Haupteingang wurden vom Stadtarchitekten Othmar Schnyder entworfen. Wohl in Anlehnung an die Hallengräber im Hof übernahm er die Arkadengänge als populäres Campo-Santo-Motiv. Erst nach langem und grossem Widerstand konnte das Krematorium nach Plänen von Albert Froelich gebaut werden: Die dominante Lage dieser Örtlichkeit für die Feuerbestattung über dem Friedhof provozierte katholische Kreise. Als Erster wurde an Silvester 1924 der Dichter und Nobelpreisträger Carl Spitteler eingeäschert; sein Ehrengrab befindet sich im Friedental in Feld Nummer 8.

Ein Spaziergang zeigt einige bemerkenswerte Grabdenkmäler des Historismus, des Jugendstils und des Expressionismus, aber auch Zeugnisse der Reformbestrebungen seit den zwanziger Jahren bis hin zu zeitgenössischem Kunstschaffen. Zahlreiche bekannte Bildhauer aus der Region sind mit Werken im Friedental vertreten.

Bemerkenswert ist, dass im streng katholischen und in religiösen Fragen oft auch intoleranten Luzern bereits zwei Jahre nach der Einweihung des Friedentals am südlichen Ende ein jüdischer Friedhof eingerichtet werden konnte. Da nach jüdischem Brauch die Totenruhe nicht gestört werden darf, werden die jüdischen Gräber auch nicht nach einer gewissen Zeit ausgehoben und

Die Pfarrkirche St. Philipp Neri (Nr. 117), ein neoromanischer Sakralbau, erbaut 1899–1902 nach den Plänen des Luzerner Architekten Wilhelm Hanauer.

die Grabsteine bleiben stehen. Aus diesem Grund musste bereits 1937 im Ostteil des Friedentals ein neuer jüdischer Friedhof angelegt werden, gleichzeitig baute man auch eine eigene Abdankungshalle. Seit 2008 gibt es im Friedental auch ein spezielles Grabfeld für muslimische Bestattungen. Die Grabstellen sind hier nach Mekka ausgerichtet.

Im neuen Ortsteil Reussbühl

Folgt man am Kreuzstutz dem linken Ufer der Reuss führt der Weg über den sogenannten «Xylophonweg» Richtung Reussbühl. Xylophon heisst der Uferweg, da die Betonplatten beim Befahren jeweils metallisch, eben wie ein Xylophon klingen. Unterquert man die elegante Eisenbogenbrücke von 1920 der Bahnlinie Richtung Zürich, die hier die Reuss in einem leichten Bogen überquert, befindet man sich bereits im Ortsteil Littau. Erst 2010 fusionierte Luzern mit der Agglomerationsgemeinde Littau. Die Stadt ist auf einen Schlag um 17 000 Einwohner gewachsen. Nach diesem Zusammenschluss leben heute rund 80 000 Menschen in Luzern und die Stadt hat neuen Siedlungsraum gewonnen.

Eingezwängt zwischen Strasse, Bahntrasse und dem Abhang des Zimmereggwaldes befindet sich die Lindenstrasse, ein Quartier im Umbruch. Auf wenigen hundert Metern findet sich hier ein Kaleidoskop der Kulturen, alteingesessene Schweizer neben Ausländerfamilien, kleingewerbliche Betriebe und Bordelle, dazu ein muslimischer Gebetsraum und ein Trendlokal an Stelle

Die alt-neue Zona rosa: die Klassiker-Bar «gleis 13» in der Lindenstrasse.

des urigen Wirtshauses. Nur wenige Meter weiter gegen den Seetalplatz hat sich das Stadtbild in den letzten Jahren massiv verändert. Das 190-Millionen-Projekt Sanierung Seetalplatz ist Kernstück des Entwicklungsschwerpunktes Luzern Nord, mit dem nicht nur die Verkehrsinfrastruktur und der Hochwasserschutz verbessert werden soll, sondern das für das ganze Gebiet eine städtebauliche Entwicklung vorsieht.

Eindrücklich ans alte Reussbühl erinnert die **Pfarrkirche St. Philipp Neri (Nr. 117).** Erhöht am Abhang und parallel zur Reuss gelegen, dominiert der neoromanische Sakralbau, erbaut 1899–1902 nach den Plänen des Luzerner Architekten Wilhelm Hanauer die Umgebung. Die dreischiffige Säulenbasilika setzt sich aus einzelnen Kuben zusammen und fällt vor allem durch die Fassade aus Quadersandsteinen auf. Die Kirche ersetzte eine Kapelle aus dem 17. Jahrhundert. Zu dieser Kapelle gehörte der wohl älteste erhaltene Bau in Reussbühl, das ehemalige Sigristenhaus von 1777. Der an der Hauptstrasse 34 gelegene Bau steht formal in der Tradition der Luzerner Bauernhäuser mit Klebedächern und Lauben. Im strassenseitigen Giebelfeld befindet sich eine Sonnenuhr.

Beim Seetalplatz befand sich früher auch eine Zollstation. Hier wo ursprünglich eine gedeckte Holzbrücke die Emme überspannte, wurde bis 1848 und der Aufhebung aller kantonalen Zölle ein Brückenzoll erhoben. Heute erinnern nur noch der museal aufgestellte Brückenkopf und die Bushaltestelle «Zollhaus» an die Vergangenheit.

Grösser, breiter, mehr: Bis 1903 eine Holzbrücke über die mäandrierende Emme. Dann ein offener Übergang für Trams, Lastfahrzeuge und mehr Verkehr. Jetzt wird dort ein gigantischer Wasserschutz und Strassenkreisel gebaut.

Durch die Gemeinde Meggen

Start: Meggen, Lerchenbühl (Bus 24)
Ziel: Seeburg-Schifflände (Bus 24)

Sitenrain – Englischer Friedhof – Piuskirche – Muttergotteskapelle – St. Charles Hall – Fischerdörfli – Schloss Neuhabsburg – Schloss Meggenhorn – Schifflände Seeburg

Dauer: 2¼ Std. (mit Rundweg + ¾ Std.)

Der Spaziergang führt durch weite Teile der Gemeinde Meggen und bietet herrliche Blicke auf den Vierwaldstättersee und in die Voralpenlandschaft. Ein grösserer Abschnitt führt dem See entlang und macht mit herrschaftlichen Villen und dem Schloss Meggenhorn bekannt.

Der Englische Friedhof (M 2) ist eine Oase der Ruhe.

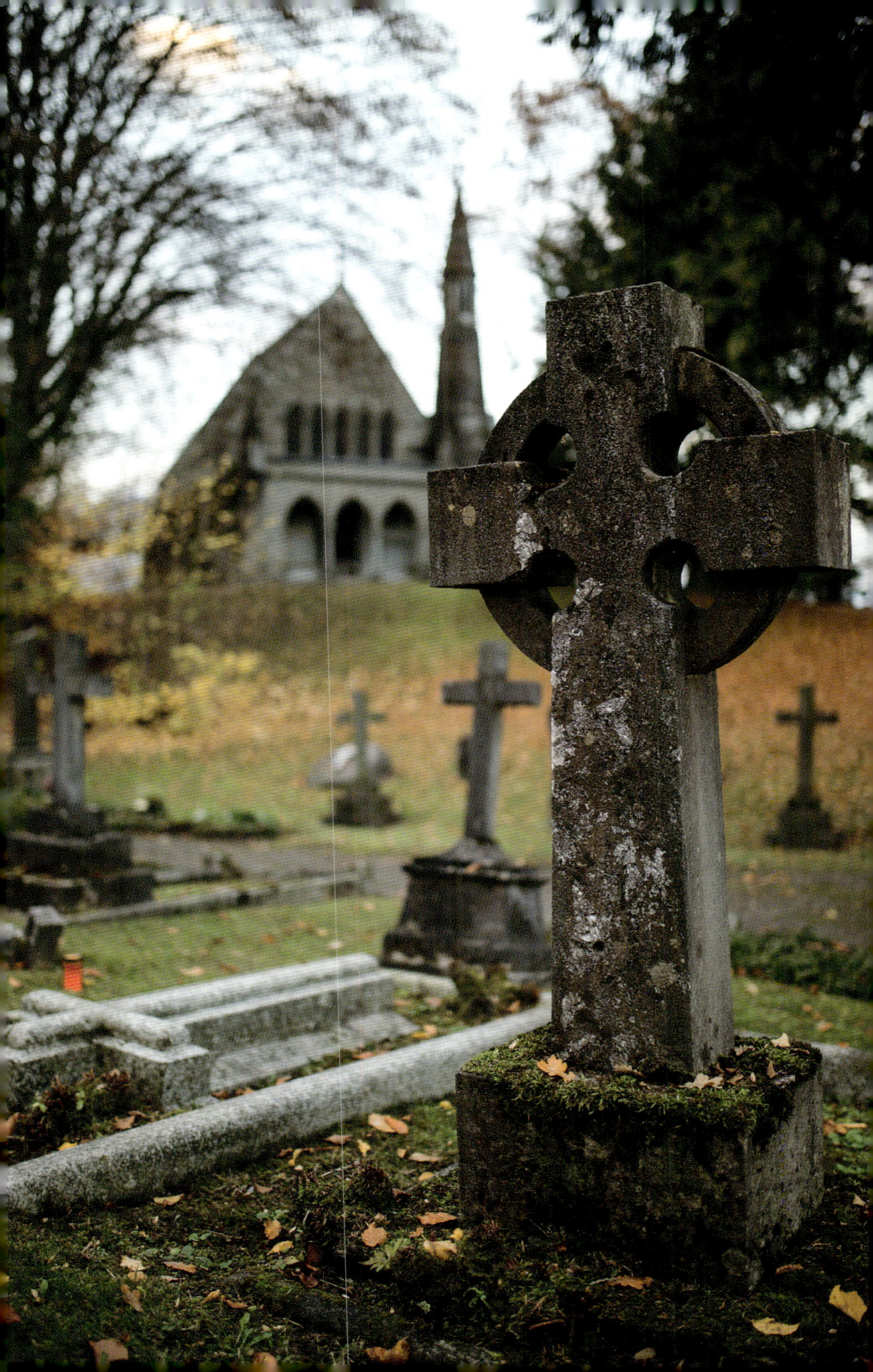

Von der Busstation Lerchenbühl sind es nur ein paar Hundert Meter, bis in diesem Landwirtschaftsgebiet die ersten Weinreben auftauchen. Sie gehören zum **Rebberg Sitenrain (M 1),** einem von drei Weinbaugebieten in Meggen. Gemäss einer Urkunde wurde an diesem Südhang des Meggenberges schon im 16. Jahrhundert Reben gepflanzt. Das Weingut Sitenrain hat sich seit 2006 auf Bio-Weine spezialisiert. Auf drei Hektaren werden rund 14 000 Kilo Reben angebaut. Jeweils Mitte September, am eidgenössischen Buss- und Bettag, findet auf dem Bio-Weingut Sitenrain ein Winzerfest statt. Oberhalb des Rebberges ist auf rund 350 Quadratmetern ein Gemüsegarten angelegt, wo verschiedene alte und neue Gemüsesorten, Kräuter, Stauden und Blumen naturnah gedeihen.

Das Weingut Sitenrain (M 1) hat sich seit 2006 erfolgreich auf Bio-Weine spezialisiert.

Verwunschener Friedhof

Auf der Sitenstrasse geht es sanft ansteigend weiter. Über den Bächtenbühlweg, der durch offenes Landwirtschaftsland führt, gelangen wir zur Kreuzbuchstrasse, die das Quartier Würzenbach/Luzern mit Meggen verbindet. Der Blick geht auf die rötlichen Fassaden der grossen Überbauung Büttenen, die am Waldrand steht. Direkt an der Strasse erhebt sich eine mächtige, rund 30 Meter hohe Kreuzbuche. Zwei Sagen sind mit ihr verbunden. Die eine berichtet davon, dass sich hier ein Pilger aus Einsiedeln verirrt und dank der Mutter Gottes den Weg wieder gefunden haben soll, worauf er eine Gedenktafel stiftete. Die zweite Sage geht ins 14. Jahrhundert zurück, als die Luzerner die Burg Neuhabsburg erobert haben sollen. Sie liessen die Burgherrin abziehen und erlaubten ihr, das Liebste fortzutragen. So lud sie ihren Mann auf den Rücken. Für den stolzen Ritter war es eine Schmach, auf solcher Weise gerettet worden zu sein. Er erstach seine Frau und wurde später so ruhelos, dass er an den Ort der Tat zurückging und sich selber das Leben nahm. Der erste Teil der Sage entspricht dem Weibertreu-Motiv aus mittelalterlichen Chroniken. In der Megger Variante ist es mit einem merkwürdig-tragischen Ende versehen, das an die Geschlechterrollen in der Entstehungszeit der Sagen denken lässt.

Auf der andern Strassenseite der Kreuzbuche liegt ein verstecktes Idyll. Der **Englische Friedhof (M 2)** ist eine Oase der Ruhe. «In Loving Memory of Joseph Zobel, from Calcutta, born 24th June 1856/58, Died Lucerne 5th April 1921», steht auf einer Grabplatte. Die Gräber und Totendenkmäler liegen unregelmässig verstreut auf dem Areal, viele sind verwittert oder von Moos bewachsen. Das Areal ist von einer niedrigen Steinmauer umgeben. Zwar ist ein grösserer Teil des alten Baumbestandes in den 150 Jahren seines Bestehens eingegangen, aber der Ort hat noch immer einen sanft verwunschenen Charme.

Der Englische Friedhof wurde 1874 vom Engländer Adolph Brandt errichtet, der in der Villa Bellerive in Luzern lebte und für seine jung verstorbene Tochter Alice eine Totenkapelle bauen wollte. Er erwarb 1,5 Jucharten Wiesland und erhielt vom Regierungsrat die Erlaubnis, einen Totenacker anzulegen. Leicht erhöht wurde die Kapelle im Stil der englischen Neugotik erbaut. Aus dem privaten Park wurde später der Englische Friedhof: Hier wurden die Briten anglikanischen Glaubens begraben, die in Luzern und in der Zentralschweiz lebten. Nach der letzten anglikanischen Bestattung in den 1950er Jahren verwilderte die Anlage. 1972 konnte die Gemeinde Meggen den Friedhof zu einem symbolischen Preis übernehmen. Seitdem dient er als ökumenischer Urnenfriedhof.

Schimmernder Marmor

Nach einem kurzen Stück auf der Kreuzbuchstrasse zweigt der Weg bei der Bushaltestelle Buchmatt rechts ab in die Badstrasse. Die «Lindenhöhe», wo einst drei mächtige Linden standen, ist als kleine Aussichtsplattform gestaltet. Ein paar Sitzbänke laden zum Verweilen. Rigi und Voralpen sind direkt vor den Augen. Dann nähern wir uns dem Dorfzentrum von Meggen. Bald rückt der 40 Meter hohe **Glockenturm der Piuskirche (M 3)** ins Blickfeld. Die Kirche ist ein schlichter und fensterloser Kubus, der Kirchenraum ein ästhetisches Ereignis: Er wird allein durch den lichtdurchlässigen Marmor erhellt. In verschieden hellen Streifen schimmern und leuchten die Wände, ihre Maserung erinnert an die Dynamik von Wellen. Die nach den Plänen des Solothurner Architekten Franz Füeg erbaute Piuskirche wurde 1966 eingeweiht. Damals war der lichtdurchlässige Marmor für Kirchenbauten ebenso unüblich wie der Stahl, von dem beim Bau des daneben stehenden Pfarreizentrums rund 400 Tonnen verwendet wurden. Im Untergeschoss betritt man durch eine unscheinbare Türe die Kapelle der Hl. Theresia. Sehenswert ist der Kreuzweg von Charles Wyrsch, der die Rückwand ziert. Eine andere schlichte Türe ist gegenüber der Kapelle in die Betonwand eingelassen. «Jugendräume» steht auf dem Täfelchen.

Ein ästhetisches Ereignis: Der fensterlose Kubus der Piuskirche (M 3) wird allein durch den lichtdurchlässigen Marmor erhellt.

Vorne an der Hauptstrasse geht es rechts am Dorfzentrum mit dem Gemeindehaus vorbei. Der Dorfplatz ist von mehreren Einzeltrakten umschlossen, in denen diverse Geschäfte, die Bibliothek, ein Café, das Gemeindehaus und der Gemeindesaal angesiedelt sind. Das mehrteilige Ensemble scheint teilweise den hellen Farbton der Piuskirche aufzunehmen, macht aber entlang der Hauptstrasse einen schon etwas verwitterten Eindruck. Nach 200 Metern liegt auf der rechten Seite die Muttergotteskapelle «Auf der Blatten». Sie ist 1520 auf einer Sandsteinplatte erbaut worden und hat seitdem mehrere Umbauten erfahren.

Von hier aus wird der Weg beschaulicher und führt in sanfter Neigung am alten Schulhaus und an Wiesen vorbei zum See hinunter. Dort begegnen wir bald den ersten Bronze-Figuren des bekannten Bildhauers Rolf Brem (1926–2014), der in Meggen gewirkt hat und dem 2011 die Ehrenbürgerschaft verliehen wurde. Nicht zu übersehen ist seine überlebensgrosse Figur des Hl. Fridolin, die unten am See auf dem **Fridolin-Hofer-Platz (M 4)** steht und an den Megger Dichter Fridolin Hofer (1861–1940) erinnert. Brems Darstellungen von Menschen und Tieren sind in vielen Schweizer Städten präsent. Allein im öffentlichen Raum von Luzern stehen über ein Dutzend seiner Werke. In nächster Nähe der Bronzefigur befinden sich der Bootshafen sowie die Anlagestelle der Schifffahrtsgesellschaft Vierwaldstättersee (SGV). Beim Schiffssteg betrachten wir die silbern blitzende Skulptur «Sonnensegel», die vom Megger Metallplastiker Werner Jud gestaltet wurde.

Villen und Fischerdörfli

Oberhalb der Seestrasse, auf der wir nun entlang spazieren, erstreckt sich die Parkanlage der St. Charles Hall. In der dazugehörigen Orangerie hatte Rolf Brem 1957 sein Atelier eingerichtet. Die Villa St. Charles wurde 1921 im neobarocken Stil erbaut. Das ganze Areal ist 28 000 Quadratmeter gross. Haus und Park stehen unter kantonalem Denkmalschutz. Der Name «St. Charles» geht auf die Zeit um 1895 zurück, als das damalige Landgut französischen Geistlichen als Erholungsheim gedient hatte. Nach dem Tod der letzten Besitzer wurde das herrschaftliche Anwesen 1963 von einer Privatstiftung übernommen. Seitdem wird die Villa für Empfänge der Gemeinde Meggen und des Luzerner Regierungsrates genutzt. Auch Firmen und Privatpersonen können das prunkvolle Ambiente für Anlässe mieten. Regelmässig werden hier auch klassische Konzerte veranstaltet.

Weiter vorne an der Seestrasse, wo die Benzeholzstrasse einmündet, steht ein lockeres Ensemble von alten Holzhäusern und Ökonomiegebäuden: Im

In der Villa St. Charles – 1921 im neobarocken Stil erbaut – empfangen die Gemeinde Meggen und der Luzerner Regierungsrat besondere Gäste.

ehemaligen **Fischerdörfli (M 5)** lebten die Fischer und Gewerbeleute, die anfangs des 19. Jahrhunderts den Warentransport zwischen Luzern und Meggen über den See abwickelten. Direkt am See steht ein originalgetreuer Ersatzbau der ehemaligen, über 150 Jahre alten Wasch- und Brennhütte. Sie dient seit 1989 als Ausstellungssraum. So irritierend wie erhellend wirken in dieser reinen Holzumgebung die Glaswände, in denen sich die Umgebung spiegelt. Heute wird dieser moderne und beliebte Ausstellungsraum unter dem Namen «Benzeholz Raum für zeitgenössische Kunst» geführt.

Die ganze Megger Villenlandschaft am Seeufer vom Meggenhorn bis zum Lätten ist im Inventar der schützenswerten Ortsbilder der Schweiz (ISOS) als Kulturlandschaft von nationaler Bedeutung eingestuft. Sie wird dort als «Kulturlandschaft in einmaliger Situation an Landsporn zwischen zwei Armen des Vierwaldstättersees» bezeichnet. Gewürdigt werden die «architekturhistorisch ausserordentlich wertvollen Schlossanlagen und Villen ab Ende des 18. Jahrhundert, alten Bauernhäuser und Ufersiedlungen wie das Fischerdörflein».

Nach dem Fischerdörfli bestimmen wieder ältere und neue Villenbauten die lockere Siedlungsweise. In einem der Gärten ruht ein Findling. Wie eine Tafel erläutert, handelt es sich um einen rund 300 Millionen Jahre alten Brocken aus magmatischem Urgestein, der vor 15 000 Jahren vom Reussgletscher aus dem Gotthardgebiet hierher transportiert wurde. Beträchtlich jünger ist – trotz seiner historischen Bedeutung – das Schloss Neuhabsburg,

Das Schloss Neuhabsburg (M 6) ist eine neugotische Villa, in welche die Burgruine als romantisches Element integriert wurde.

das wir nach einigen Minuten vor Augen haben. Vom Vierwaldstättersee her sieht das Schloss um einiges prachtvoller aus. Hier errichteten die Habsburger um 1244 als Verwaltungszentrum eine Burg, die 1352 angeblich von den Luzernern zerstört wurde. 1871 liess ein elsässischer Ingenieur an dieser Stelle eine neugotische Villa, das heutige **«Schloss Neuhabsburg» (M 6),** aufrichten. Die Burgruine wurde als romantisches Element in den Neubau integriert. Da steht man am schmiedeeisernen Tor und blickt in den Park. Eine kleine Allee. Ein paar parkierte Autos. Die Umrisse des Schlosses. Mehr ist nicht zu haben. Das Anwesen befindet sich in Privatbesitz.

Schloss Meggenhorn

Im Verlauf des weiteren Spaziergangs bekommen wir noch mehrmals alte und modernere Villen zu Gesicht. Es fehlt auch nicht der neureiche Protzbau mit Säulenaufgängen, Säulenterrassen, Säulenkanzeln und Briefkästen mit goldenen Lettern. Deutlich mehr Geschmack haben die Bauherren des **Schlosses Meggenhorn (M 7)** bewiesen, das nach weiteren 20 Minuten Spaziergang mit herrlichen Ausblicken erreicht wird. Zuvor legen wir auf einer Kuppe bei einem Baum mit Sitzbank noch eine Pause ein, bevor der kleine Abstieg zum Schloss Meggenhorn beginnt. Es ist ein einmaliger Aussichtspunkt in einer seltenen Perspektive: Der Panoramablick schweift vom Kreuztrichter des Vierwaldstättersees mit den umgebenden Bergen nahtlos bis zur Stadt Luzern.

Wer über diese sanften Anhöhen spaziert, wundert sich nicht, dass hier schon in frühester Zeit vornehm gesiedelt wurde. 1626 kaufte der Ritter Ludwig Meyer, genannt «der reiche Meyer», das Gut Meggenhorn und baute darauf für seine Tochter ein herrschaftliches Anwesen. Später errichtete der Grossindustrielle Edouard Hofer-Grosjean aus Mühlhausen ein Schloss. 1886 kaufte Gräfin Amélie Heine-Kohn aus Paris den Prunkbau und ergänzte den Besitz mit einer Kapelle im neugotischen Stil. Aus Dankbarkeit, dass sie

Die 24er-Linie als Repräsentantin eines sehr guten öffentlichen Netzes der Verkehrsbetriebe Luzern an der Haltestelle Seeburg-Schifflände.

sich von einer schweren Krankheit erholte, liess die Gräfin auf dem Felssporn unterhalb des Schlosses auch die 5,5 Meter hohe **Christusstatue (M 8)** bauen. Die Figur stammt vom Luzerner Bildhauer Josef Vetter (1900). Sie ist zum Blickfang jedes vorbeiziehenden Schiffes geworden und bringt an heissen Sommertagen fast ein wenig Rio-de-Janeiro-Feeling in die Innerschweiz. Die Erbinnen des letzten Besitzers verkauften das Schloss 1974 schliesslich der Gemeinde Meggen.

In ein paar Minuten kann man vom Schloss aus die Christusstatue erreichen oder an den See hinuntersteigen, wo romantische Plätzchen zum Baden laden. Hier befindet sich eine Anlegestelle, die im Sommer regelmässig von Kursschiffen bedient wird. Gleich neben der Anlegestelle befinden sich zwei zum Schloss gehörige Bootshäuser. Um den Spaziergang fortzusetzen, kehren wir zum Schloss zurück und gehen durch Matten und an vereinzelten Anwesen vorbei zum Hotel Hermitage, das bereits wieder auf Boden der Stadt Luzern liegt. Die letzten paar Hundert Meter bis zur Seeburg legen wir auf dem Trottoir der Hauptstrasse zurück, direkt dem See entlang. Wir beenden den Spaziergang bei der charmanten Schiffsstation Seeburg. Sie war lange Zeit die einzige Haltestelle am rechten Ufer des äusseren Luzerner Seebeckens und diente vor allem den Gästen des 1835 eröffneten Hotelbetriebs Seeburg. 1863 als einfacher Holzsteg erbaut, wurde die Schiffländе 1912 zur überdeckten Wartehalle ausgebaut. Sie ist ein frühes Beispiel des Heimatstils und ein wertvolles Zeugnis der Tourismusarchitektur des frühen 20. Jahrhunderts.

Weitsicht auf dem Dietschiberg

Start: Hofkirche Luzern
Ziel: ehemalige Talstation Dietschiberg (Bus 6, 8)

Kloster Wesemlin – Konservatorium Dreilinden – Utenberg – Dietschiberg – Sonnmatt – Kloster Gerlisberg

Dauer: 2½ Std.

Von der Hofkirche ins beschauliche Wohnquartier Wesemlin und weiter auf den Dietschiberg: Der Spaziergang führt uns durch eine Landschaft mit grosszügigen Ausblicken auf die Stadt, den See und die Berge. Wir begegnen dem klösterlichen Leben, aber auch dem Vergnügen des Golfsports, der auf dem Dietschiberg ein prachtvolles Gelände zur Verfügung hat.

Der Dreilindenpark ist der grösste öffentliche Park der Stadt Luzern und mit Sicherheit einer der schönsten Plätze für Musse und Erholung.

Die **Hofkirche (Nr. 50)** mit ihren zwei Türmen ist ein Wahrzeichen von Luzern. Hier, wo vor über 1000 Jahren der wichtigste Grundstein für die Stadt Luzern gelegt wurde, beginnt der Spaziergang. Vorbei an der Propstei verlassen wir den Hofbezirk, biegen in den Kapuzinerweg ein und machen nach rund hundert Metern einen kleinen Abstecher zum Ehemaligen Friedhof. Hier steht, zwischen den Gräbern der liberalen Vorkämpfer Kasimir Pfyffer und Jakob Robert Steiger, ein **Denkmal (N 1),** das an die Opfer des Zweiten Freischarenzugs von 1845, einem Umsturzversuch gegen die konservative Luzerner Regierung, erinnert.

Zurück auf dem Kapuzinerweg führt der Spaziergang leicht ansteigend auf die Anhöhe. An prächtiger Aussichtslage auf einem parkähnlichen Areal mit Wiesen und alten Bäumen steht die Schulanlage Felsberg (Felsbergstr. 10). Sie wurde 1946/48 erstellt, als nach dem Zweiten Weltkrieg durch den Zuzug von vielen Familien aus dem ländlichen Wesemlin ein kleines Dorf wurde. Anders als die damals üblichen Schulhausbauten wurde die Anlage mit drei Pavillons erstellt. Die Idee «Kind im Park» kam von Emil Jauch, der den Architekturwettbewerb gewonnen hatte und mit dem Zweitplatzierten Erwin Bürgi den Bau realisierte. Das Felsberg-Schulhaus wurde in der Folge zu einem

Die Klosteranlage Wesemlin ist trotz Umbau und neuer Nutzung eine Oase geblieben. Der Garten soll ein öffentlich zugänglicher Park für Ruhe und Erholung werden.

architektonischen Vorbild. Die ganze Anlage wurde 2014 umfassend saniert. Wir gehen auf dem Kapuzinerweg weiter und glangen zum **Kloster Wesemlin (N 2).** Der Kapuzinerorden, der sich mit seiner bescheidenen Lebensweise am Ideal des Franz von Assisi orientiert, wurde 1528 gegründet. Schon 1581 wurde in Altdorf der Grundstein für das erste Kapuzinerkloster nördlich der Alpen gelegt, 1582 folgten Stans und 1583 Luzern. Dieses befand sich zunächst im Bruchquartier, bevor sich der Patrizier Kaspar Pfyffer, ein Onkel des Schweizerkönigs Ludwig Pfyffer, für ein neues Kloster auf dem Wesemlinhügel einsetzte.

Die Klosteranlage ist bis heute eine Oase geblieben, in der die Hektik der Zeit wenig spürbar ist. Daran soll auch der Umbau des Klosters nichts ändern, der im Sommer 2013 begonnen wurde und mit dem gleichzeitig ein neues Klosterkonzept verwirklicht wird. Neu wird das Kloster als spirituelles Zentrum verstanden. Zehn neue Wohnstudios sind für Menschen da, die ein besinnliches Umfeld suchen, ein klosternahes Wohnen, ohne dass sie selber Kapuziner sein müssen. Der Klostergarten wird in einen öffentlich zugänglichen Park für Ruhe und Erholung umgebaut.

Vom Kloster aus geht der Weg in einer langen Geraden (Landschauweg) quer durch die locker bebauten Siedlungsgebiete des Wesemlinquartiers. Wir gehen vorbei an alten Einfamilienhäusern und schönen Gartenanlagen. Es ist ein sonniger Frühlingstag, aus allen Gärten trillern die Vögel und man staunt über die vielen Bäume, Sträucher, grünen Nischen und grosszügigen Freiräume, die zwischen den stattlichen Wohnhäusern liegen.

Villa Vicovaro

Sanft ansteigend gelangen wir zum Dreilindenpark beim ehemaligen **Konservatorium Luzern (N 3),** der auch «Konsipark» genannt wird. Mit seinen 35 000 Quadratmetern ist dies der grösste öffentliche Park der Stadt Luzern und mit Sicherheit einer der schönsten Plätze für Musse und Erholung. Auf der Wiese unter den mächtigen alten Bäumen sitzen und liegen junge Leute. Sie plaudern und picknicken, einige konsultieren auch mal ihre Notenblätter. Aus der Villa im Park klingt klassische Musik herüber. Es wird geübt. Hier wurde 1952 das Konservatorium eingerichtet, das sich seit 1999 unter dem Dach der Hochschule Luzern-Musik befindet. Für die Klassik-Studierenden ist die Villa noch immer ein wichtiger Unterrichtsort. Ab 2018 sollen alle Unterrichtsräume in der neu erstellten Hochschule Musik beim Südpol Luzern zusammengelegt werden. Dann werden die Gebäude im Dreilindenpark für eine neue Nutzung frei.

Ein idealer Ort, um vor fantastischer Kulisse zu musizieren: Die Villa Vicovaro (N 3).

Das Dreilinden-Grundstück wurde 1890 von der Amerikanerin Elenora Cenci, Fürstin von Vicovaro, erworben und als Englischer Landschaftsgarten bebaut. 1923 kam die Anlage in den Besitz des Ehepaars Kiefer-Hablitzel, bis sie 1952 an die Stadt Luzern verkauft wurde. Neben dem schlossähnlichen Hauptgebäude (Villa Vicovaro) gehören ein Ökonomiegebäude, ein Pförtnerhaus sowie verschiedene Marmorskulpturen zum Dreilinden-Ensemble. Einen künstlerisch starken Akzent zur idyllischen Umgebung setzt die Bronze-Skulptur «Mann und Weib» von Rudolf Blätter mit ihrer archaisch anmutenden Wucht. In der Nähe der Gebäude befindet sich auch eine Höhle, wo die Steine für die Gebäude herausgebrochen wurden.

Wir steigen die Treppen hinab zur Hauptstrasse, und peilen mit dem Dietschiberg den nächsten, noch höheren Hügel an. Vorbei an der Schulanlage Utenberg gelangen wir zum **Schlössli Utenberg (N 4).** 1756 als Herrschaftshaus erbaut, beherbergte es von 1949–1994 die Trachtensammlung der Madame Sophie Angélique de Panchaud de Bottens, die sich heute im Historischen Museum befindet. Das Schlössli Utenberg ist heute ein Ausflugs- und Speiserestaurant. Ein schöner Baumbestand, gepflegte Wiesenflächen und eine Terrasse mit Aussicht laden zu einer beschaulichen Pause. Auf dem benachbarten Bauernhof weidet eine Herde von Pferden, weiter oben liegen

Hochlandrinder im Gras. Info-Tafeln am Wegesrand machen deutlich, dass hier Hecken und Extensiv-Streifen angelegt wurden, um die Biodiversität zu erhöhen und natürlich produzierte Nahrungsmittel zu ermöglichen. Lange Ackerfurchen durchziehen die Hügelseite, der Pilatus über der Stadt ist zum Greifen nah.

Golfplatz Dietschiberg

Auf dem rund 650 Meter hohen **Dietschiberg (N 5)** weitet sich das Gelände. Hier erstreckt sich ein beliebter Naherholungsraum mit Bewaldungen, landwirtschaftlichen Nutzflächen und Golfrasen, der von Spazier- und Wanderwegen durchzogen ist. Es duftet nach frischem Gras und Frühling. Der Boden unter dem Magnolienbaum vor der Dietschiberg-Kapelle ist übersät von weissen Blüten. In nächster Nähe liegt der Golfplatz. Der Spaziergänger konstatiert an diesem Tag eine rege Besucherfrequenz von Golfern, zu denen unverkennbar auch Automobile der gehobenen Klassen gehören, die hier am Rand des gepflegten Rasens oder beim Clubhaus parkiert sind.

Verantwortlich für den Golfplatz ist der Lucerne Golf Club. Er ist nach Engadin und Montreux der drittälteste Club der Schweiz und wurde 1903 zur Erweiterung des touristischen Angebots für die englischen und amerikanischen Gäste gegründet. Eine erste 9-Loch-Anlage wurde auf dem Sonnenberg

Für Spazierende keine Frage, ob die Aussicht oder das Golfspiel beeindruckender ist.

erstellt. 1925 wurde der 18-Loch-Golfplatz auf dem Dietschiberg eröffnet. Er ist in den folgenden Jahrzehnten mehrmals umgebaut und den aktuellen Bedürfnissen angepasst worden. In früheren Jahrzehnten führte eine Standseilbahn auf den Dietschiberg, deren Betrieb 1978 stillgelegt und deren Bergstation zum Wohnhaus umgebaut wurde.

Auf dem weiteren Weg über den Dietschiberg streift der Spaziergänger durch liebliche Landschaften, begleitet vom Blick ins Alpenpanorama. Kleine Baumgruppen stehen in den Wiesen, Sitzbänke am Waldrand laden zum Verweilen ein. Man schaut den Golfern zu, die im Green stehen und sich auf den weissen Ball konzentrieren. Nach einer Weile erspäht man schon die ersten Bauernhäuser und Siedlungsgebiete von Adligenswil. Bei der Abzweigung zum Kurhotel Sonnmatt geht es auf einem Waldpfad sanft abwärts. Es ist ein Ort, an dem «wohltuende Ruhe die Nerven umfängt», wie der Sonnmatt-Gründer und Arzt Heinrich Ferdinand Hotz vor über 100 Jahren schrieb.

Mit fantastischer Weitsicht hoch über dem Würzenbach thronend, ist aus dem ehemaligen Sanatorium Sonnmatt ein modernes Gesundheitszentrum geworden.

Das **Kurhotel Sonnmatt (N 6)** wurde als Sanatorium 1910 eröffnet. Zu den bekannten Gästen gehörte damals auch Hermann Hesse. In den späteren Jahrzehnten wurde die Sonnmatt mit einer Privatklinik, einer Residenz und einem Schwimmbad erweitert und 2004 von Grund auf saniert. Seitdem erstrahlt der Heimatstilbau wieder in junger Frische. Heute ist die Sonnmatt, in der inzwischen die Hirslandenklinik St. Anna für die medizinische Betreuung zuständig ist, ein exquisiter Ort der Rekonvaleszenz mit Cafe-Bar, Gastronomie, Wellnessbereich und eigenem Gesundheitszentrum. Geradeaus geht der Blick über das Würzenbachtal hinweg direkt zur Überbauung Büttenen. Sie steht wie eine moderne Trutzburg auf einem bewaldeten Plateau. Aus dieser Perspektive realisiert man erst richtig, wie abgeschieden und naturnah dieser städtische Ort eigentlich ist.

Im Felsental

Es gibt zahlreiche Spaziergänge von der Sonnmatt aus. Wir wählen den Weg, der über offene Wiesen und durch den Wald zum **Kloster St. Anna Gerlisberg (N 7)** führt, das wir nach 20 Minuten erreichen. Das Kloster St. Anna wurde 1498 in der Stadt Luzern im Bruch gegründet und ist seit 1904 auf dem Gerlisberg beheimatet. Vor der Kirche sind mehrere Grabplatten eingelassen, die mit den Namen der Verstorbenen bezeichnet sind. Darüber steht der Schriftzug «Hier harren der Auferstehung».

Die Kapuzinerinnen verrichten täglich das Stundengebet und feiern regelmässig die Heilige Messe. 1967 wurden von der Gemeinschaft drei Schwestern nach Tansania ausgesandt, die dort fünf Missionsstationen gegründet haben. Die Kapuzinerinnen betreiben im Gerlisberg die grösste Hostienbäckerei der Schweiz. Die Gemeinschaft ist mit den Jahren immer kleiner geworden. Heute sind es noch neun Schwestern, die an diesem idyllischen und beschaulich gelegenen Ort ausserhalb der Stadt leben und ihre Dienste verrichten.

Dem Waldrand entlang geht es auf schmalem Pfad zur Stadt hinunter. Unterwegs stehen die Stationen eines Kreuzwegs, die einzelnen Bilder sind als Mosaike gestaltet. Im letzten Teil verläuft der Weg dem wild umwucherten Trassee der ehemaligen Dietschibergbahn entlang und mündet ins **Felsental (N 8).** Ausgangs der schluchtartigen Einmündung liegt die Dietschiberg-Talstation. Wir überqueren das Trassee der SBB und erreichen die Busstation, von wo aus man sich in wenigen Minuten zurück ins Stadtzentrum befördern lassen kann. Wer noch fit ist, spaziert direkt am See entlang zurück in die Stadt. Eine genussvolle Alternative.

Historische Standseilbahnen

Ab Anfang des 19. Jahrhunderts kamen die ersten gut betuchten Engländer in die Zentralschweiz, um die Berglandschaft zu erleben. Mit dem Aufkommen der Eisenbahn stieg die Anzahl der Reisenden, es wurden Hotels gebaut und neue Infrastrukturen geplant. Ingenieure suchten Lösungen, wie die Gäste mit speziellen Bahnen in das Gebirge befördert werden könnten. Mit der Vitznau-Rigibahn nahm am 21. Mai 1871 die erste Zahnradbahn Europas ihren Betrieb auf. Sie wurde von Niklaus Riggenbach gebaut. Vier Jahre später wurde die Rigi mit der Arth–Rigibahn auch von der Ostseite her erschlossen.

Gütschbahn: Der Bahnboom, der mit dem aufkommenden Tourismus stärker wurde, erfasste auch (voralpine) Ausflugsziele, die weniger hoch lagen, aber bei Erholungssuchenden aufgrund ihrer Aussicht und sonstigen Qualitäten beliebt waren. So entstanden im Raum Luzern mehrere Standseilbahnen. Die älteste ist die Gütschbahn, die 1884 von der Firma Bell aus Kriens als Wasserballastbahn mit zwei Parallelgleisen erbaut wurde. In der Schweiz ist die Gütschbahn die älteste Anlage mit vier Schienen, welche noch in Betrieb ist. Um 1890 beförderte die Gütschbahn täglich über 300 Personen. Immer wieder stand die Bahn wegen Erdrutschen für eine Zeit still, das letzte Mal 1974/75. 1960 wurde der Betrieb elektrifiziert. Ein Jahr später fuhr sie erstmals ganzjährig. Ab 1990 verkehrte die Gütschbahn vollautomatisch.

2007 kaufte der russische Inverstor Alexander Lebedev das Château Gütsch und auch die Gütschbahn. 2008 wurde der Bahnbetrieb eingestellt, mit Aussicht auf Wiedereröffnung. Diese liess bis im September 2015 auf sich warten. Die Luzerner Stimmberechtigten sprachen sich an einer Volksabstimmung für die Gütschbahn aus. Die heutige Gütschbahn ist ein Schrägaufzug. Die originalen Riggenbach-Wagengestelle aus dem Jahr 1884 landeten bei einer Alteisenfirma und wurden geschreddert.

Sonnenbergbahn: Ganz und gar original mutet hingegen immer noch die Fahrt mit der Sonnenbergbahn an. Sie führt von Kriens aus in steilem Gelände und ziemlich gerader

Linienführung auf den Sonnenberg. Dabei überwindet sie eine Höhendifferenz von 210 Metern. Kaum gestartet, geht es durch einen 85 Meter langen Tunnel, dann ruckelt man mitten durch die offene Landschaft. Für die 830 Meter lange Strecke braucht das Bähnli acht Minuten.
Schon ein paar Mal war die Zukunft der Sonnenbergbahn bedroht. Der Erste Weltkrieg beendete jäh die erfolgreiche Anfangszeit, dann erschwerten die Krisenjahre den Betrieb. 1941 stellte das Hotel Sonnenberg seinen Betrieb ein und 1947 wurde die Trambahn von Luzern nur noch bis ins Ortszentrum von Kriens geführt. 1957 übernahm die Gemeinde den Bahnbetrieb. Trotz dem 1962 neu erbauten Hotel Sonnenberg litten die Frequenzen, zumal jetzt das Auto zum beliebten Ausflugsmittel wurde. 1968 und dann wieder 1982 sollte der Betrieb eingestellt werden, aber beide Male entschieden sich die Krienser Stimmberechtigten für den Erhalt der Bahn. 1968 waren es gerade mal neun Stimmen, die den Ausschlag gaben.

Nach 2000 erlebte die Bahn einen neuen Frühling: Sie wurde ins Denkmalschutz-Verzeichnis aufgenommen und für 1,4 Millionen Franken umfassend renoviert. Seitdem fährt die nostalgische Standseilbahn wieder in neuer Frische den Berg hoch. Die hölzernen, blau und weiss gestrichenen Wagenkasten wurden originalgetreu restauriert. Erfolgreich hat sich nicht zuletzt der Betrieb entwickelt. 2014 konnte mit 47 118 Fahrgästen und einem um 25 % gestiegenen Ertrag aus dem Bahnbetrieb das beste Ergebnis seit Bestehen der Bahn erzielt werden.

Dietschibergbahn: Ebenfalls mit einer Standseilbahn ist 1912 der Dietschiberg erschlossen worden. Initiant war Arthur Oswald, der die Bahn 1924 übernahm. In der Folge wurden auch Zwischenstationen errichtet. 1978, ein Jahr nach dem Brand des Restaurants auf dem Dietschiberg, wurde der Bahnbetrieb eingestellt. Wiederbelebungsversuche scheiterten, eine Volksinitiative wurde wieder zurückgezogen, der Verein Pro Dietschibergbahn 1997 liquidiert. «Die Bahnanlagen gingen 1998 an den Golfclub, der am gleichen Tag mit dem Abbau der Anlagen begann», wird auf der Homepage standseilbahnen.ch/luzern-dietschberg ernüchtert festgehalten.

Vom Göttersee nach Rathausen

Start: Schlossberg (Bus 1, 19, 22, 23)
Ziel: Emmenbrücke (Bahnhof)

MaiHof – Rotsee Ruderzentrum – Fährstation – Rathausen – Reussuferweg

Dauer: 2½ bis 2¾ Std.

Der beschauliche Spaziergang bringt uns an das stille Gewässer des Rotsees und später der Reuss entlang nach Emmenbrücke. Unterwegs machen wir Halt beim ehemaligen Kloster Rathausen mit seiner bewegten Geschichte. Am Ende queren wir den Mündungsbereich von Reuss und Kleiner Emme, wo ein neuer Naturraum entstanden ist.

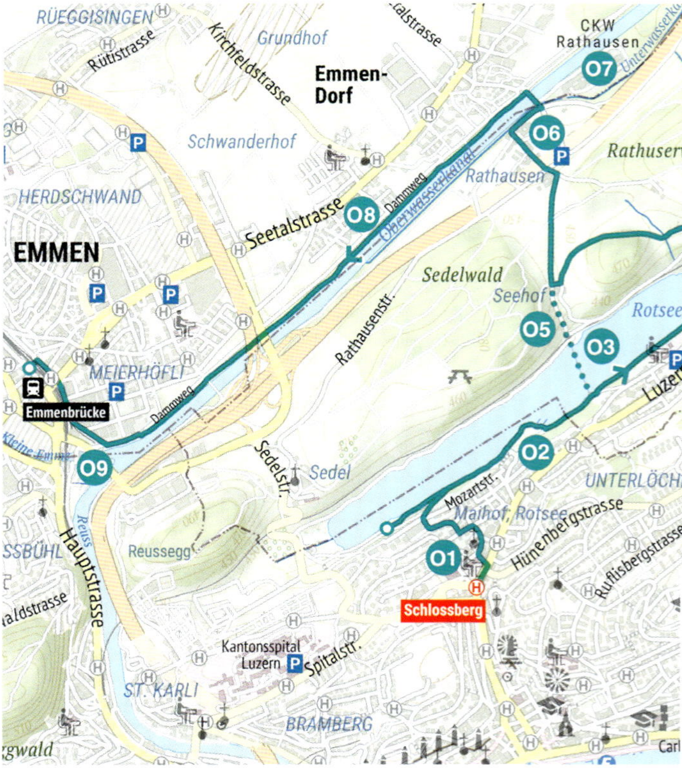

Blick über den Rotsee zum Bauernhaus und ehemaligen Frauengefängnis Seehof, auch «Wybersedel» genannt.

Unmittelbar beim Schlossberg, wo der Spaziergang beginnt, steht das Schulhaus Maihof. Das imposante Gebäude des Luzerner Stadtarchitekten Othmar Schnyder vereint ein repräsentatives Erscheinungsbild im Historismus mit damals modernsten Bautechniken. Zur Primarschule mit über 250 Schulkindern gehören mehrere externe Kindergärten. Gleich hinter dem Schulhaus liegen die Kirche und Gebäude der Pfarrei St. Josef. Die Kirche des Luzerner Architekten Otto Dreyer von 1941 ist ein wichtiger Sakralbau der Moderne in Luzern. Der freistehende Turm ist das Wahrzeichen des Quartiers. Schulhaus, Kirche und Turm bilden ein herausragendes städtisches **Ensemble (O 1).**

Aktiver MaiHof

Die Pfarrei hat sich den Bedürfnissen der Zeit angepasst und ist zu einer offenen Quartierkirche geworden. Pfarreiheim, Kirche und Pfarreisaal wurden umgebaut. Daraus ist das Projekt «Der MaiHof» geworden: Eine Pfarrei, die ebenso ein Quartierzentrum, ein offenes Haus mit Cafébar und ein Treffpunkt für kulturelle Veranstaltungen ist. Der Kirchensaal wird multifunktional genutzt, die fixen Kirchenbänke haben mobilen Stühlen Platz gemacht. Es finden Kunstausstellungen, Konzerte, Bildungsanlässe und gemeinschaftliche Aktivitäten von Vereinen und Organisationen statt. Auch Kindergarten, Spielgruppe und die Quartierarbeit der Stadt Luzern haben hier einen Platz gefunden. Im Pfarrhaus ist das «Paradiesgässli» untergebracht: Die Anlaufstelle für Familien, die von Sucht betroffen sind, wurde im Jahr 2000 vom Verein Kirchliche Gassenarbeit lanciert und gilt heute schweizweit als Pionierprojekt.

Beeindruckt von dieser Vielfalt an gemeinschaftsfördernden und kulturellen Angeboten, die im MaiHof konzentriert sind, spazieren wir weiter durch das angrenzende Wohnquartier. Am Libellenrain stehen die Räumlichkeiten der ehemaligen Kleiderfabrik Schild. Seit 2006 werden sie für Büros genutzt, so etwa für die kantonale Verwaltung (Denkmalpflege und Archäologie, Umwelt und Energie). Von hier aus sind es nur noch ein paar Minuten, bis man auf einem breiten Pfad durch den Wald den Rotsee erreicht. Und schlagartig ändert sich die Szenerie: Der Rotsee und seine Umgebung haben eine angenehm beruhigende Wirkung. Die Hektik der Stadt ist weit weg.

Direkt ennet dem See auf dem Hügel thront ein imposantes Gebäude: Hier wurde 1886–1888 die Zwangsarbeitsanstalt Sedel eingerichtet. Der heutige Bau wurde 1932–1933 erstellt. Nach der Aufhebung der Strafanstalt 1971 wurden dort Akten gelagert, zehn Jahre später entstand das Musik-

Das Schulhaus Maihof und der Turm und die Kirche St. Josef (O 1) bilden ein herausragendes städtisches Ensemble.

zentrum Sedel für die junge Rockszene. Die ehemaligen Zellen wurden zu Proberäumen, in denen über 100 Bands beheimatet sind. Der Sedel hat alle Kulturdebatten überdauert und ist heute ein viel genutztes und erfolgreich betriebenes Zentrum der alternativen Kultur geblieben.

Neues Ruderzentrum

Der Rotsee ist ein weltweit bekannter Austragungsort für Ruderregatten. Schon viermal wurden hier Weltmeisterschaften durchgeführt. Weil der natürliche See für den Rudersport so ausgezeichnete Wettkampfbedingungen bietet, wird er in diesen Kreisen auch «Göttersee» genannt. Das Rudern in Luzern hat Tradition. 1903 wurde der Regattaverein gegründet, der seine Ruderwettkämpfe seit 1933 auf dem Rotsee durchführt. Gleichzeitig ist der Rotsee ein geschützter Lebensraum für Wasservögel und zahlreiche Pflanzen- und Tierarten, die hier beste Bedingungen vorfinden. Schliesslich sind der See und seine angrenzenden Wiesen und Wege auch Anziehungspunkte für Erholungssuchende und Freizeitsportler.

Diese verschiedenen Interessen müssen immer wieder neu unter einen Hut gebracht werden. Einen wichtigen Schritt machte der Kanton Luzern, der 2013 die Schutzverordnung erneuerte. Sorgfältig geplant wurde auch das 16-Millionen-Projekt «Naturarena Rotsee» mit einem neuen **Ruderzentrum (O 2)** und einem neuen Zielturm, das 2016 abgeschlossen wurde. Die Wege, Plätze und Uferzonen wurden aufgewertet und die ruderspezifischen Infrastrukturen erneuert.

Wir besichtigen den neuen Zielturm, eine moderne Holzkonstruktion der Zürcher Architekten Fuhrimann/Hächler, und spazieren dem See entlang zur Rotseewiese. Hier ist während den Ruderwettkämpfen Hochbetrieb. Jetzt lädt das Gelände zum Erholen. Kinder freuen sich am grosszügig angelegten Spielplatz, der hier eingerichtet ist. Als wir vorbeispazieren, üben ein paar junge Kunstturnerinnen Sprünge auf der Wiese. Auch Jogger sind unterwegs. Von hier an wird der Weg schmaler und naturnaher.

Ungefähr auf halber Länge des Sees besteht in der warmen Jahreszeit und bei schönem Wetter die Möglichkeit, mit einer **Fähre (O 3)** ans andere Ufer überzusetzen (und dadurch den Spaziergang um rund eine halbe Stunde zu verkürzen). Wie lange es die «Rotseefähri» schon gibt, ist ungeklärt. Die bisher älteste schriftliche Erwähnung eines Fährbetriebs stammt aus dem Jahr 1540, wie der Lokalhistoriker Walter Tschümperlin nachgewiesen hat. Mit dem Rotsee ist auch eine Sage verbunden: Danach soll ein «Riesenwurm» das Gewässer bewohnt und unter den Anwohnern Schrecken verbreitet ha-

Der neue Zielturm am Rotsee, eine moderne Holzkonstruktion der Zürcher Architekten Fuhrimann/Hächler, ausgeführt von 1a Hunkeler Luzern.

ben. Laut Tschümperlin war es der Rotsee-Fährimaa, der 1661 bezeugt haben soll, ein solches «Monster» gesehen zu haben.

Als die Liegenschaft Seehof am andern Ufer mit einer Strasse erschlossen wurde, sank die Zahl der Fahrgäste von rund 24 000 (1976) auf unter 6000 (2004). Der Quartierverein Maihof setzte sich dafür ein, dass der Fährbetrieb nicht eingestellt wurde. 1999 kaufte er die Fähre vom Kanton für 15 000 Franken und sicherte damit den Betrieb. So werden Spaziergänger seit bald 600 Jahren im Holzboot über das Wasser des Rotsees geführt.

Auf romantischem Pfad dem Wasser geht es weiter bis zur **Rotsee-Badi (O 4)** am Ende des Sees. Wir wechseln ein kurzes Stück auf Asphalt, dann biegen wir links in eine Naturstrasse ab, die durch das Ried auf die andere Seeseite führt. Wir queren die SBB-Linie Luzern–Zürich auf einer Überführung und steigen sanft aufwärts in den Wald. Über den Bauernhof Fuchshüne erreichen wir, entlang von kleinen Wäldern und Feldern, die **Liegenschaft**

Seehof (O 5). Sie gehörte, wie der Sedel, zum Kloster Rathausen. Das Bauernhaus stammt von 1840/41. Nach der Aufhebung des Klosters ging die Liegenschaft an den Kanton. 1893 wurde das Haus als Zwangsarbeitsanstalt für Frauen («Wyber-Sedel») umgenutzt und 1895 mit einem Anbau erweitert. 1953 wurde die Anstalt aufgehoben.

Statt wieder an den Rotsee hinunter zu spazieren, drehen wir nach rechts und folgen der kleinen Strasse nach Rathausen. Unterwegs rasten wir kurz auf einer Bank unter einem Wegkreuz. Ein Fischreiher stelzt über eine Wiese, Velofahrer kreuzen vorbei, irgendwann taucht eine Joggerin auf und federt mit leichtem Schritt dem Wald zu.

Zukunftsprojekt Rathausen

Nach ein paar Minuten erreichen wir über eine kleine Kuppe **Rathausen (O 6).** Hier an der Reuss entstand vor 800 Jahren ein Kloster für Zisterzienserinnen (Waldschwestern). Ihr Grundstück, das sie geschenkt bekamen, reichte vom Rotsee bis zur Reuss und vom Sedel bis nach Buchrain. 1251 wurde eine Klosterkapelle errichtet. Der Bischof nannte den Ort «Domus Consilii» (Haus vom guten Rat) – Rathausen. Nach rund 500 Jahren mussten die Schwestern 1848 das Kloster verlassen. Die Obrigkeit wollte die Grundstücke und Räumlichkeiten für weltliche Angelegenheiten nutzen. 20 Jahre lang wurde hier das kantonale Lehrerseminar betrieben. 1871/72 waren Soldaten der Bourbaki-Armee im Lazarett Rathausen untergebracht. 1884 richtete der Kanton eine «Verpflegungs- und Erziehungsanstalt für arme Kinder» ein. Die Institution wurde 1951 zum «Erziehungsheim Rathausen» – mit auch dunklen Kapiteln (s. Kasten S. 232/233).

Mit dem Ausbau der heilpädagogischen Förderung und der neuen Konzeption des Sonderschulwesens ist Rathausen seit 1984 zu einem Kompetenzzentrum für Menschen mit schwerer Behinderung geworden. Betreiberin ist die Stiftung für Schwerbehinderte Luzern SSBL, die insgesamt über 800 Mitarbeitende beschäftigt. Inzwischen wohnen rund 300 schwerbehinderte Menschen hier, weitere 100 kommen jeweils für einen Tagesaufenthalt mit Beschäftigung nach Rathausen. Rund um die Klostergebäude sind in den letzten zwei Jahrzehnten zahlreiche neue Bauten errichtet worden. Ein kleines, von viel Freiraum und Grünflächen geprägtes Dorf ist entstanden. 2015 ist mit dem Spatenstich für den «Masterplan Rathausen» ein neues Zukunftsprojekt eingeleitet worden. Für 9,3 Millionen Franken werden die Klosterkirche und das Klostergebäude renoviert, das Areal neugestaltet und 90 neue Wohnplätze errichtet.

In Rathausen fühlt sich auch der «normalbehinderte» Spaziergänger wohl. Das Restaurant steht für alle offen. Menschen mit und ohne Behinderung leben hier zusammen und begegnen sich. In der Gärtnerei können Blumen gepflückt und Pflanzen mitgenommen werden. «Sie bestimmen den Preis selber!», wird auf den Schildern festgehalten. Wie verlassen die Anlage Rathausen und überqueren die neue Brücke, die über die Reuss führt und uns auf der andern Seite nach links Richtung Emmenbrücke/Luzern führt. Der Fluss schimmert durch das Ufergewächs, ab und zu taucht eine Holzskulptur mit der Figur eines Tieres auf. Neben diesem **Holzskulpturenweg (O 8)** wurde 1981 auf dem gleichen Abschnitt Reussuferweg ein Planetenweg eingerichtet, der die Grössenverhältnisse und Abstände der Planeten untereinander deutlich macht. Wir passieren das Reusswehr, das 1890 errichtet wurde. Die Centralschweizerischen Kraftwerke (CKW) betreiben in Rathausen auch ein **Kleinkraftwerk (O 7).** Seit 1980 wird jährlich Strom für rund 3500 Haushalte produziert.

Reusswehr der CKW bei Rathausen. Auf dem Uferweg wurden ein Holzskulpturen- und ein Planetenweg eingerichtet.

Neue Auenlandschaft

Kurz bevor der Weg nach rechts zum Schlusspunkt des Spaziergangs beim Bahnhof Emmenbrücke abbiegt, lohnt sich ein Blick auf den neu gestalteten Landschaftsraum: Hier, wo die Kleine Emme in die Reuss mündet, sind eine Insel und eine Auenlandschaft mit Weihern entstanden. Die Zone ist naturnah gestaltet und wird von Wegen frei gehalten, damit sich die Natur entwickeln kann. Die ökologischen Verbesserungen des **Reusszopfs (O 9)** sind Teil des neuen Hochwasserschutzes der Reuss, der mit einer Renaturierung verbunden ist. Die letzte verheerende Überschwemmung in diesem Gebiet fand 2005 statt und verursachte Schäden in der Höhe von 345 Millionen Franken. Zusammen mit der angrenzenden Freizeitzone an der Reuss entwickelt sich dieses Areal zu einem neu gestalteten Naherholungsraum von Luzern-Nord. Dies in unmittelbarer Nähe zur Verkehrsdrehscheibe Seetalplatz, der neu ausgebaut worden ist. Von hier aus spazieren wir in wenigen Minuten zum Bahnhof Emmenbrücke.

Kinderelend in Rathausen und am Sonnenberg

Wie andere Kantone, hat auch Luzern seine spezifische Kinderheim-Geschichte, die für die betroffenen Kinder und Jugendliche alles andere als heilsam war. Zwischen 1930 und 1970 gab es rund 15 Kinder- und Jugendheime, in denen jährlich zwischen 540 und 750 Kinder versorgt wurden. In der Region Luzern gehörten das Kinderheim Rathausen und die Erziehungsanstalt Sonnenberg dazu. Allein in Rathausen gab es Platz für 215 Kinder.

Was im Grunde seit Jahren bekannt war, dass nämlich zahlreiche Kinder in diesen Institutionen misshandelt und auch sexuell missbraucht wurden, ist mittlerweile auch offiziell untersucht und beglaubigt worden. Luzern war der erste Kanton, der die Geschichte seiner Kinderheime aufarbeiten liess. Inzwischen liegen drei Studien vor, die zwischen 2010 und 2013 erstellt und von der Luzerner Regierung, der Katholischen Kirche und dem Kloster Ingenbohl in Auftrag gegeben wurden. Der Luzerner Regierung hat sich 2011 für die Missstände und das Unrecht entschuldigt.

In den Räumlichkeiten des ehemaligen Klosters Rathausen richtete der Kanton Luzern 1884 eine «Verpflegungs- und Erziehungsanstalt für arme Kinder» ein. 1951 wurde die Institution zum «Erziehungsheim Rathausen». Für die Betreuung waren die Schwestern des Klosters Ingenbohl zuständig. Überhaupt war die Heimlandschaft stark katholisch geprägt. Laut der Studie des Historikers Markus Furrer arbeitete in zehn der

15 untersuchten Heime Ordenspersonal. Sie «betreuten» und züchtigten Kinder von alleinerziehenden Müttern und solche, die aus geschiedenen und verwitweten Verhältnissen stammten oder einen Elternteil mit einem Alkoholproblem hatten. Ziel war es, die als verwahrlost und minderwertig betrachteten Kinder zu disziplinieren und sie zu Arbeit und Frömmigkeit zu erziehen.

Auch in Rathausen wurden Kinder mit teils folterähnlichen Methoden (Kopf unter Wasser drücken) zum Gehorsam gezwungen. In den Heimen herrschte eine militärische Disziplin. Der Alltag war strikt durchgeplant. Die Kinder standen um 5.15 auf, um 20 Uhr war Bettruhe. Dazwischen wurde gelernt und gearbeitet. Da die Heime sehr knapp finanziert wurden, waren sie auf verschiedene Einnahmequellen angewiesen. So bildete die Arbeitsleistung der «Zöglinge» eine existenzielle Finanzierungsquelle der Heime. Der Schulbildung kam hingegen ein geringer Stellenwert zu. Eine höhere Bildung entsprach nicht dem für die Heimkinder vorgesehenen «Lebensentwurf», hielt Markus Furrer in der Zusammenfassung des Schlussberichts fest. Das Essen war sehr genügsam und rationiert. Die Strafen fielen rigoros aus. Es kam regelmässig zu Misshandlungen und Gewalt. Viele Ehemalige berichteten von sexuellen Übergriffen.

Zu den dunklen Kapiteln in der Luzerner Heimgeschichte gehört auch die Erziehungsanstalt Sonnenberg, die in den Räumlichkeiten des heutigen Schulhaus Gabelingen/Kriens beheimatet war. 1859 wurde dort von der Schweizerischen Gemeinnützigen Gesellschaft die «Schweizerische Erziehungsanstalt für katholische Knaben auf Sonnenberg» gegründet. Die Buben mussten neben dem Heimunterricht auf dem angrenzenden Bauernhof mitarbeiten und wurden mit übertriebenen Strafen und Essensentzug teilweise

aufs Schwerste misshandelt. Das deckte schon 1944 der Journalist Peter Surava auf, der in der Wochenzeitung «Die Nation» mit dem Fotografen Paul Senn eine Reportage über diese Institution veröffentlichte. Damals beherbergte die Erziehungsanstalt rund 70 Knaben, meist Waisenkinder oder uneheliche Buben. In der Folge des Sonnenberg-Skandals musste der Anstaltsleiter zurücktreten. Ein Gericht verurteilte ihn wegen Misshandlung der Kinder. Das Heim wurde geschlossen. Die zwei Bauten (Erziehungsheim, Anstaltsgebäude) sind heute Teil der Schulanlage Gabeldingen.

Durch das Industriegebiet von Emmenbrücke

Start: Bahnhof Emmenbrücke
Ziel: Emmenbrücke, Central (Bus 2)

Viscose-Areal – Von Moos/Swiss-Steel-Areal – Direktorenvilla Seebli – Obere Emmenweid – Schooswaldkapelle – Krauer-Schulhaus – Kirche Gerliswil – Siedlung Sonnenhof – Zentrum Gersag

Dauer: 2½ Std.

Die Industriehauptstadt der Zentralschweiz liegt vor den Toren Luzerns: Der Spaziergang in Emmenbrücke führt durch das weiträumige Fabrikareal der Emmenweid, wo vor über 150 Jahren die Industrialisierung begann. Wir besuchen auch die Arbeitersiedlungen Obere Emmenweid und Sonnenhof. Und entdecken unterwegs mit der Schooswaldkapelle einen stillen Ort der Einkehr.

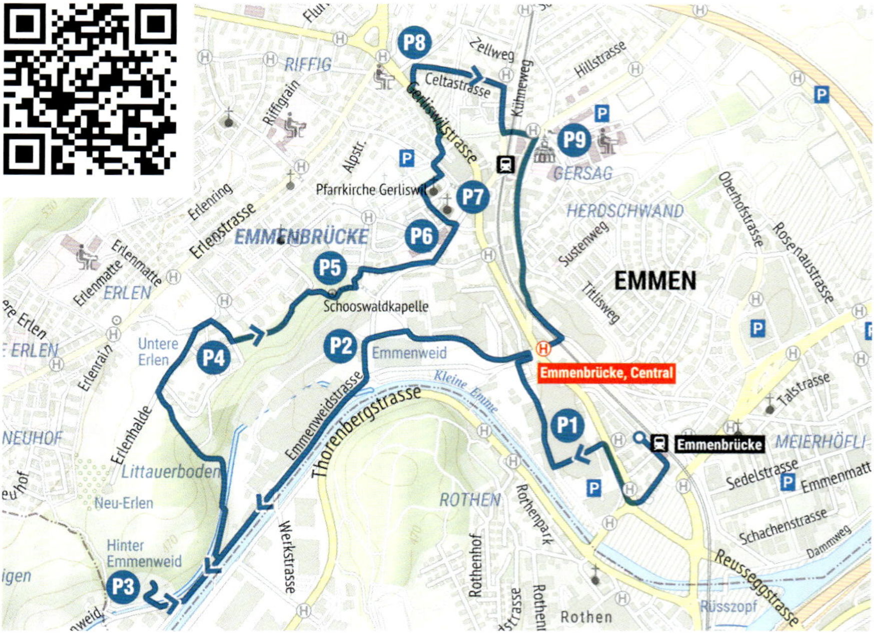

Von Historismus und Heimatstil geprägte Backsteinbauten; im Hintergrund Krauer-Schulhaus und Kirche Gerliswil.

M9

Der Rundgang durch den wirtschaftsgeschichtlich interessanten Teil von Emmenbrücke beginnt beim Bahnhof. Das Bahnhofgebäude wurde 1856 gebaut, noch bevor die Bahnlinie von Olten 1959 nach Luzern verlängert wurde. Es gehört zu den ältesten erhaltenen Bahnhöfen der Schweiz. Am südlichen Ende erhebt sich ein stattlicher, rosa verputzter Baukörper, der 1904 als Hotel Bahnhof erbaut wurde. Vom Bahnhof Emmenbrücke aus sind es nur ein paar Dutzend Meter bis zur Gerliswilstrasse, wo die mächtige Fassade des ehemaligen Viscose-Verwaltungsgebäudes die Aufmerksamkeit auf sich zieht.

Der grosszügig dimensionierte Betonbau «in der stark reduzierten und schnörkellosen Formensprache der internationalen Moderne» (Bauinventar Denkmalpflege Kanton Luzern) wurde 1963 errichtet. Das Verwaltungs- und Kantinengebäude wurde schnell zum Wahrzeichen einer modernen Industriegemeinde. Die Viscose hatte mit dem Beginn der Nylonproduktion anfangs der 1950er-Jahre einen neuen Wachstumsschub erlebt, in dessen Folge schon früh die ehemalige Viscor-Weberei und die ehemalige Spedition entlang der Gerliswilstrasse gebaut wurden. Hinter dieser langgezogenen, urbanen Blockfassade breiteten sich die **Produktions-und Verarbeitungswerkstätten der Viscose (P 1)** aus.

Das ehemalige Industriegelände im Um- und Aufbruch: Links zieht die Hochschule für Design & Kunst ein, davor eine Schar Interessierter.

Neuer Stadtteil

Inzwischen sind grössere Teile der ehemaligen Viscose-Industrie stillgelegt und erfährt das gesamte Gebiet (heute Monosuisse-Areal, Viscosistadt) eine städtebauliche Erneuerung, mit der einzelne Bauten auch abgerissen oder umgebaut und umgenutzt werden. Das gesamte Areal umfasst 89000 Quadratmeter, was flächenmässig der Luzerner Altstadt entspricht. Im ehemaligen Speditionsgebäude ist seit 2008 die Kunstplattform akku untergebracht. Herzstück ist eine 500 Quadratmeter grosse Halle, in der regelmässig Ausstellungen zur Gegenwartskunst stattfinden. Das ganze Monosuisse-Areal soll zu einem pulsierenden Denk- und Werkplatz mit Raum für Industrie und Gewerbe, Bildung, Wohnen, Kunst, Kultur und Freizeit entwickelt werden. Einen symbolisch wichtigen Impuls für diese Entwicklung gibt die Hochschule Luzern Design & Kunst, die 2016 vom Zentrum Luzern in die Viscosistadt umgezogen ist. Noch kann sich der Spaziergänger erst in Gedanken ausmalen, wie dieser neue Stadtteil dereinst aufblühen wird. Vorerst sieht er nur einzelne Baustellen, die davon künden, dass sich hier ein riesiges Gebiet im Umbruch befindet.

Kultur-Ateliers

Nach der Bushaltestelle Central biegen wir links in die Emmenweidstrasse ein, auf der wir erst richtig in die Industriegeschichte von Emmenbrücke zurückgeführt werden. Bald tauchen die ehemaligen Bürohäuser mit dem Transformatorenturm sowie weitere Produktionsbauten aus der ersten Zeit der Viscose auf. Die rötlichen Backsteingebäude bilden mit der untrüglichen Patina vergangener Industriejahre ein schon fast romantisches Ensemble. In den letzten Jahren ist neues Leben in die Gebäude eingezogen. Kunstschaffende haben hier ihre Ateliers eingerichtet, Gewerbe hat sich angesiedelt, ein schönes Restaurant ist entstanden, kulturelle Veranstaltungen werden durchgeführt. Aber der Traum aus der Anfangszeit der Umnutzung, in der Emmenweid eine eigentliche Kulturmeile zu entwickeln, hat sich noch nicht realisiert.

Die «Société Suisse de la Viscose» hatte 1906 auf der Emmenweid mit der Kunstseideproduktion begonnen und wenige Jahre später bereits 800 Personen beschäftigt. Die einheitliche Fassade der südlichen Front mit dem rotem Sichtbackstein entstand in den 1910er- und 1920er-Jahren (Architekten Möri & Krebs). Das Ensemble mit den Backsteinbauten ist architektonisch vom Historismus und Heimatstil geprägt und steht für eine Eingangssituation, die stark auf Repräsentation ausgerichtet war.

Nach dem Viscose-Ensemble mit seinen Umnutzungen erreichen wir das Areal der ehemaligen von **Moos'schen Eisenwerke (P 2).** Auf dem Werkgelände stehen ein gutes Dutzend Hochbauten, die im Zeitraum 1854 bis 1960 entstanden sind und baustilistisch unterschiedliche Einflüsse dokumentieren. Gleich zu Beginn rückt auf der rechten Seite des Areals eine riesige Halle ins Blickfeld: Die Schooshalle ist 330 Meter lang und besticht durch ihr Volumen und ihre konstruktive Klarheit. Sie dürfte schweizweit zu den grössten Hallen dieses Typus gehören. Das Gebäude wird heute als Lagerhalle genutzt. 1997 gingen hier im provisorischen Rahmen, da das KKL Luzern noch nicht bezogen werden konnte, mehrere Konzerte der IMF Luzern (heute Lucerne Festival) über die Bühne.

Stahlwerk und Villa

Auf dem Werkareal wird seit bald 170 Jahren Stahl hergestellt. 1850 kauften die Gebrüder von Moos in Emmenbrücke die Papierfabrik Emmenweid samt deren Wasserrechtskonzession an der Kleinen Emme. Drei Jahre später nahm die erste Eisenerzeugungsanlage ihre Betrieb auf. Mit dem Kauf von grösseren Waldungen in Schwarzenberg und eigenen Köhlereien sicherte sich von Moos genügend Holzkohle, die zur Eisenherstellung gebraucht wurde. Das Stahlunternehmen expandierte kontinuierlich und erreichte in den 1960er-Jahren mit über 2500 Beschäftigen seinen Höchststand. 1996

Noch existiert diese Industrielandschaft mit rauchendem Schlot.

wurden von Moos und von Roll zur Swiss Steel fusioniert und mit dem Ausstieg von André von Moos endete die stolze Geschichte des Familienunternehmens. Seit 2003 gehört die Swiss Steel der deutschen Stahlhandelsfirma Schmolz + Bickenbach AG. Nach einer Baisse während der Wirtschaftskrise 2009 wurde im Jahr 2014 mit der Produktion von 628 000 Tonnen Stahl ein neuer Rekord erreicht.

Der Spaziergang führt entlang der Kleinen Emme längs durch das Werkareal. Alles ist hier grossdimensioniert, aus den riesigen Hallen erklingt der Sound der Schwerindustrie, regelmässig wird die Schlacke auf die Halde gefahren. Rund 200 Meter nach der letzten Produktionshalle biegen wir nach rechts, überqueren den Fabrikkanal und gehen einen Weg hoch. Hier steht an leicht erhöhter Hanglage die **Villa Seebli (P 3),** ein verwunschenes Relikt aus einer andern Zeit. Das stattliche Gebäude mit seiner neubarocken Erscheinung und einer grosszügigen Holzveranda ist in die Jahre gekommen, doch hat es seinen Charme behalten. 1895 wurde das Haus als Direktorenvilla der von Moos'schen Eisenwerke erbaut. Zwischenzeitlich diente sie als Unterkunft für italienische Arbeiterinnen und Arbeiter. Konstruktiv und stilistisch gleich wie die Villa ist das benachbarte Gärtner- und Angestelltenhaus gestaltet. Das malerisch gelegene Ensemble, das inzwischen nicht mehr bewohnt wird, bildet ein wichtiges Zeugnis der Betriebsgeschichte der von Moos'schen Eisenwerke.

Die Villa Seebli wurde 1895 als Direktorenvilla der von Moos'schen Eisenwerke erbaut.

Wir gehen den gleichen Weg zurück, überqueren vor den ersten Produktionsgebäuden wieder den Fabrikkanal und steigen auf einer schmalen Asphaltstrasse den Hang hoch. Von hier aus bietet sich nochmals ein schöner Blick auf das Werkgelände der Swiss Steel. Wir biegen nach links auf einen Pfad, der durch die Wiese und dann ein kleines Stück Wald auf die terrassenförmige Anhöhe von **Ober-Emmenweid (P 4)** führt. Hier stehen die Doppelwohnhäuser der Arbeitersiedlung, die ab 1931 in mehreren Etappen von den von Moos'schen Eisenwerken für die Belegschaft errichtet wurde. Grosszügige und begrünte Freiflächen zeichnen die Struktur der Siedlung aus. Die Ober-Emmenweid ist eine von mehreren Arbeitersiedlungen der Gemeinde. Sie hat sich vergleichsweise «original» erhalten, während andere stark verändert (Erlenring) oder abgebrochen (Feldbreite) wurden.

Kapelle im Wald

Dem Waldrand entlang, mit Blick auf die Ende der 1990er Jahre neu renovierten Wohnbauten, führt uns der Spaziergang nach ein paar Minuten in den lichten Wald hinein zur **Schooswald-Kapelle (P 5).** Wir befinden uns an dieser Stelle direkt über dem Werkareal der Stahlindustrie. Unten am Hang liegt die Schooshalle. Die Kapelle ist malerisch mitten im Wald gelegen. Mit einer grossen Fensterfront gegen Norden lässt sie auf eine wunderbare Weise die Natur in den Innenraum fliessen. Der Bau wurde 1959 erstellt (Architekt Adalbert Koch) und ersetzte eine barocke Wegkapelle aus dem Jahr 1763. Aus der alten Kapelle stammt die in Holz gefasste Mondsichelmadonna aus dem 18. Jahrhundert.

Wir verlassen diesen Ort der Ruhe und der Idylle und steigen auf schmaler Treppe hangabwärts zurück in das Siedlungsgebiet von Emmenbrücke. Das **Krauerschulhaus (P 6)** ist ein prächtiger Bau. Er wurde 1911 im schlichten Heimatstil erstellt (Architekt Emil Vogt). Wir bestaunen einen richtigen «Schulpalast», der davon zeugt, wie bedeutend damals die Volksschulbildung eingestuft worden ist. Der mit vielen Details sorgfältig gestaltete Eingangsbereich ist im originalen Zustand erhalten. Ein paar Minuten weiter erreichen wir mit der **Pfarrkirche Gerliswil (P 7)** eine weitere dominante Landmarke in diesem Teil von Emmenbrücke. Die auf einer kleinen Anhöhe gelegene Kirche mit dem Grundriss der dreischiffigen Basilika wurde 1912–1914 erbaut (Architekt Adolf Gaudy) und ist letztmals 1996 (aussen) und 2001 (innen) renoviert worden. Gestalterisch vereint sie Elemente des Historismus, des Heimatstils und des Jugendstils. Zum sakralen Ensemble gehören Pfarrhaus, Pfarreiheim und ein parkähnlich angelegter Friedhof.

Die Kirche Gerliswil vereint den Historismus, den Jugend- und Heimatstil.

Siedlung Sonnenhof

Wir spazieren weiter zum Kreisel, biegen nach links und folgen der Gerliswilstrasse, bis wir kurz vor der Sprengi nach rechts drehen und das **Areal Sonnenhof (P 8)** betreten. Wie auf der Ober-Emmenweid, ist auch im Sonnenhof während der wachsenden Industrialisierungsphase eine Arbeitersiedlung entstanden. Bauherrin war die Société de la Viscose, die hier 1916 die ersten Häuser für ihre Belegschaft baute. Zu den ersten Bauten gehörten rund 20 Wohnhäuser sowie das auf einer Kuppe stehende Mädchenheim mit der vorgelagerten Villa. Die Struktur der Siedlung widerspiegelte die innerbetriebliche Hierarchie. Im Mädchenheim wohnten die ledigen Garnspinnerinnen unter Aufsicht von Ordensschwestern. Mittlerweilen wird dieser langgestreckte und voluminöse Bau vom Kanton Luzern als Asylzentrum betrieben. An topographisch bevorzugteren Lagen liessen sich die höheren Angestellten (Meisterhäuser) und Kaderleute (Villen) nieder, während sich die Arbeiterhäuser auf dem flachen Terrain erstreckten.

Die Siedlung ist sehr gut erhalten und zeichnet sich aus durch ihre offene Bebauungsweise mit grosszügigen Grün- und Gartenflächen. Hier kommt die Gartenstadtbewegung zum Ausdruck, die anfangs des 20. Jahrhunderts den Arbeiterwohnungsbau mit ganz neuen Vorstellungen beflügelt hatte. Eine zweite Bauphase für den Sonnenhof fand in den 1950er-Jahren statt. Inzwi-

Die von der Société de la Viscose im 1. Weltkrieg erstellte Arbeitersiedlung Sonnenhof, einst eine offene «Gartenstadt», heute stark verdichtet.

schen hat das grosse Areal eine erneute Umgestaltung erfahren: Das Areal wurde mit Neubauten verdichtet, während die bestehenden und als schützenswert erachteten Wohnhäuser samt ihren grossen Gartenflächen erhalten wurden und in den Besitz von vorwiegend jungen Familien übergingen.

Nach dem Sonnenhof spazieren wir über die Celtastrasse und die Gersagstrasse an die Rüeggisingerstrasse. Wir befinden uns in jetzt in einer typischen Agglomerations-Ambience, in der das Ländliche weitestgehend ausgeräumt ist, aber das modern Urbane noch nicht angekommen ist. Links ragt das zehngeschossige Verwaltungshochhaus in die Höhe, ein Betonskelettbau mit vorgehängter Fassade, in dem die Gemeindeverwaltung von Emmen ihren Sitz hat. Das kleine Hochhaus bildet mit einem Gemeinde-Saalbau und einem Wohnhaus das **Zentrum Gersag (P 9),** das 1972 eröffnet wurde. Vom Zentrum Gersag gelangen wir der Rüeggisingerstrasse folgend in wenigen Minuten an die Bushaltestelle Central an der Gerliswilstrasse zurück.

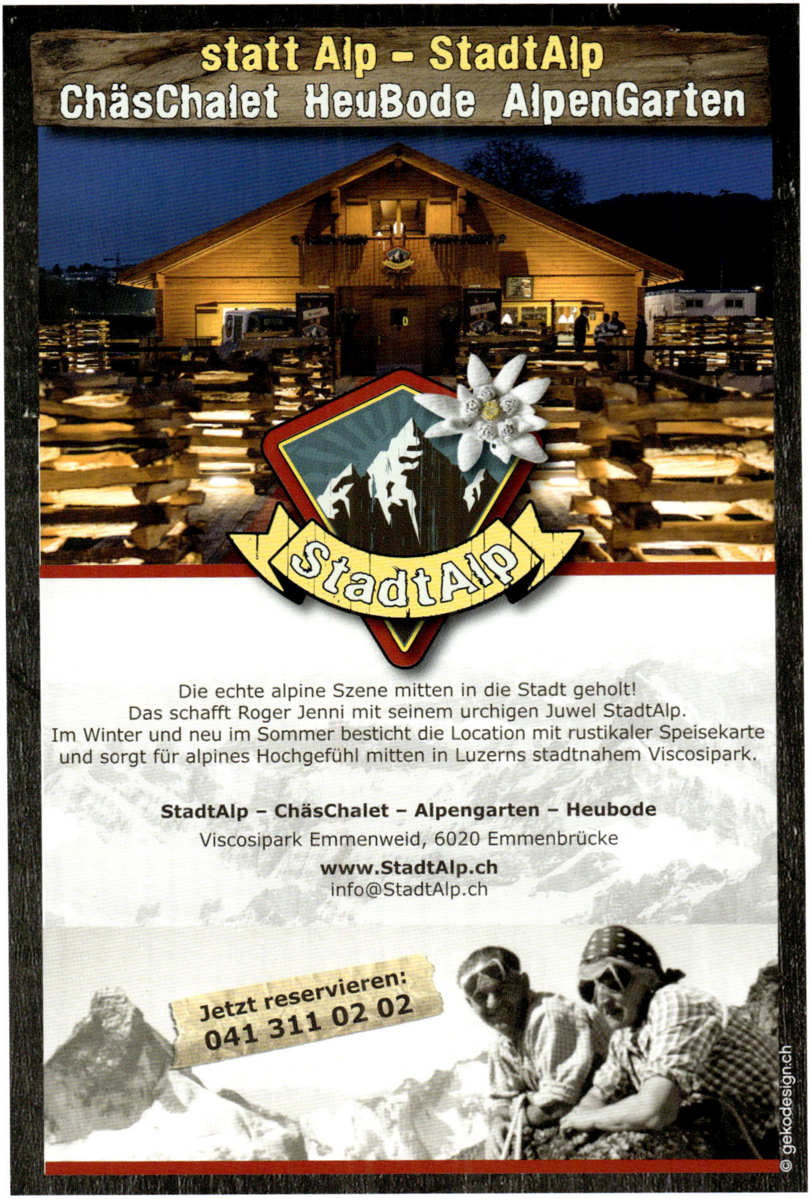
statt Alp – StadtAlp
ChäsChalet HeuBode AlpenGarten
StadtAlp
Die echte alpine Szene mitten in die Stadt geholt!
Das schafft Roger Jenni mit seinem urchigen Juwel StadtAlp.
Im Winter und neu im Sommer bisticht die Location mit rustikaler Speisekarte
und sorgt für alpines Hochgefühl mitten in Luzerns stadtnahem Viscosipark.
StadtAlp – ChäsChalet – Alpengarten – Heubode
Viscosipark Emmenweid, 6020 Emmenbrücke
www.StadtAlp.ch
info@StadtAlp.ch
Jetzt reservieren:
041 311 02 02
© gekodesign.ch

Vom Gütsch nach Ruopigen

Start: Kasernenplatz (Bus 2, 12, 18, 53)
Ziel: Emmenbrücke, Central (Bus 2)

Hotel Gütsch – Grenzhofschulhaus – Zimmereggbad – Zentrum Ruopigen – Staffelnhof – Kantonsschule Reussbühl

Dauer: 2 Std.

Vom pittoresken Hotel Gütsch bis zu den Graffitis in der Industriezone Emmenbrücke führt uns dieser Spaziergang. Unterwegs macht er uns mit den faszinierenden Übergängen von Land-Agglomeration-Stadt bekannt. Und mit den Freiräumen eines Gebietes, das erst seit 2011 zur Stadt Luzern gehört.

Munterer Betrieb und gemütliche Ruhe im Waldschwimmbad Zimmeregg.

Ein Kurzweilplatz, wie dieser Ort früher genannt wurde, ist der Kasernenplatz schon längst nicht mehr. Hier wird seit 1974 der Autobahnverkehr direkt in die Stadt geführt. In nächster Nähe beginnt der Spaziergang, der uns erstaunlich schnell in andere Gefilde entführen wird. Erst noch vom Verkehr umgeben, pfeifen schon die Vögel in den Bäumen und geht es gemächlich hoch zum Gütsch.

Der breite Treppen-Fussweg beginnt wenige Meter neben der Sentikirche und führt von der Gibraltarstrasse weg den Hang hoch. Mit jedem Schritt weitet sich der Ausblick. Der im Zickzack angelegte Weg gibt immer wieder den Blick auf das Trassee der Gütschbahn frei. Sie wurde 1884 als 180 Meter lange Standseilnahn eröffnet und ist nach einem siebenjährigen Stillstand 2015 als Schräglift neu installiert worden (s. Kasten S. 222).

Beim Hotel Gütsch

Der Treppenweg endet bei der Bergstation der Bahn, die an eine Miniburg erinnert: Geplant hat sie 1901 der bedeutende Luzerner Architekt Emil Vogt, der auch das unmittelbar benachbarte **Hotel Gütsch (Nr. 106)** konzipiert hat. Links der Bergstation liegt ein terrassenartiger Platz, wo sich jeweils an Fronleichnam die Hergottskanoniere versammeln und mit Böllerschüssen die Eucharistiefeier und die Prozession unten in der Stadt begleiten. Die Aufmerksamkeit richtet sich an diesem exponierten Standort jedoch ganz auf den Hotelkomplex Gütsch, der zu den tourismusgeschichtlich und städtebaulich bedeutendsten Anlagen von Luzern gehört. Das Hotel wurde 1881–1884 im Stil des Historismus erbaut und erinnert mit seinem Turm und den Zinnen an eine verkleinerte Version des Schlosses Neuschwanstein.

In der neuern Zeit haben die Besitzverhältnisse des Hotelkomplexes mehrfach gewechselt. 2006 ging sogar die Kunde, dass der «King of Pop» Michael Jackson das Märchenschloss erwerben wolle. Seit 2007 gehört der Gütsch-Komplex dem russischen Milliardär Alexander Lebedev. Der Ausblick vom erneuerten Restaurant und vor allem von der Terrasse ist prächtig. Die ganze Stadt Luzern liegt zu Füssen, der Vierwaldstättersee breitet sich aus, am Horizont lockt das Panorama der Berge.

Etwas weiter unten gelegen, auf dem gleichen Sporn der Gütschhöhe, finden wir die **Pension Wallis (Q 1).** Der dreigeschossige, geschindelte Massivbau wurde 1864 erstellt und ist ein wichtiger Zeuge der frühen Tourismusgeschichte von Luzern. Hier stieg, neben andern illustren Gästen, auch die britische Königin Victoria ab, als sie 1868 einen Monat in Luzern weilte. Heute wird die ehemalige Pension als Wohnhaus genutzt. Die einst prunkvolle Parkanlage ist in ihren Grundzügen noch immer erkennbar.

Das Hotel Gütsch von 1881–1884 erinnert mit seinem Turm und seinen Zinnen an eine verkleinerte Version des Schlosses Neuschwanstein.

Auf der Zimmeregg

Dann spazieren wir auf der Kanonenstrasse am Saum des Gütschwaldes entlang abwärts, vorbei an der neuen Überbauung Gütschhöhe mit ihrer Holzfassade. Die bunten Plakate mit Kindernamen zeugen davon, dass hier viele junge Familien wohnen. 100 Meter vor der Einmündung in die Bernstrasse geht ein kleiner Weg links dem Waldrand entlang, der zum **Grenzhofschulhaus (Q 2)** führt. (Eine romantischere und rund 15 Minuten längere Alternativroute führt direkt vom Hotel Gütsch in den Gütschwald und über die Gütschwaldhütte und den Gütschweiher zum Grenzhofschulhaus.) Die Umgebung des Schulhauses mit dem Spielplatz und dem kleinen Parkbereich ist zu einem beliebten Aufenthaltsort der Familien im Quartier geworden. Das Schulhaus wurde 1967 von den Architekten Hans U. Gübelin und Friedrich E. Hodel gebaut. Laut Inventar der schützenswerten Bauten des Kantons Luzern ist diese Anlage «ein wichtiger Beitrag zum Schulhausbau der Nachkriegszeit».

Auf der gegenüberliegenden Seite der Bernstrasse geht es auf Treppen und Wegen leicht aufwärts zum Stollberg mit seinen Wohnquartieren. Immer mal wieder wandert der Blick ins Reusstal, zu den Museggtürmen Luzerns und über den Vierwaldstättersee bis zu den Voralpengipfeln zwischen Rigi und Bürgenstock. Auf der Rückseite des Hügels queren wir die Wohnblöcke Udelboden. Sie liegen in grüner Umgebung, der Waldrand ist nah. Auf der Anhöhe liegt in einer Waldlichtung das **Zimmereggbad (Q 3).** Nach der Fusion der einstigen Agglo-Gemeinde Littau mit Luzern hat die Stadt das Waldschwimmbad übernommen und es der Hallenbad Luzern AG zum Betrieb übergeben. Schwimmbäder haben auch im Herbst oder Winter ihren Reiz, denkt der Spaziergänger: Obwohl sie jetzt brach daliegen, die leeren Becken und die Rutschbahn, hört man doch aus der imaginären Ferne des Sommers fröhliches Kindergeschrei.

Pionier-Überbauung Ruopigen

Von nun an führt der Spaziergang ganz und gar über das ehemalige Gemeindegebiet von Littau. Eine ländliche Landschaft mit einzelnen Siedlungsgruppen und markanten Bauten öffnet sich. Mittelpunkt dieser interessanten Überbauung ist ein Einkaufszentrum mit einem vielseitigen Angebot von Läden und Dienstleistungen. Im Bereich der Wohnblöcke wurden die Autozufahrten und Fussgängerachsen getrennt angelegt. Die grosse Grünfläche von Ruopigen wurde 1962/63 für eine Gesamtbebauung freigegeben. Sieger des Architekturwettbewerbs waren die Architekten Dolf Schnebli und Tobias

Ammann. Ihr Ruopigen-Projekt wurde an der Expo 64 in Lausanne als vorbildlicher urbanistischer Entwurf gewürdigt.

Nach ihren Plänen wurde 1974–1976 neben dem **Zentrum Ruopigen (Q 4)** auch das Schulhaus gebaut: Ein zweiteiliger Trakt in Sichtbeton mit kompakt gestalteten Aussenräumen und einer abgesenkten Dreifachturnhalle. Zwar konnte nicht alles wie vorgesehen realisiert werden, aber die Überbauung erweiterte sich mit einzelnen Baukörpern bis in die 2000er Jahre. Als Schlusspunkt wurde 2004 die neue Gemeindeverwaltung Littau gebaut. Das siebengeschossige Gebäude mit seiner Aluminiumfassade und den schwarzen Fensterrahmen bildet heute den Haupteingang zum Zentrum Ruopigen.

In nächster Umgebung der Gemeindeverwaltung tritt ein weiterer, mehrteiliger Baukörper in Erscheinung: Der **Staffelnhof (Q 5)** ist ein Altersheim und bietet über 170 Langzeitpflegeplätze an. Zwischen 2011 und 2013 ist der von Architekt Hans Howald entworfene Bau umfassend renoviert und modernisiert worden. Dazu gehört auch eine erneuerte Aussenfassade, die einem mit ihren Farbtönen lila, grün und gelb freundlich zublinzelt.

Pflege der Luzerner Gedächtniskultur: Der Neubau des Stadtarchivs steht im Stadtteil Ruopigen und überzeugt durch funktionale und ästhetische Qualitäten.

Auch Erwachsene verschiedenen Alters, die den gymnasialen Weg oder die Passerelle wählen, drücken an der MSE der Kantonsschule Reussbühl die Schulbank.

Auf der gegenüberliegenden Seite des Kreisels, zwischen der Gemeindeverwaltung und dem Staffelnhof, steht die **Kantonschule Reussbühl (Q 6).** Hier werden ein Kurzzeit- und ein Langzeitgymnasium geführt und ist die Maturitätsschule MSE für Erwachsene angesiedelt. Die Kantonsschule wurde 1969/70 als dreigeschossiger Bau nach Plänen des Luzerner Architekten Max Wandeler errichtet, der auch die Kantonsschule Alpenquai Luzern gebaut hatte (1963/67). Auf dem gleichen Areal steht der Neubau des **Stadtarchivs (Q 7),** welches auch die städtischen Kulturgüter und die Kunstsammlung beherbergt. Die Konzentration dieser Bauten verdeutlicht, dass Ruopigen zu einem wichtigen Bildungsstandort der erweiterten Stadt Luzern geworden ist.

An der Kleinen Emme

Wir gehen links an der Kantonsschule vorbei und gelangen auf eine sanft gewellte Ebene mit Sportanlagen. Der Blick wandert über viel Grünland und die neuen Wohnquartiere hinweg in die offene Landschaft des Reusstals. Die Weite der Topographie, die Freiflächen, die Sportplätze und der nahe Waldrand mit seinen Bänken und Feuerstellen zeugen von einer hochwertigen Lebensqualität. Auch dieses Gebiet gehört seit 2001 zur Stadt Luzern.

In einer grossen Schlaufe führt der Weg durch den Roterwald zur Hauptverkehrsachse hinunter. Die Waldstrasse gibt immer wieder Durchblicke frei auf die Industriezonen des Littauerbodens und die Emmer Stahlindustrie.

Unten an der Hauptstrasse, etwa 150 Meter vom Seetalplatz entfernt, geht es auf einem Fussgängersteg über die Kleine Emme. Dutzende von Metern ziehen sich die Graffitis an der Ufermauer dahin. Es tut dem Auge gut, farbenfrohes Leben zu sehen, wie es von der jungen Generation erlebt und gezeichnet wird. Wir befinden uns in der Industriezone von Emmenbrücke. Die Produktionshallen von Swiss Steel und die Backsteingebäude der ehemaligen Viscose sind zum Greifen nah.

Entlang den Gleisen der Werkbahn führt der Weg am Ökihof vorbei zum Endpunkt an der Bushaltestelle Central in Emmenbrücke. Das schmucke Häuschen ist ein Wahrzeichen der Emmer Industriegeschichte. Es diente als Endstation für die Tramlinie Bahnhof Luzern-Emmenbrücke, bis diese anfangs der 1960er Jahre durch Trolleybusse ersetzt wurde. Das Häuschen musste 2015 für die Neugestaltung der Gerliswilstrasse in einer aufwendigen Aktion um ein paar Meter verschoben werden. Die Stiftung Tramhüsli sieht vor, aus dem charmanten Gebäude einen Treffpunkt für Kultur und Gastronomie zu machen. Das historische Denkmal soll die industrielle Vergangenheit mit den aktuellen Entwicklungen der Gemeinde und der Gesellschaft verbinden.

Ein Zeitzeuge der Industriehochblüte wird aktuell zum Erinnerungsort: Ehemaliges Tram- und Transformatorenhäuschen wird Bushaltestelle mit Gastrobetrieb.

Über den Sonnenberg nach Kriens

Start: Zähringerstrasse (Bus 10)
Ziel: Kriens, Hofmatt-Bellpark (Bus 1)

Gütschwald – Hotel Sonnenberg – Eggenhof – Gabeldingen – Arbeiterhäuser – Schappe-Areal – Güterbahnhof KLB – Museum Bellpark

Dauer: 1 ¾ – 2 Std.

Der Sonnenberg oberhalb von Kriens ist für ganz Luzern ein beliebtes Naherholungsgebiet. Der Spaziergang beginnt mitten in der Stadt und führt durch den Gütschwald auf die Anhöhe. Herrliche Rundblicke erwarten uns, und beim sanften Abstieg lernen wir auch ein Stück Krienser Industriegeschichte kennen.

Auf dem Sonnenberg hat man das Panorama der Zentralschweizer Alpen vor Augen.

Gleich neben dem Luzerner Brockenhaus im Bruchmattquartier beginnt die Hochbühlstrasse, in die am Rand auch Stufen eingelassen sind. Bevor wir, immer noch treppensteigend, in den Wald eintreten, sehen wir auf der linken Seite ein schmuckes Riegelhaus mit einem Lustpavillon. Es ist von einem Architektenpaar in den letzten Jahren stilvoll renoviert worden und wird an Touristen vermietet. In früheren Jahrhunderten führte der Saumweg nach Bern direkt an diesem Haus vorbei. Auf der rechten Seite zieht sich das Gütschtobel mit dem Steinbruch dahin. Hier wurden die Steine für die Stadtmauer gebrochen. Der Steinbruch hat dem Bruchquartier den Namen gegeben.

Nach ein paar Minuten führt links eine Brücke ins Untergütschquartier. Rechts geht der Weg zum Elisabethenheim: Es ist ein privates Pflegeheim, das von den Spitalschwestern Luzern geführt wird. Seit 1830 umsorgt die Gemeinschaft kranke und bedürftige Menschen. Während Jahrzehnten waren die Schwestern auch für die Pflege am Bürgerspital und später am Kantonsspital Luzern verantwortlich.

Unser Spaziergang aber führt geradeaus weiter und sanft steigend durch den Gütschwald. Jetzt sind wir weit weg von der städtischen Betriebsamkeit. Die Steine knirschen unter den Schritten, wir riechen die Frische des Waldes. Nach dem Verlassen des Gütschwaldes befinden wir uns bereits im Hügelgebiet. Rechts liegt das **Wasserreservoir Gütsch (R 1),** links oben sehen wir den Böschenhof und das **Restaurant Schwyzerhüsli (R 2).**

Im Dünkelweiher – heute ist die Pauluskirche dort – wurden Holzstämme gewässert, ausgebohrt und als Teuchel für Wasserleitungen vom Pilatus herab genutzt.

Quellwasser vom Pilatus

Unterwegs auf Spaziergängen im Raum Luzern trifft man hin und wieder auf schmucklose Betonbauten mit Stahltüren, die in der Landschaft oder im Wald stehen: Wasserreservoire erinnern uns daran, wie sorglos wir Tag und Nacht den Wasserhahn bedienen können. Die Versorgung mit Wasser ist eine grundlegende Infrastrukturaufgabe und muss sorgfältig geplant werden. In Luzern ist die ewl (energie wasser luzern) für die Wasserversorgung zuständig.

Rund 50 % des Luzerner Trinkwassers stammen von aufbereitetem Seewasser, 30 % wird aus dem Grundwasser im Tal der Kleinen Emme (Littau, Malters) gewonnen und 20 % fliessen von den Quellen am Nordhang des Pilatus ins Wassernetz. Im Seewasserwerk Kreuzbuch wird das im Vierwaldstättersee gefasste Wasser entkeimt und filtriert, bevor es in die Haushalte gelangt.

In insgesamt sechs Reservoirs, die sich alle in erhöhten Lagen befinden, werden rund 34 500 Kubikmeter Wasser gespeichert. Im Winter werden in Luzern täglich rund 25 000 und im Sommer über 40 000 Kubikmeter Wasser verbraucht.

Das Quellwasser aus dem Pilatus-Nordhang liefert zwei Millionen Kubikmeter Trinkwasser pro Jahr. Zusätzlich versorgt es mit jährlich 650 000 Kubikmeter Wasser das alte Brunnennetz von Luzern. 132 von insgesamt 250 Brunnen der Stadt Luzern werden noch vom alten Brunnennetz gespeist, das seinen Ursprung im Mittelalter hat. «Sollte das Wassernetz von ewl ausfallen, könnte die Stadt Luzern dank dieses Brunnenetzes mit Trinkwasser versorgt werden», wird im «Stadtmagazin» (2015) festgehalten.

1875 kam in Luzern ein neues Wasserleitungsnetz in Betrieb. Dank Hochdruck floss das Wasser damals in rund die Hälfte der 1600 Gebäude der Stadt Luzern. Zuvor hatten die Menschen das Wasser für den täglichen Bedarf aus den städtischen Brunnen geholt. Heute beträgt der durchschnittliche Tagesverbrauch der Stadt Luzern 32 Millionen Liter. Pro Person sind das durchschnittlich 130 Liter.

Zum Kreislauf des Wassers, das die Menschen nutzen, gehört auch die Abwasserentsorgung. Das Tiefbauamt der Stadt Luzern ist für den Unterhalt von 224 Kilometern Kanälen verantwortlich, die das Abwasser von den Haushalten in die Verbandskanäle der REAL leiten. REAL (Recycling Entsorgung Abwasser Luzern) ist zuständig für die

Reinigung des Abwassers, das von acht Verbandsgemeinden in die Abwasserreinigungsnlage (ARA) Buholz in Emmen geführt wird. Sie unterhält dafür ein Kanalnetz von 31 Kilometern.
Von der ARA Buholz fliessen täglich durchschnittlich 100000 m³ sauberes Wasser in die Reuss. Aus dem Faulprozess des Klärschlamms vor der Verbrennung werden rund drei Millionen Kubikmeter Biogas erzeugt. Damit werden zwei Blockheizkraftwerke betrieben, die für rund 800 Haushalte Strom erzeugen. Weitere 850000 Kubikmeter Biogas werden für das Erdgasnetz von ewl aufbereitet.

Die Kabinen der Sonnenbergbahn wurden originalgetreu restauriert.

Bloss keine gebräunte Haut! – Hüte und Schirme schützen die Belle-Époque-Herrschaften auf der Terrasse des Grand-Hotels Sonnenberg bei Luzern.

The Büez

Wir ziehen geradeaus weiter, lassen das **Schwyzerhüsli (R 2)** links liegen und erblicken ein wenig später von weitem das **Hotel Sonnenberg (R 3).** Das heutige Hotel-Restaurant wurde 1962/63 gebaut, doch gab es schon Mitte des 19. Jahrhunderts auf einer höher gelegenen Kuppe ein Hotel und Kurhaus. In der Wirtschaftskrise der 1930er-Jahre brachen die Geschäfte ein. Sie wurden während des 2. Weltkrieges völlig eingestellt. Mit dem Abriss des Hotels Mitte der 1950er-Jahre war dieses Kapitel geschlossen.

Der heutige Bau wirkt recht nüchtern und wenig romantisch. Umso interessanter und innovativer ist der Betrieb, der seit 2007 vom Verein The Büez geführt wird. Im Hotel-Restaurant Sonnenberg werden arbeitslos gewordene Menschen beschäftigt, die mit dieser Anstellung wieder in den Ersten Arbeitsmarkt integriert werden können. Das Projekt hat Erfolg: In den ersten sieben Jahren konnten bereits 200 Menschen wieder eine reguläre Anstellung finden. Beliebt ist die 18-Loch-Minigolf-Anlage, die ebenso zum Hotel gehört wie eine kleine Gartenbahn und weitere Attraktionen für die Kinder.

Wir setzen den Weg am Hotel vorbei geradeaus weiter. Von hier aus erfasst der Blick nicht nur den nördlichen Teil von Luzern und den Dietschberg, sondern auch den Rotsee, das dicht besiedelte Rontal und das Siedlungsgebiet von Emmenbrücke und Emmen mit dem Flugplatz. Nach wenigen Minuten

Gehzeit kehren wir, jetzt eine kleine Landschafts-Stufe höher, wieder zum Hotel zurück. Auf diesem oberen Niveau liegen ein paar herrliche Picknick- und Rastplätze. Von hier aus sind es nur noch zehn Minuten, bis man auf der Chrüzhöchi (775 M. ü. M.) den offiziell höchsten Punkt des Sonnenbergs erreicht.

Wir bleiben, wo wir sind und erfreuen uns an dem ebenen Gelände, auf dem das alte Hotel Sonnenberg stand. Der idyllische Platz ist 2007 auch von jungen Leuten entdeckt worden, die hier jeden Juni das B-Sides veranstalten: Ein dreitägiges Open Air Musikfestival, das sich mit seinem bewusst nicht-kommerziellen Programm in der Szene schweizweit einen Namen gemacht hat. Im Juli gastiert jeweils das Variété Broadway auf diesem Platz und unterhält die Zuschauer mit seinem Spiel- und Verzehrtheater.

Villa und Bio-Hof

Am Fuss dieser Picknick- und Eventkuppe liegt die Bergstation der Sonnenbergbahn (s. Kasten S. 222), deren blaue Standseilkabinen von April bis Oktober eine Abkürzung nach Kriens anbieten. Das Dach der Station ist gleichzeitig eine reizvolle Aussichtsplattform, von der aus der Blick auf Luzern-Süd und Kriens bis nach Stansstad geht, mit dem Panorama der Zentralschweizer Alpen am Horizont und dem Hausberg Pilatus direkt vor den Augen. Von hier aus würde auch ein Rundgang in die nahegelegene Wolfsschlucht locken (s. Spaziergang S, S. 264), in der seit kurzem Figuren aus dem Kinderbuch «Sonnenzwerg» für die kleinen Spaziergänger aufgestellt wurden.

Stattdessen steigen wir auf Treppenstufen zum Hotel Sonnenberg hinunter und gehen den Weg zurück bis zum Punkt 657. Dort biegen wir nach rechts und werfen nun einen genaueren Blick auf das altehrwürdige Gebäude mit der gelben Fassade und dem modernen Anbau, das uns schon beim Aufstieg aufgefallen ist. Es handelt sich um die **Villa Perseveranza (R 4):** Bis kurz vor 1900 stand sie an der oberen Pilatusstrasse in Luzern, dann musste sie den neuen Bahngleisen der Baselstrecke weichen. Sie wurde von der heutigen Besitzerfamilie als Abbruchobjekt gekauft. Die Villa wurde sorgfältig abgebaut und auf der Liegenschaft Eggenhof auf dem Sonnenberg in gleicher Form wieder aufgebaut. Seitdem wurde sie als Sommerhaus bewohnt. 2010 ist die alte Villa durch einen zweiseitig verglasten Anbau erweitert worden und hat eine neue Küche und einen Wohnbereich mit grosser Terrasse erhalten.

Unmittelbar daneben liegt der biologisch betriebene Eggenhof. Im Hofladen werden eigene Produkte verkauft. Das schöne alte Luzerner Haus grüsst mit seinen Schindeln, dem Blumenschmuck und einem prächtigen Gemüsegarten. Wer das Ausgefallene liebt: 1999 wurde das hell klingende Glüüt von 17 Kühen, die auf dem Eggenhof weideten, aufgenommen und 2006 zusammen mit dem Glüüt einer Kuhherde in Urnäsch auf CD veröffentlicht. Wir queren die kleine Asphaltstrasse, die zum Schwyzerhüsli führt, und gehen geradeaus über die Felder. Von diesem Rücken aus schweift der Rundblick vom Bürgenstock und von Stansstad über das Rontal bis nach Emmenbrücke, Rothenburg und Rain.

Wir biegen rechts ab und gelangen in die weilerartige Siedlung von Amlehn, von wo aus wir wieder Asphalt unter den Füssen haben. Bald erreichen wir das **Schulhaus Gabeldingen (R 5).** Hier wurde 1859 von Schweizerischen Gemeinnützigen Gesellschaft die «Schweizerische Erziehungsanstalt für katholische Knaben auf Sonnenberg» gegründet (s. Kasten S. 233).

Maschinen, Seide, Pasta

Kriens hat eine lange gewerbliche Tradition seit dem Mittelalter (s. S. 270). Ab Mitte des 19. Jahrhunderts begannen sich mehrere Industriebetriebe zu entwickeln. 1845 betrieb der Luzerner Goldschmied August Bell in Kriens eine Pferdehaarflechterei. Da er die eigenen Maschinen selber reparierte, entstand bald eine mechanische Werkstätte, die Flechtmaschinen und Webstühle herstellte. 1859 folgte die erste Wasserturbine, 1860 die Papiermaschine. Im gleichen Jahr trat Theodor Bell in die elterliche Firma ein und verankerte sie endgültig als Maschinenfabrik.

Bell baute Eisenbahnbrücken, dann Standseilbahnen, die mit der Zeit in alle Welt exportiert wurden. 1885 errichtete Bell das Kraftwerk Thorenberg bei Littau, mit dessen Strom die Stadt Luzern und insbesondere der Gletschergarten beleuchtet wurden. Bell initiierte auch den Bau der Kriens-Luzern-Bahn und war bei der Gründung der Centralschweizerischen Kraftwerke (CKW) beteiligt. Die Weltwirtschaftskrise setzte dem Familienbetrieb zu, 1936 wurde er verkauft. 1959 wurde die Bell Maschinenfabrik AG durch die Escher Wyss AG in Zürich übernommen. Diese fusionierte 1967 mit der Sulzer AG Winterthur. Mit der Umbenennung in Sulzer Hydro AG verschwand 1995 der Name Bell. Nach weiteren Übernahmen und Umbenennungen heisst das Unternehmen zur Zeit (2016) Andritz Hydro AG und ist in österreichischem Besitz.

Um 1860 entstand in Kriens die Schappe Spinnerei. Sie stellte die Schappe oder Florettseide her (Garn aus Rohseideabfällen). Die erste mechanische Florettspinnerei auf dem europäischen Festland war 1824 von Johann Siegmund Alioth in Basel gegründet worden. Auch Theodor Bell hatte eine Spinnerei betrieben, die er 1879 an eine französische Firma verkaufte, die bald darauf auch die Schappe Spinnerei erwarb. Diese «Société anonyme de filatures de Schappe» liess auch die Arbeiter- und Meisterhäuser am Erlen- und Birkenweg in Kriens bauen.

Ein lange florierender Betrieb war die Teigwarenfabrik («Teiggi»), die in der Nähe des heutigen Gemeindehauses Kriens betrieben wurde. Die Teigwarenfabrik Kriens war eine der ersten in der Schweiz, die industriell Teigewaren hergestellt hat. Die Pastafabrik wurde 1850 gebaut und bis 1920 laufend erweitert. 1967 stellte sie nach über 100 Jahren Nudeln-Produktion den Betrieb ein. 1977 kaufte die Gemeinde Kriens die Gebäude und vermietete sie an diverse Nutzer weiter. Auch das Jugend- und Kulturzentrum richtete sich in der Teiggi ein. 2015 erfolgte der Startschuss für eine genossenschaftliche Überbauung des Teiggi-Areals: In der Konzeption des Wohnwerks Luzern entsteht hier ein lebendiger Mix aus rund 50 Wohnungen und 20 Ateliers, in denen Menschen verschiedener Generationen, Handwerker, Kleingewerbler und Kreative leben und arbeiten können. Auch öffentliche Gärten und Räume werden realisiert.

Bell und Teiggi

Der weitere Spaziergang verläuft jetzt auf schmalen Wegen im Zickzack durch die Einfamilienhaussiedlungen nach Kriens hinunter. Das gestaltet sich aufgrund der vielfältigen Architektur mit ihren Nischen und Extravaganzen überraschend abwechslungsreich. Bei der Talstation Sonnenbergbahn erreichen wir wieder das ebene Gelände. Wir machen einen kleinen Abstecher zu den Vorarbeiterhäusern zwischen **Erlenweg und Eschenweg (R 6),** die um die Jahrhundertwende für die Fabrikmeister der Firma Schappe von Emil Vogt entworfen wurden. 1894 entstanden die zehn Häuser am Erlen- und Birkenweg, 1900 folgten weitere fünf Meisterhäuser am Eschenweg. Noch erhalten und intakt ist das ehemalige «Beamtenhaus» an der Verzweigung Eschenweg/Waldheimstrasse. Es entstand ebenfalls im Auftrag der Lyoner «Société anonyme de filatures de Schappe». Von den übrigen Bauten sind lediglich diejenigen südlich des Erlen- und nördlich des Eschenwegs relativ intakt geblieben.

In unmittelbarer Nähe der ehemaligen Vorarbeiter- und Meisterhäuser erstreckt sich das Areal der Andritz Hydro AG, auf dem die **Maschinenfabrik Bell (R 7)** während Jahrzehnten ihre schwergewichtigen Produkte für den weltweiten Export hergestellt hatte (s. Kasten S. 260). Vom ehemaligen Bell-Areal gehen wir geradeaus in die Schachenstrasse, vorbei an der Galerie Kriens und dem Gemeindehaus Kriens. Schon befinden wir uns bei der «Teiggi»: Die ehemalige **Teigwarenfabrik (R 8)** war eine der ersten in der

Hier füllen Frauenhände die Spezial Eiernüdeli der Marke Non plus ultra in Liefersäcke ab. Über 110 Jahre wurden in Kriens industriell Teigwaren produziert.

Der Lokführer und sein Gehilfe der Kriens-Luzern-Bahn KLB posieren um 1900 beim Güterbahnhof Kriens vor dem Hotel Pilatus (2016 abgerissen).

Schweiz, die industriell Teigwaren herstellte (s. Kasten S. 258). Das ganze Areal befindet sich im Umbruch und wird zu einer modernen Siedlung umgebaut.

Von der Teiggi sind es nur zwei Minuten bis zum KLB-Bahnhof. Zusammen mit dem benachbarten, alten Trambahnhof an der Luzernerstrasse war er Teil der Zugverbindung zwischen Luzern und Kriens, die bis zur Talstation der Sonnenbergbahn führte. Die Kriens-Luzern-Bahn (KLB) wurde 1886 als Dampftrambahn eröffnet und 1898 von der Stadt Luzern zu einer elektrischen Trambahn umgebaut. Während das Tram 1961 durch den Trolleybus ersetzt wurde, ging der Güterbetrieb mehr und weniger intensiv weiter. 1998 wurde die Konzession für die Strecke Kupferhammer-Kriens nicht mehr gewährt und 2004 mussten die Gleise einer Strassensanierung weichen.

Der KLB-Bahnhof gehört gemäss dem kantonalen Inventar für schützenswerte Bauten zu den kleinsten und den letzten original erhaltenen kombinierten Personen- und Güterbahnhofsbauten der Schweiz. «Er bildet zusammen mit dem Trambahnhof, der Lokomotivremise und dem Gleisfeld ein bemerkenswertes und in weiten Teilen intakt erhaltenes Ensemble.» Trotzdem wurde 2015 beschlossen, den Trambahnhof abzureissen, um eine neue Zentrumsüberbauung zu realisieren.

Innovatives Museum

Nur zwei Minuten weiter liegt der **Bellpark (R 9),** der im Zentrum von Kriens eine ruhige Oase bildet, und an die Industriellenfamilie Bell erinnert. Zum Park gehören die Villa Florida und die Villa Konkordia. Die Villa Konkordia ist ein stattliches Schweizerhaus-Chalet, das 1872/73 als Wohnhaus für den Unternehmer Theodor Bell erbaut wurde. Seit 1957 ist sie im Besitz der Gemeinde Kriens. In der benachbarten, ehemaligen Villa Florida (Architekt Emil Vogt) wurde 1991 das Museum im Bellpark eingerichtet. Das kleine Museum hat sich mit seinen ungewöhnlichen, liebevollen und kritischen Ausstellungen (Leitung Hilar Stadler) schweizweit einen Namen gemacht. Das Museum versteht sich als Forum für Fotografie, Geschichte und Kunst. Es beherbergt ein ortsgeschichtliches Archiv und lanciert regelmässig Projekte, in denen lokale und regionale Besonderheiten aufgearbeitet und ausgestellt werden.

Gleich gegenüber dem Bellpark liegt die Bushaltestelle Hofmatt, von wo aus wir in zehn Minuten wieder mitten in der Stadt Luzern sind.

Eröffnung von «Switzairland» mit Luftbildern der Swissair 2014: Das Museum im Bellpark überrascht immer wieder mit zeitgenössischem Fragen nach Identität: Wer macht schon Ausstellungen zu Autobahnen, Bunkern, Mofas, Las Vegas oder der frühen Ballonfotografie?

Durchs Ränggloch nach St. Jost

Start: Kriens, Talstation Sonnenbergbahn (Bus 1, zu Fuss)
Ziel: Malters (Bahnhof SBB)

Sonnenberg – Wolfsschlucht – Ränggloch – Wallfahrtskirche St. Jost Blatten – Malters

Dauer: 2 ¾ Std.

Auf dem fast dreistündigen Spaziergang in die Luzerner Vorortsgemeinde von Malters durchqueren wir die Wolfsschlucht am Sonnenberg und blicken in den engen Schlund des Ränggolchs. In Blatten lohnt sich ein Besuch der barocken Wallfahrtskirche St. Jost, die für Hochzeiten beliebt ist. Am Ufer der Kleinen Emme entlang geht es gemächlich weiter. Wer will, kann von dort aus statt nach Malters auch nach Littau spazieren.

Hier stürzt der Ränggbach als Wasserfall 20 Meter in die Tiefe. Darüber eine luftige Leiter, ein Werk des Landart-Künstlers Karl Joller.

Der Spaziergang beginnt in Kriens als rumplige Fahrt in der Sonnenbergbahn hoch auf den kleinen Krienser Hausberg. Das «blaue Bähnli» ist eine Standseilbahn, die 1902 in Betrieb genommen wurde (s. Kasten S. 222). Damals war der Tourismus im Schwange und waren in den Jahrzehnten zuvor auf die Rigi, auf das Stanserhorn und auf den Pilatus die spektakulären Bergbahnen gebaut worden. Auch die Sonnenbergbahn war mit dem Tourismus der Belle Epoque verknüpft. An der Talstation der Sonnenbergbahn endete gleichzeitig die Kriens-Luzern-Bahn (KLB), so dass die Besucher sofort umsteigen und mühelos den Ausflugsberg erreichen konnten. Auf dem Sonnenberg konnten die Gäste spazieren und die Aussicht geniessen oder im 1854 erbauten Kurhaus und Hotel Sonnenberg einkehren.

Urtümliche Wolfsschlucht

Wie die Talstation, ist auch die **Bergstation (S 1)** der Sonnenbergbahn weitgehend im Originalzustand erhalten und erinnert mit ihrem dekorativen Schweizerhausstil an die Zeit der Jahrhundertwende. Wir lassen die Bergstation hinter uns und beginnen den eigentlichen Spaziergang, der uns sehr schnell in eine faszinierende Naturwelt führt. Schon nach 20 Minuten erreichen wir, dem Waldrand des Sonnenbergs entlang, die Wolfsschlucht. Auch wenn sich in dieser «Schlucht» keine Wölfe herumtreiben, hat diese Strecke etwas Geheimnisvolles und durchaus Reizvolles. Das haben schon viele erfahren. «Niemals hätte ich mir vorstellen können, dass es gewissermassen am Stadtrand von Luzern so viel ungestüme, wild-romantische Natur gibt, zum Beispiel die Wolfschlucht und das Ränggloch», hält etwa der Publizist Walter Hess in seiner Schilderung des Klimawegs fest, der ebenfalls hier durchführt.

Die **Wolfsschlucht (S 2)** ist eine 300 Meter lange und zwischen zehn und 30 Meter tiefe Absenkung unterhalb der Sonnenbergkrete. Über die Entstehung ist nichts Genaues bekannt. Einige historisch unsichere Quellen vermuten, dass hier Ende des 15. Jahrhunderts eine Erzgrube eingestürzt sei und das Gelände entsprechend geformt habe. Der Weg durch die Wolfsschlucht führt auf teils morastigem Boden an moosbewachsenen Plattensteinwänden und Wurzelstöcken vorbei durch eine grün wuchernde Landschaft. Die Vegetation mit teils seltenen Streifenfarngewächsen und Gehölzen, die herumliegenden Steine, die kleinen Felsblöcke und die moosigen Fluren verleihen der Schlucht einen urtümlichen Charakter. Es ist feucht und still auf diesem Streckenabschnitt und vielleicht zu bestimmten Zeiten auch ein wenig unheimlich. Und gerne stellt man sich vor, dass hier in besonderen Nächten gewiss auch Elfen oder sonstige Fabelwesen herumgeistern müssen.

Die Vegetation mit seltenen Pflanzen, die kleinen Felsblöcke und die moosigen Fluren verleihen der Wolfsschlucht einen urtümlichen Charakter.

Nach der Schlucht steigen wir auf die Anhöhe des Sonnenbergs zurück und setzen den Spaziergang auf einer Naturstrasse durch den Wald fort. Wir haben jetzt Zeit, uns den Bergbau auf Sonnenberg in die Erinnerung zu rufen, der hier während Jahrzehnten betrieben worden war. Es gibt immer noch Spuren im Gelände, die von dieser Tätigkeit zeugen (s. Kasten S. 268).

Naturwunder Ränggloch

Entlang der Naturstrasse erreichen wir die Liegenschaft Hindergütsch (690 M. ü. M.). Nach ein paar Minuten geht es auf einem schmalen Pfad steil abwärts, wo wir auf die Hauptstrasse treffen, die von Kriens/Obernau nach Littau und Malters führt. Wir überqueren die Strasse und machen Halt bei einem weiteren kleinen Naturwunder: Dem **Ränggloch (S 3).** Jäh fällt von der Brücke der Blick in eine enge und tiefe Schlucht. Der Ränggbach stürzt an dieser Stelle als Wasserfall 20 Meter in die Tiefe. Die imposante Wirkung dieses Landschaftseinschnittes wird noch gesteigert durch eine luftige Leiter, die mitten über der Schlucht zu schweben scheint und der Szenerie einen besonderen Zauber verleiht. Es ist ein Werk des Landart-Künstlers Karl Joller, der seine Skulpturen aus den Materialien vor Ort fertigt und sie der Landschaft wieder zurückgibt.

Kohle-Bergbau Sonnenberg

Vom Sonnenberg sind schon aus der frühen Neuzeit sporadische Erzfunde und Abbauversuche überliefert. Eine eigentliche Bergbautätigkeit begann erst, als im 19. Jahrhundert Kohlevorkommen entdeckt und in verschiedenen Etappen abgebaut wurden. Der Krienser Patrick Koch hat diese Geschichte 2001 in einem Artikel umfassend dargestellt.

Es gibt am Sonnenberg immer noch Spuren im Gelände, abgesenkte Flächen oder ehemalige Einstiegsstellen auf der Rengglochseite, die von dieser Tätigkeit zeugen. Die Steinkohlevorkommen wurden um 1830 entdeckt und in wechselnden Phasen kommerziell mehr und weniger erfolgreich abgebaut. Die erste Etappe begann im März 1839. Fünf Monate später hatte der Stollen eine Länge von über 25 Metern.

Eine intensivere Ausbeutung erfolgte während den beiden Weltkriegen. Schon während des Ersten Weltkrieges wurden zahlreiche Stollen in den Sonnenberg getrieben. 40–50 Bergbauleute (Knappen) sollen damals knapp 8000 Tonnen Steinkohle abgebaut haben. Sie war von minderer Qualität, aber als Energievorrat in wirtschaftlich angespannteren Zeiten dennoch begehrt. Im Zweiten Weltkrieg war das «Bureau für Bergbau» des eidgenössischen Kriegs-, Industrie- und Arbeitsamtes bestrebt, neue Vorkommen zu fördern, was auch am Sonnenberg zu einer neuen Abbau-Intensität führte. Federführend waren die beiden Brüder Fritz Kopp und der Geologe Josef Kopp, die gemeinsam das Vorhaben vorantrieben.

In der Folge produzierte das Bergwerk Sonnenberg über 20 000 Tonnen Kohle und leistete damit einen wichtigen Beitrag zur Kohlenversorgung während des Zweiten Weltkriegs. Die Sonnenberg-Kohle ging in erster Linie an die Industriebetriebe der Region (Eisenwerke von Moos, Papierfabrik Perlen, Spinnerei Schappe, Maschinenfabrik Bell).

Zusammen mit dem Krienbach hatte der Ränggbach, der auf der Bonernalp unterhalb des Klimsenhorns entspringt, in früheren Jahrhunderten regelmässig für Überschwemmungen gesorgt. Davon waren immer wieder auch Quartiere der Stadt Luzern stark betroffen. «Der Krienbach-Renggbach sei zum ‹eigentlichen Schicksalsbach› der Luzerner Neustadt geworden», schrieb Franz Rösli 1965 in seinem Beitrag über die geologischen Verhältnisse beim Ränggbach. «Schon die frühesten Aufzeichnungen unserer Chronisten wissen von den katastrophalen Überschwemmungen ein Lied zu singen.» Das hatte damit zu tun, dass der Bachlauf bei starken Wetterereignissen oft zugeschüttet und verstopft wurde. Immer wieder wurde versucht, den felsigen Bachlauf auszuräumen, zu erweitern, Felsstücke herauszuschlagen und später auch wegzusprengen, wie das schon der Luzerner Renward Cysat in seiner Chronik aus dem 16. Jahrhundert festgehalten hatte. Im 19. Jahrhundert brachte Hans Conrad Escher, der Erbauer des Linthkanals, seine Vorschläge zur Verbauung des Oberlaufs und die Errichtung von Sperren ein. Wichtig war das Wasser des

Vor dem Krienbach, der vom Pilatus herab bei Unwetter zum reissenden Fluss anschwellen konnte, warnte schon die Diebold-Schilling-Chronik von 1513.

Rängg- und des Krienbachs nicht zuletzt für die vielen Gewerbebetriebe, die sich entlang verschiedener Kanäle seit dem Mittelalter ansiedelten. Das legte den Grundstein für die gewerblich-industrielle Entwicklung von Kriens mit den grossen Unternehmen Bell und Schappe. Aber auch im Obernau (Hammerschmiede, Stampfeli, Nagelschmiede, Senseschmiede), im Dorfzentrum (Sägereien), im Kupferhammer (Eisenhammer- und Kupferschmiede) sowie im Luzerner Obergrund (Spitalmühle, Schmiede) wurde die Wasserkraft genutzt.

Der Weg nach Blatten und Malters, unserem Endziel, wird nach der Brücke über das Ränggloch zu einem Pfad. Er führt zunächst ein paar Kurven durch den Wald hoch und zweigt dann nach links ab, wo wir das offene Gelände erreichen. Durch Weideland geht es dem Hang entlang sanft abwärts. Nach einer Viertelstunde erreichen wir bereits den Weiler Blatten, der zu Malters

Wallfahrtsort St. Jost in Blatten

Einem weiteren Beispiel sakraler Kunst begegen wir auf dem Spaziergang vom Sonnenberg nach Malters. Die Kirche St. Jost liegt direkt am Weg. Die Bezeichnung «Barockjuwel» ist keinesfalls eine Übertreibung. Nach ihrer Renovation im Jahre 2010/11 erstrahlt die unter eidgenössischem Denkmalschutz stehende Kirche in alter Frische. Wie Hergiswald, ist St. Jost beliebt für Hochzeiten, Taufen, Ehejubiläen und Wallfahrten. Mit der Renovation wurden auch passende Räumlichkeiten für die Gestaltung oder Umrahmung einer Feier geschaffen.

Die Kirche ist dem Heiligen Jost gewidmet, der auch Jodokus oder Jodok genannt wird. Jodokus wurde der Legende nach um 600 als bretonischer Adliger geboren und gründete später das Benediktinerkloster Saint-Josse-sur-Mer am Ärmelkanal. Dorthin pilgerte 1366 Hartmann Krämer aus Blatten. Auf der Reise wurde er von Räubern überfallen, konnte aber gerettet werden. Aus Dank gelobte er, auf seinem Hof in Blatten eine Kapelle zu Ehren des Hl. Jost zu bauen. 1495 wurde sie in eine Kaplanei umgewandelt.

St. Jost war schon bei den Luzerner Patriziern als Hochzeitskirche beliebt. In der Barockzeit wurde sie mehrmals umgebaut und erweitert. Mitte des 17. Jahrhunderts entstanden der einzigartige, 30 Tafeln umfassende Bilderzyklus über das Leben von St. Jost sowie der vergoldete Choraltar. 1703 bis 1708 wurden weitere Umbauten getätigt, Stuckaturen und neue Deckenmalereien angebracht. St. Jost war bis Mitte des 19. Jahrhunderts ein beliebter Wallfahrtsort. Dem Gasthaus Krone wurde das Tavernenrecht erstellt. Heute ist die Krone ein renommiertes Speiserestaurant, das bei Gourmets und den Patriziern der Moderne hoch im Kurs steht.

gehört. Wir blicken über die Ebene bis zur Kleinen Emme, der wir ein wenig später entlangwandern werden. Zunächst machen wir aber einen Abstecher zur **Wallfahrtskirche St. Jost (S 4),** die direkt am Weg liegt und nicht verpasst werden sollte. Die Bezeichnung «Barockjuwel» ist keinesfalls eine Übertreibung für diesen im Innern überraschend reichhaltigen Sakralbau (s. Kasten S. 270).

Nach der Kirche St. Jost biegen wir nach rechts und spazieren geradeaus über die Ebene zur Kleinen Emme. Der Uferweg ist sowohl bei Spaziergängern als auch bei Bikern beliebt, die hier auf verschiedenen Trassees dem Flusslauf folgen können. Wir entscheiden uns, nach Malters weiterzugehen. Die ländliche Gemeinde zählt über 6800 Einwohner und kann durch seine Nähe als Vorort von Luzern bezeichnet werden. In Malters wurde 1913 mit der **Zwiebackfabrik Hug (S 5)** der Grundstein für ein Unternehmen gelegt, das heute in 4. Generation geführt wird. Hug produzierte von Anfang an die bekannten Militärbiscuits («Bundesziegel»). Mit verschiedenen Übernahmen wurde die Produktepalette erweitert (Dar-Vida, Willisauer Ringli). 2008 kam mit der Wernli AG in Trimbach eine weitere bekannte Biscuitfabrik unter das Dach von Hug. Auf dem letzten Abschnitt zum Bahnhof spazieren wir an ein paar stattlichen Wohnhäusern mit parkähnlichen Umschwung vorbei. Im Zug geht es in zehn Minuten nach Luzern zurück.

St. Jost in Blatten ist beliebt für Hochzeiten, Taufen, Ehejubiläen und Wallfahrten.

Vom Eigenthal zur Wallfahrtskirche Hergiswald

Start: Eigenthalerhof (Bus 71)
Ziel: Kriens, Obernau (Bus 1, 71)

Eigenthal – Marienkapelle – Ferienheime – Militärunterkunft – Holderchäppeli – Hergiswald

Dauer: 2¼ Std.

Wandern, langlaufen, die Landschaft und die Stille geniessen: Dafür ist das Eigenthal zu jeder Jahreszeit einen Ausflug wert. Nur wenige Kilometer von Luzern entfernt, ist das grüne Hochtal ein guter Ausgangspunkt, um zu Fuss auf bequemen Wegen nach Kriens und Luzern zu spazieren. Unterwegs ist ein Besuch von Hergiswald unumgänglich: Der bedeutendste Wallfahrtsort des Kantons Luzern ist auch eine kunsthistorische Sehenswürdigkeit.

Die Stelen am Prügelweg unter der Wallfahrtskirche Hergiswald.

In 30 Minuten fährt das Postauto vom Bahnhof Luzern ins Eigenthal. An der Station Eigenthalerhof steigen wir aus. Die Luft ist frisch, die Szenerie ist voralpin geworden. Der felsige Nordhang der Pilatuskette erstreckt sich direkt vor den Augen. Die hügeligen Gebiete westlich sind Weideland. Mehrere Alpen werden bis heute im Eigenthal bewirtschaftet.

Wir machen zunächst einen kleinen Rundkurs in der unmittelbaren Umgebung. Hier konzentrieren sich die wichtigsten Bauten der weilerartigen Siedlung Eigenthal, die zur Gemeinde Schwarzenberg gehört. Es sind nur wenige Minuten vom Eigenthalerhof bis zur **Marienkapelle (T 1).** Das Deckenbild berichtet von einer Seuche, die den Anlass gegeben haben soll, 1517 die Kapelle zu erbauen, um die Gnade der Gottesmutter zu erwirken. Votivtafeln zeigen, dass auch Menschen wiederholt Zuflucht suchten, um vor Pest, Cholera und andern Krankheiten verschont zu werden. Die 1985 letztmals restaurierte Kapelle, die der Stadt Luzern gehört, war vor allem im 17. und 18. Jahrhundert ein viel besuchter Wallfahrtsort.

Jugendalp und Militär

Ein paar Minuten zu Fuss weiter liegen zwei Liegenschaften, in denen während Jahrzehnten Ferienlager durchgeführt wurden. Das untere und das obere Ferienheim entstanden um 1900 und 1907. Tausende von Schulkindern erhielten hier erstmals die Möglichkeit, Ferien zu machen. In den 1970er Jahren ging die Nachfrage zurück und brachen die Belegungszahlen ein. Auch der Unterhalt der Gebäude war vernachlässigt worden. 1993 gab der Stadtrat die Absicht bekannt, auf eine dringend notwendige Sanierung des oberen Heimes zu verzichten und dieses abzureissen.

Das rief die Initianten der offenen Jugendarbeit und mehrerer Jugendverbände auf den Plan, die sich um den Erhalt des Gebäudes und eine neue Nutzung stark machten. 1997 gründeten sie gemeinsam mit den Schulen die Stiftung Jugendalp und realisierten zusammen mit Jugendlichen ein neues Projekt. Seit dem Umbau haben sich die Belegungszahlen des **Ferienheims «Jugendalp Eigenthal» (T 2)** markant gesteigert. Jugendverbände, jugendliche Gruppierungen und Schulklassen können das Haus zu günstigen Konditionen mieten, um dort Theaterwochen, Probeweekends, Lehrlingslager, Ausbildungskurse oder besondere Feste durchzuführen.

Am Ende des kleinen Rundkurses passieren wir die **Militärunterkunft Eigenthal (T 3).** Das Eigenthal hat eine längere Militärtradition. Dazu zählen auch Vorkommnisse, die gerne verdrängt werden. Am 11. November 1942 wurden in einem Waldgebiet im Eigenthal zwei Fouriere erschossen, die vom

Divisionsgericht 8 als Landesverräter zum Tod verurteilt worden waren. Die beiden waren Spione für die Nazis. Die Truppenunterkunft besteht aus mehreren Holzbaracken und wird weiterhin von der Armee genutzt. 2012 wurden in den einfachen Gebäuden während sechs Monaten 120 Asylbewerber untergebracht. Als wir vor dem Schlagbaum stehen und die Anlage betrachten, ist gerade ein Trupp von jungen Soldaten am Aufbrechen. In Kampfkleidung, das Gewehr umgehängt, eilen sie in lockerer Kolonne rumpelnd von dannen. Wahrscheinlich sind sie auf dem Weg zu den Schiessplätzen, die sich im hinteren Eigenthal befinden. Und wir stehen wieder am Ausgangspunkt bei der Station Eigenthalerhof, um jetzt definitiv talauswärts Richtung Obernau/ Kriens zu spazieren.

Holderchäppeli

Von nun an geht es sanft aber stetig abwärts. Wir spazieren auf dem neuen Wanderweg, der 2013 von der Vereinigung Pro Eigenthal angelegt wurde. Der schmale Pfad führt zunächst der Strasse entlang. Wenig später biegen wir in ein Waldstück und gelangen im Gebiet Hochwäldli zu ein paar sehr kleinen Ferienhäusern und einer Jagdhütte. Von hier aus sehen wir nach Schwarzenberg, aber auch ins Tal der Kleinen Emme und bis in die Ausläufer der Napflandschaft. Wir wechseln die Strassenseite und erreichen durch den Wald nach kurzer Zeit die Ebene beim **Holderchäppeli (T 4).** Hier kreuzen sich

Kleinod am Wegesrand: das Holderchäppeli.

die Strassen nach Luzern und nach Schwarzenberg. Das eigentliche Holderchäppeli ist eine winzige weisse Wegkapelle, die am Hang gegenüber liegt. Nach ein paar Minuten stehen wir davor und gucken durch das Gitterfenster ins Innere auf den geschmückten Altar. In den Giebel hat jemand zwei Büchlein zur christlichen Erbauung gesteckt. Die stattliche **Liegenschaft Lehn (T 5),** die gleich um die Ecke liegt und von weitem sichtbar ist, war früher das Kinderferienheim der Bürgergemeinde der Stadt Luzern. Seit den 1990er Jahren dient sie als ein Therapiezentrum für Drogenabhängige.

Zurück bei der Wegkreuzung, setzen wir den Weg auf der rechten Talseite fort. Zunächst führt er auf einer Naturstrasse Richtung Chräjgütsch, bevor er dann nach links abbiegt und durch Wiesenstücke und Wald in gemächlichem Abwärtsgang zum Wallfahrtsort Hergiswald führt. Die Kirche rückt schon früh ins Blickfeld. Der weiss gestrichene Bau mit den dunkelroten Türmen und der angrenzende Gasthof ergeben ein schmuckes Ensemble. Darüber hinweg sehen wir bis nach Kriens und Luzern hinunter.

Die barocke **Wallfahrtskirche Hergiswald (T 6)** wurde in verschiedenen Etappen seit 1651 erbaut. Den Kopf in den Nacken gelegt versuchen wir, die symbolischen Embleme des Bilderhimmels und ihre lateinischen Sinnsprüche zu verstehen. «Hortus Conclusus» heisst es auf einer Tafel, die einen kleinen Barockgarten zeigt. Das Zitat aus dem biblischen Hohenlied verweist auf die unversehrte Jungfräulichkeit und die Sündenlosigkeit Marias. Der «verschlossene Garten» ist eines der ältersten Sinnbilder dafür. Die Tafel «Der Regenbogen» (Circumdat Immensum) versinnbildlicht die mit Christus schwangere Jungfrau Maria, im Sinne von: Wie der Regenbogen, der scheinbar die ganze Erde umspannt, umgab Marias Leib den Gottessohn (www.bilderhimmel-hergiswald.ch)

In der Kirche befinden sich zwei weitere Kapellen: Die Felix-Kapelle und in der Mitte des Kirchenraums die Loreto-Kapelle – nach der Legende ein von Engeln herbeigetragenes Geburtshaus Marias, in dessen Innern die Statue der «Schwarzen Madonna» steht.

Prügelweg

Die Wallfahrts-Atmosphäre schwingt auch auf dem nächsten Wegstück mit. Der **«Prügelweg» (T 7)** führt über Hunderte von Holzstufen («Prügel») hinunter zur Hergiswald-Holzbrücke und ist seit 2009 als Rosenkranzweg gestaltet. Entlang des Wegs stehen 20 massive, rot-braun gefärbte Betonstelen des Obwaldner Bildhauers Kurt Sigrist, die je ein ausdrucksstarkes Bild des Luzerner Malers Franz Wanner umrahmen. Der Rosenkranzweg thematisiert

Die weisse Wahlfahrtskirche Hergiswald mit den dunkelroten Turmhauben und dem angrenzenden Pfarrhaus bilden ein von weither sichtbares Ensemble.

Etappen des Leben Jesu und soll auch ein Gleichnis sein für den menschlichen Lebensweg, der in ein grenzenloses Leben im Licht hinaufführt. Wir steigen heute den steilen Weg hinab.

Am Ende des Prügelwegs erreichen wir die Hauptstrasse, die von Kriens her ins Eigenthal führt. Wir überqueren die überdachte Holzbrücke, über die bis 2012 auch der Autoverkehr ging. Sie stammt aus dem Jahr 1791 und steht unter Denkmalschutz. Sie ist eine der wenigen noch erhaltenen Holzbrücken im Kanton Luzern. Gleichzeitig mit dem Bau der neuen, 40 Meter langen Betonbrücke in unmittelbarer Nähe wurde auch die Holzbrücke renoviert und steht nun Fussgängern und Velofahrern zur Verfügung.

Von der Holzbrücke bis zum Krienser Ortsteil Obernau sind es noch knapp 30 Minuten. Vorbei an einigen lauschigen Häuschen mit Garten rücken wir nach der Ruhe des zurückgelegten Spaziergangs wieder Schritt für Schritt in die dicht bebauten Aussenbezirke der Agglomeration vor. Von Obernau aus fahren regelmässig Busse, die nach 17 Minuten den Bahnhof Luzern erreichen.

Der Wallfahrtsort Hergiswald

Einer der kunsthistorisch bedeutendsten Wallfahrtsorte der Schweiz ist Hergiswald. Das Ensemble mit Gasthaus, Sigristenhaus, Kaplanei und Stall ist weit abseits auf einer kleinen Terrasse am nördlichen Abhang des Pilatus gelegen und ist eine wichtige Station auf dem Spaziergang vom Eigenthal nach Obernau. Das Prunkstück von Hergiswald ist die Wallfahrtskirche mit ihrem Bilderhimmel, die 1662 eingeweiht wurde.

Ihr Ursprung geht auf das Jahr 1489 zurück, als sich der Kartäuserbruder Johannes Wagner als Eremit hier niederliess. 1504 entstand die erste Kapelle. Im 17. Jahrhundert wurde das Bauwerk in mehreren Phasen zum heutigen Kirchenbau erweitert, in den mehrere Kapellen integriert sind, was zum eigenständigen Charakter des Baus beiträgt.

Kunsthistoriker sprechen von einem «sakralen Juwel» und charakterisieren die Kirche als «eine der schönsten und originellsten Sakralbauten des Frühbarock in der Schweiz». Die Kirchen- und Kapellenräume mit ihren Seiten- und Nebenaltären und den teils lebensgrossen Holzplastiken und vielen kleinsten Figürchen bieten eine Fülle von sakraler Kunst und sind ein Höhepunkt des Innerschweizer Barock. In der Loretokapelle befindet sich eine schwarze Madonna.

Eine besondere Sehenswürdigkeit ist die Decke, die als bunter Bilderhimmel gestaltet ist. Der Himmel ist zusammengesetzt aus 324 Tafeln, die mit Symbolen auf weissem Hintergrund bemalt sind und eine rätselhafte Bildsprache tragen. Der Bilderhimmel von Hergiswald ist der weltweit umfangreichste Zyklus seiner Art und ein monumentales Zeugnis barocker Kunst und Frömmigkeit in der Schweiz.

Gemalt wurde die Tafeln Mitte des 17. Jahrhunderts von Kaspar Meglinger. Der Maler hat auch in der Wallfahrtskirche St. Jost/Blatten gearbeitet. Von ihm stammt ebenfalls der bekannte Totentanz-Zyklus auf der Luzerner Spreuerbrücke. Die gerahmten Decken-Tafeln im Hergiswald zeigen jeweils ein symbolisches Bild und einen lateinischen Spruch. Sie beziehen sich alle auf eine besondere Eigenschaft von Maria, die im Hergiswald verehrt wird. Der Bilderhimmel von Hergiswald ist 1999 vom Literaturwissenschafter Dieter Bitterli in einem schönen Werk umfassend erklärt, dokumentiert und gewürdigt worden.

Grosse Anstrengungen waren erforderlich, um diesen Sakralbau adäquat zu restaurieren und der Nachwelt zu erhalten. Mitte der 1990er Jahre wurden ein Förderverein und eine Stiftung Hergiswald gegründet, um dem Wallfahrtsort wieder eine angemessene Bedeutung zu verschaffen. Ein Durchbruch gelang, als 2002 die Albert Koechlin Stiftung AKS in Luzern die Wallfahrtskirche für 60 Jahre übernahm mit der Verpflichtung, sie fachgerecht zu renovieren. 2003 bis 2006 wurde die Kirche umfassend, mit teils aufwändigen Massnahmen restauriert. Seither erstrahlt Hergiswald wieder in vollem Glanz. Es hat regelmässig Besucher, die mit dem Auto oder in Cars anreisen, sich an diesem Ort umsehen und sich spirituell berühren lassen. Bei der Bevölkerung ist Hergiswald vor allem auch als Ort für Taufen und Hochzeiten beliebt.

Die symbolischen Embleme am Bilderhimmel der Kapelle lobpreisen Maria.

Vom Schönbühl über den Geissenstein zur Allmend

Start: Schönbühl (Bus 6, 21)
Ziel: Allmend (Bus 20, S-Bahn)

Hirtenhof – Dorfstrasse – Weinberglikirche – Höhenweg – Michaelskirche – Rodtegg – Hubelmatt – Allmend

Dauer: 1 ¾ Std.

Entlang des Bireggwaldes, mit Ausblick auf See und Berge, führt der Spaziergang auf die Anhöhe von Geissenstein. Hier wurde vor hundert Jahren mit dem «Eisenbahnerdorf» ein wegweisendes Siedlungsprojekt initiiert. Auf der westlichen Seite öffnet sich die Weite der Allmend mit ihren Sportanlagen und dem neuen Fussballstadion.

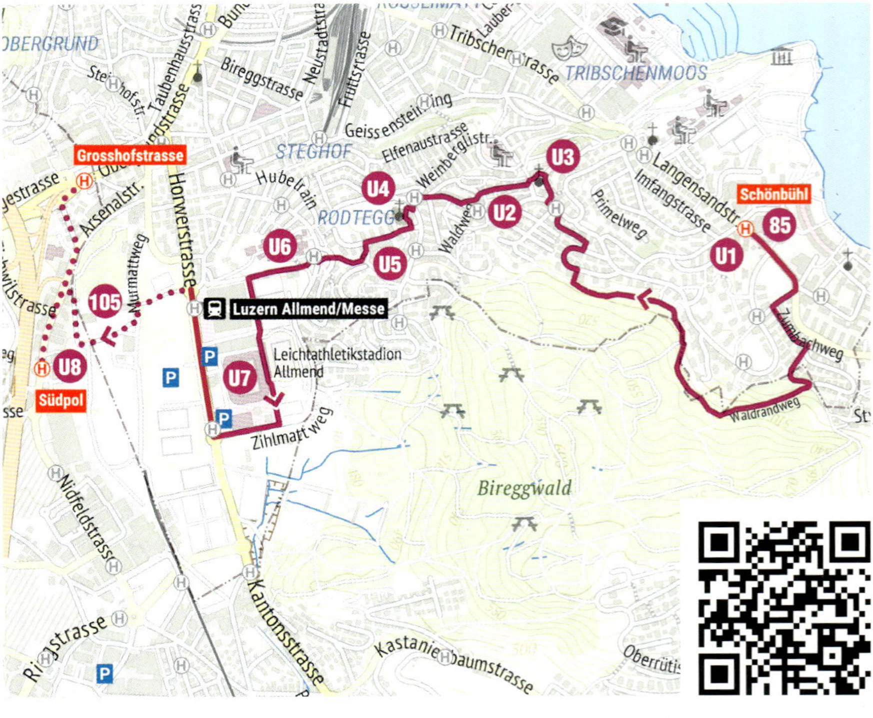

Blick vom Hirtenhofquartier übers Luzerner Seebecken zur Seeburg und Büttenenhalde.

Wir beginnen den Spaziergang bei der Bushaltestelle Schönbühl. Gleich gegenüber erhebt sich das **Wohnhochhaus Schönbühl (Nr. 85).** Konzipiert hat es der bekannte finnische Architekt Alvar Aalto (1965/68). Es lohnt sich, einen Moment innezuhalten und zu realisieren, dass im Erdgeschoss des Bauwerks das erste Einkaufszentrum der Schweiz eröffnet wurde. Im Vergleich zu den modernen Konsumtempeln von heute wirkt das einst so urbane Einkaufszentrum Schönbühl heute fast wieder wie ein Tante-Emma-Laden.

Schon nach ein paar Metern treffen wir auf die **Kapelle am Rain (U 1),** die auf einer Rasenfläche neben einem grossen Baum steht. Hier soll – wie eine Legende erzählt – im Jahr 1654 Wendel Ludwig Schumacher drei Lichter gesichtet und im Boden Bilder der Heiligen Maria im Schnee und des Heiligen Antonius gefunden haben. Prunkstück der 350-jährigen Kapelle, die im neuromanischen Stil renoviert wurde, ist ein barocker Alter aus der Besitz des Klosters St. Urban.

Das etwas oberhalb liegende Bauernhaus stammt ebenfalls aus dem späten 17. Jahrhundert. Es sind die ältesten Zeitzeugen im Quartier Langensand-Hirtenhof, das in den letzten Jahrzehnten mit grösser dimensionierten Wohnsiedlungen überbaut worden ist.

Die Kapelle am Rain und das oberhalb liegende Bauernhaus sind historische Oasen im dicht bebauten Quartier Langensand-Hirtenhof.

Dem Waldrand entlang

Vorbei am Hauptsitz der Bucherer AG, die zu den grössten Uhren- und Schmuckfirmen Europas gehört, geht es ein paar hundert Meter der Hauptstrasse entlang. Dann biegt der Weg rechts ab und führt mit Blick auf zwei alte Holzhäuser in den Bireggwald hinein. Kleine Bachläufe fliessen hier sternförmig aus allen Richtungen von den oberen Waldgebieten herunter. Jetzt sind sie mit Laub gefüllt, bei ausgiebigem Regenwetter dürften sie kräftig anschwellen. Durch das Geäst der Bäume schimmern die Mehrfamilienhäuser, die hier nah an den Waldrand gebaut sind. Die vielen Grün- und Erholungsflächen sowie die schöne Sicht auf den Vierwaldstättersee zeugen von einer Wohnqualität, die man beim blossen Vorbeifahren unten auf der Hauptstrasse so nicht vermuten würde.

Auf weichem Boden führt der Weg dem Waldrand entlang. Manchmal keucht ein Jogger vorbei oder taucht ein einsamer Spaziergänger mit Hund auf. Wir kreuzen einen Marienaltar, der bei einer Sitzbank am Waldrand errichtet wurde. Auf dem nahen Spielplatz, der zwischen zwei Wohnblöcken liegt, döst eine Katze auf dem Pingpongtisch. Der Weg führt sanft aufwärts. Auf der Höhe angekommen, sehen wir als erstes eine kleine Scheune. Schafe weiden. Beim Sportplatz des benachbarten Schulhauses lungern ein paar Jugendliche herum. Wir haben jetzt das Gebiet Geissenstein erreicht, das eine interessanteste Baugeschichte aufweist. Auch wenn man sich in diesem entspannten Teil der Stadt Luzern ein wenig wie einem grossen Dorf wähnt: Das Stadtzentrum mit dem Bahnhof ist mit Velo oder Bus in gut zehn Minuten erreichbar.

Erneuertes Eisenbahnerdorf

Auf dieser weitflächigen Anhöhe zwischen Schönbühl und Allmend entfaltete die 1910 gegründete «Eisenbahner Baugenossenschaft Luzern» (EBG) ihre baulichen Aktivitäten. Das «Eisenbahnerdorf», wie die Siedlung auf **Geissenstein (U 2)** noch oft genannt wird, ist eine der ältesten Genossenschaftssiedlungen der Schweiz überhaupt. Aufgerüttelt durch die grosse Wohnungsnot anfangs des 20. Jahrhunderts, setzte sich die EBG zum Ziel, für das Personal der Schweizerischen Bundesbahnen (SBB) günstigen Wohnraum zu errichten. In den Anfangszeiten lebten nur Eisenbähnler hier, bald auch Tramführer, Suva-Angestellte, SGV-Kapitäne und Postbeamte. Alles Leute, die beruflich uniformiert waren, aber sich privat als verantwortungsbewusste Individualisten entpuppten. Das erzeugte diesen besonderen Geissensteiner-Charakter. «Man ist stolz, dass man hier aufwachsen konnte», umschrieb Benno Wyss,

Präsident der Eisenbahner Baugenossenschaft (EBG) 2014 im Stadtmagazin das «Grundgefühl eines Geissensteiners».

Das Eisenbahnerdorf war ein Pionierprojekt, das nicht nur die linksufrige Stadterweiterung einläutete, sondern mit seiner sorgfältigen, in mehreren Etappen angelegten Ausdehnung auch städtebaulich eine bemerkenswerte Qualität aufweist. Schon bei der allerersten Bauetappe vor über 100 Jahren wurde ein Architekturwettbewerb durchgeführt. Der Spaziergang, der mitten durch die Siedlung führt, zeigt sehr anschaulich, wie die insgesamt fünf Bauetappen auch den Zeitgeist der jeweiligen Jahre widerspiegeln: Das geht von den Ideen der englischen Gartenstadt (1912–1914) mit ihren Freiräumen und Vorgärten über die Neue Sachlichkeit mit den nüchternen Baukörpern bis zu den vier- bis sechsgeschossigen Bauten der Hochkonjunktur (1961–1975). Seit den Neunziger Jahren wurden weitere Sanierungen und Verdichtungen bestehender Siedlungsteile vorgenommen sowie neue Gebäudeeinheiten erstellt. Dabei wurde das Alte mit dem Neuen architektonisch auf eine äusserst ansprechende Weise verbunden.

Dörfliche Kleinstrukturen und Siedlungsteile, die schon einen Hauch Agglo-Charakter haben, stehen nebeneinander. Wir entdecken idyllische Gärten und schmucke alte Einfamilienhäuser, aber auch moderne Bauten

Die Siedlung auf Geissenstein hat zur Wohn- und Lebensqualität Sorge getragen.

und einen neu gestalteten Dorfplatz. Es gibt hier mehrere Begegnungszonen, die zum ruhigen Charakter des Quartiers beitragen. Die Genossenschaft hat zur Wohn- und Lebensqualität Sorge getragen. Die Mietpreise in den rund 400 Wohneinheiten, die ein breites Spektrum von Grössen und Komfort aufweisen, bewegen sich zwischen 450 und 2500 Franken. Kündigungen kommen kaum vor, die EBG legt Wert auf Konstanz und Treue zum Quartier.

Zwei Betonkirchen

Vor dem Verkaufsladen an der Dorfstrasse sitzen ein paar ältere Frauen auf einer Sitzbank und diskutieren angeregt miteinander. Weiter unten liegt die Evangelisch-reformierte **Weinbergli-Kirche (U 3).** Der 1971 erstellte in Kuben aufgelöste Sichtbetonbau liegt auf einer Kuppe des Weinbergli. In der Fassade sind nur wenige Fensteröffnungen eingelassen, der Turm ist vergleichsweise niedrig. Unmittelbar daneben steht das Kirchgemeindehaus. Ein paar Dutzend Meter weiter führt ein kleiner Weg zum höchsten Punkt des Weinbergli. Der Blick auf die Stadt Luzern bietet eine ungewohnte Perspektive, wie man sie auf Postkarten nie sieht.

Durch eine Quartierstrasse (Höhenweg) geht es entlang von schmucken Genossenschaftshäusern mit schönen Vorgärten zur Kreuzung Sternmatt. In dieser Biegung liegt rechterhand und leicht erhöht das Ensemble mit der katholischen Pfarrkirche und dem **Pfarrhaus St. Michael (U 4).** Konzipiert hat sie Architekt Hanns A. Brütsch, ein wichtiger Erneuerer des modernen Kirchenbaus. Die voluminöse Gebäudegruppe ist in das abschüssige Gelände gebaut und in seiner Gesamtheit entsprechend schwierig auf einen Blick zu erfassen. Von der Rodteggstrasse her erscheint das Pfarreizentrum als flacher Bau. Die Kirche und das Pfarrhaus mit Sakristei, Wohnhaus und Saalbau (Pfarreizentrum) wurden 1967 in kristallinem Sichtbeton gebaut und 2007 renoviert. Der Innenhof, mit Pflastersteinen ausgelegt, ist das Zentrum des gemeinschaftlichen Lebens. Hier steht eine Bronzeskulptur von Fritz Wottruba. An der Nordostseite befindet sich der frei stehende Glockenturm. Die Michaelskirche und die fast zeitgleich erbaute Weinbergli-Kirche sind im Grundriss und in der Materialisierung beides typische Beispiele des Kirchenbaus der 1960er-Jahre.

Gegenüber dem Kirchenzentrum St. Michael zieht uns die Farbe Rot auf ein grossflächiges und locker gestaltetes Areal aus Wohnhäusern und Schulanlagen. Drei Jugendliche in Rollstühlen drehen ihre Runden. Wir befinden uns schon mitten auf dem Gelände der **Stiftung Rodtegg (U 5),** die sich für körper- und mehrfachbehinderte Kinder, Jugendliche und Erwachsene einsetzt. 170 Schülerinnen und Schüler, Auszubildende und Erwachsene nutzen die verschiedenen Wohn- und Bildungsangebote. Mit medizinisch-therapeutischer Betreuung, Schulung, Ausbildung, sowie Arbeit und Wohnmöglichkeiten werden die Selbständigkeit und die Selbstverantwortung der körperlich behinderten Menschen gefördert.

Die Anlage wurde 1977/78 gebaut und vom Luzerner Architekten Otto Schärli konzipiert. Schärli liess sich stark von den Ideen des deutschen Künstlers und Pädagogen Hugo Kükelhaus inspirieren, der das Innere des Rodtegg-Schulgebäudes künstlerisch geprägt hat. Schärli und Kükelhaus entwickelten die räumliche Gestaltung mit vielen sinnlich erfahrbaren Elementen in Analogie zu den Funktionsbedingungen des menschlichen Organismus, um die Architektur möglichst auf das Wohlbefinden der Bewohnerinnen und Bewohnern abzustimmen. Der Austausch nach aussen ist ein Grundpfeiler der Stiftung Rodtegg. Das kommt auch mit dem Rodten Park zum Ausdruck, der 2014 auf dem Gelände eröffnet wurde: Ein 2400 Quadratmeter grosser Natur- und Abenteuer-Rollstuhl-Park, dessen zentrale Lage in einer Stadt auch schweizweit etwas Einmaliges ist. 1,4 Millionen Franken wurden investiert. Der Betrag konnte ausschliesslich mit Spenden zusammengetragen werden.

Der neue Erlebnis-Park der Stiftung Rodtegg für behinderte Menschen wurde im Herbst 2014 mit einem grossen Volksfest eingeweiht.

Sportarena mit Hochhäusern

Auf der Rodteggstrasse geht der Weg links um die Kurve und führt über eine Treppe zur Breitenlachenstrasse hinunter. Gegenüber liegt die **Schulanlage Hubelmatt (U 6),** die 1952–1955 als funktionale und alle Volksschulen umfassendes Ensemble erbaut und in den späteren Jahrzehnten mehrfach saniert und erweitert wurde. 1979 wurde auch eine Sternwarte eingerichtet. Links an der Schulanlage vorbei geht es abwärts Richtung Allmend. Es ist ein angenehmer Spaziergang, der nach dem Bummel durch die grosszügigen Wohnquartiere Geissenstein und Sternmatt in ein offenes Gelände mit Sportplätzen und Wiesen führt. Vor den Augen erhebt sich der nahe Pilatus in seiner felsigen Schroffheit.

Entlang von Fussballplätzen und Leichtathletikanlagen nähern wir uns dem neuen Stadion von Luzern. Die **Swissporarena (U 7),** Heimbasis des FC Luzern, wird flankiert von zwei Wohntürmen und einem Komplex, in dem Hallenbad, Fitnesspark und Doppelturnhalle untergebracht sind. Für die gelungene Gestaltung des Stadions mit den Wohntürmen zeichnen die Luzerner Architekten Daniele Marques und Iwan Bühler verantwortlich. Das Stadion bietet Platz für 17 000 Zuschauer. Über 280 Mietwohnungen werden in den beiden Hochhäusern angeboten. Mit ihren 77 und 88 Metern sind sie die höchsten Gebäude der Zentralschweiz. Entsprechend kam es im Vorfeld des Bauprojekts zu Diskussionen. Aber man kann heute mit gutem Gewissen behaupten, dass die beiden Bauten im Vergleich zu den Ängsten der Hochhausgegner geradezu lieblich ausgefallen sind (s. Bild S. 50).

Armee-Ausbildungszentrum Luzern (AAL) und Südpol

Direkt vor dem Fussballstadion liegt die Bushaltestelle Allmend. Wer noch Lust auf eine Zusatzschlaufe hat, spaziert auf dem Wanderweg weiter zur ehemaligen **Militärkaserne Luzern (Nr. 105),** die in Sichtweite gegenüber dem Stadion liegt (s. Rundgang vom Untergrund zum Obergrund). Auf dem Schäferweg geht es dem ehemaligen Trassee der Zentralbahn entlang. Auf der andern Seite rückt das **Kulturzentrum Südpol (U 8)** in den Blick. Unmittelbar daneben entsteht die neue Hochschule Luzern – Musik. Nach ein paar Minuten erreicht man die Bushaltestelle Südpol (Linie 14) an der Arsenalstrasse oder geht noch etwas weiter bis zur Bushaltestelle Kriens, Grosshofstrasse (Linie 1).

Über die Horwer Halbinsel

Start: Kastanienbaum, Krämerstein (Bus 21)
Ziel: Horw, Rank (Bus 20)

Villa Krämerstein – Längacher – Dickiwald – Oberdorni – Kastanienbaum – EAWAG – Winkel – Horw

Dauer: 2½ Std.

Vor den Toren Luzern erstreckt sich mit der Horwer Halbinsel ein landschaftlich reizvolles Gebiet, das neben landwirtschaftlicher Nutzung auch bevorzugte Wohnlagen und viel Erholung bietet. Am Weg liegen die Villa Krämerstein am See, eines der ältesten Bauernhäuser des Kantons Luzern und mit dem EAWAG eines der weltweit führenden Wasserforschungsinstitute. Direkt am See entlang spazieren wir zurück nach Horw.

Die Liegenschaft Krämerstein gehörte während fast 80 Jahren einer Kaufmannsfamilie aus Winterthur. Heute ist sie im Besitz der Gemeinde Horw.

Nach einer knappen Viertelstunde mit dem Bus 21 vom Bahnhof Luzern haben wir die Haltestelle Krämerstein in Kastanienbaum erreicht. In wenigen Minuten spaziert man durch eine Allee zum historischen **Landsitz Krämerstein (V 1).** Der Bau stammt aus dem Jahr 1786. Die Herrensitze oder Landsitze des städtischen Patriziats entstanden vor allem im 17. und 18. Jahrhundert und bildeten den Anknüpfungspunkt für den bürgerlichen Villenbau im 19. Jahrhundert. In dem herrschaftlichen Gebäude nahm 1984 das Medienausbildungszentrum (MAZ), die grösste Schweizer Journalistenschule, ihren Betrieb auf. 2005 zügelte sie in das Stadtzentrum von Luzern. Die Räumlichkeiten auf Krämerstein wurden seitdem von der International School Zug genutzt.

Parks und Villen

Zur Anlage von Krämerstein gehört ein Park mit Seeanstoss, der für die Öffentlichkeit zugänglich ist. Der kleine Badeplatz ist ein Bijou und dank fleissiger Mund-zu-Mund-Propaganda schon länger kein Geheimtipp mehr. Direkt am Ufer des Vierwaldstättersees steht das Haus am See, ein kleiner Riegelbau, das seit 1990 einer Stiftung gehört. Jedes Jahr können hier Schriftsteller und Künstler in inspirierender Atmosphäre einen mehrwöchigen Atelieraufenthalt geniessen. Die Liegenschaft Krämerstein gehörte während fast 80 Jahren einer Kaufmannsfamilie aus Winterthur, die sie 1980 dem Verkehrshaus der Schweiz vermachte. 1982 kauft sie die Gemeinde Horw. Mit dem Erlös realisierte das Verkehrshaus die Schiffahrt-Halle.

Kastanienbaum, ein Ortsteil der Gemeinde Horw, ist reich an historischen Landsitzen, modernen Villen und mondänen Einfamilienhäusern. In einem grosszügigen Park am Vierwaldstättersee steht die Villa Anna Maria, die 1860 im italienischen Landhausstil erbaut wurde. Sie wurde von der Konferenz der Schweizerischen Denkmalpflegerinnen und Denkmalpfleger (KSD) mit einem Preis für eine besonders gute Restaurierung ausgezeichnet. Die Zürcher Architekten Annette Gigon und Mike Guyer restaurierten das Hauptgebäude und realisierten statt des abgebrochenen Anbaus einen neuen, zweigeschossigen Ergänzungsbau. Er besteht aus einem eingefärbten Sichtbetonkörper und einer darauf sitzenden, filigranen Stahlkonstruktion. Die Synthese aus denkmalpflegerischer Erhaltung und zeitgenössischer Handschrift überzeugte die Jury.

Der Name «Kastanienbaum» (1434 als Ortsname erstmals erwähnt) erinnert daran, dass die Edelkastanie vom Mittelalter bis ins 17. Jahrhundert auf der Horwer Halbinsel stark verbreitet war und auch als ein wichtiges Grund-

Von Weitem beeindruckt der weisse Turm der Bruderklausenkirche.

nahrungsmittel diente. Die Bäume sind als Folge der sogenannten Kleinen Eiszeit um 1700 und der Industrialisierung, die eine neue Agrarkultur brachte, heute praktisch verschwunden. Mit der Anpflanzung eines Kastanienhains beim Utohorn (Krämerstein), die in Zusammenarbeit mit dem Verein Pro Kastanie Zentralschweiz realisiert wurde, soll die einstige Tradition der Kastanienkultur wieder ins Bewusstsein gerufen werden.

Wir verlassen Krämerstein, queren auf der Kreuzmattsttstrasse die Einfamilienhausquartiere von Kastanienbaum, bewundern den weissen Turm der **Bruderklausenkirche (V 2)** und folgen dann der kleinen Strasse, die sanft ansteigend zur Liegenschaft Unterbäch führt. Es sind nur wenige Minuten, und schon ist man mitten im Landwirtschaftsgebiet. Am Hang Richtung Luzern rückt der moderne Siedlungsteil Felmis mit seinen Terrassen- und Einfamilienhäusern ins Blickfeld. Doch der Spaziergang bleibt ländlich und führt auf Naturstrassen immer wieder an bäuerlichen Liegenschaften vorbei. Auf Chnollige entdecken wir einen romantischen Hühnergarten, zu dem auch ein Schattenplätzli gehört: Als Sonnensegel dient eine alte Militärblache, unter die sich ein paar Hühner zurückgezogen haben. Andere gackern friedlich herum, zwei haben sich halb in der Erde verscharrt und harren der Eier, die da kommen. Sie müssen herrlich schmecken.

Ehemalige Waldbruderei

Nach ein paar Minuten erreichen wir beim Längacher (530 M. ü. M.) schon den höchsten Punkt des Spaziergangs. Der Längacher ist ein lockeres Ensemble aus Landwirtschaftsgebäuden und Wohnhäusern. Am Waldrand ist der Picknickplatz Gremliswald eingerichtet. Wir machen einen Abstecher in die nahe gelegene **Längacherkapelle (V 3).** Mit einem goldenen Schimmer blitzt das Türmchen zwischen den Bäumen hervor. Hier stand lange Jahrhunderte eine Waldbruderei, wo sich fromme Männer in der Abgeschiedenheit dem Gebet widmeten und einfache Arbeiten verrichteten. 1932 wurde das ehemalige St. Antonius-Chäppeli durch die heutige Kapelle ersetzt und der hl. Maria geweiht. Von der Kirche Horw führt ein Kreuzweg hoch. Die letzte Station «Im Grabe» ist in einem kleinen Vorbau der Kapelle eingelassen.

Unterwegs zum Dickiwald passieren wir eine alte Scheune, die von Bäumen halb verborgen wird. Auf dem Kies der Naturstrasse sind die Abdrücke von Pferdehufen zu erkennen. Beim Punkt 517 führt der Weg links hoch. Auf der Anhöhe steht ein Bänklein unter einem Baum. Direkt gegenüber erhebt sich der Rücken des Krienser Hochwaldes und sehen wir über Ennethorw die grosse Narbe, die ein Steinbruch ins Gelände gerissen hat. Darüber thront der Pilatus. Kurz danach betreten wir dir Lichtung beim Dickiwald. Mit ihren seltenen Pflanzen ist sie als kommunale Naturschutzzone ausgewiesen. «Bitte die Blumen auf dieser Wiese nicht pflücken», steht auf dem Schild. Am andern Ende des Waldes liegt ein **Picknickplatz (V 4),** der von einem Holzkreuz markiert wird. An den behäbigen Tischen und Bänken könnte sich auch eine grössere Gesellschaft niederlassen. Mit Stansstad, dem Stanserhorn und dem Lopper rückt in dieser Südlage ein ganz anderes Gebiet ins Blickfeld.

Altes Bauernhaus

Bei der Liegenschaft Birrholz, zu der ein altes schönes Wohnhaus gehört, biegen wir nach links und spazieren über offene Wiesen nach **Oberdorni (V 5).** Hier steht eines der ältesten und heute noch weitgehend erhaltenen Bauernhäuser des Kantons Luzern. Die zweigeschossige Blockbaukonstruktion, die auf einem Mauersockel steht, trägt die Jahreszahl 1564. Im Innern erkennt man noch die originale Gestaltung als offenes Rauchhaus. Zu den originalen Konstruktionen gehören die spätgotische Holzrippendecke sowie die kannelierten Türpfosten und Fensterstütze. Frappant wirkt die Nähe dieses Relikts aus vergangenen Zeiten zu den modernen Einfamilienhäusern, die nur ein paar Dutzend Meter weiter unten stehen. Eine letztes Stück Weide

Das Bauernhaus Oberdorni (V 5) gehört zu den ältesten erhaltenen im Kanton.

und eine Kuh, die vor der Hütte muht, dann haben wir schon Asphalt unter den Füssen und befinden uns mitten im Ortsteil von Kastanienbaum.
Die grossen Hinweistafeln des IMI University Centre sind nicht zu übersehen. Die Hotelfachschule bietet Zertifikatskurse, Bachelor-Kurse, ein Nachdiplomstudium in International Hotel Management und Event Management sowie mehrere MBAs an. Die Studierenden beschäftigen sich mit Marketing-Strategien, Personalwesen, Finanzplanung, der Durchführung von Events und der Betreuung von Geschäftsleuten.

ETH-Forschungsinstitut

Wenige Minuten von der IMI entfernt liegt das **Seehotel Kastanienbaum (V 6).** Hier legen auch die Schiffe des Vierwaldstättersees an und lockt bei schönem Wetter ein Drink auf der Sonnenterrasse zum Verweilen. Von hier aus geht es in die letzte Etappe des Spaziergangs. Sie führt in einem sanften Bogen – fast bis zum Schlusspunkt in Horw – direkt dem See entlang. Schon bald taucht zur rechten Seite der Rebhang des **Weinguts Rosenau (V 7)** auf. 1981 übernahm Toni Ottiger, der sich nach einer Banklehre zum Winzer ausbilden liess, als Pächter die Rosenau. Ursprünglich eine Hektare gross, ist der Betrieb inzwischen auf über sieben Hektaren erweitert worden. Sechs Winzer und Önologen sind beschäftigt. Zu den Leitsorten des Weinguts gehören Pinot Noir und Riesling-Silvaner, mit denen der Weinanbau klein und fein begonnen hatte. Heute gedeihen hier zehn Traubensorten, die zur Basis von erlesenen Weinen geworden sind. Zum Sortiment des Weinguts gehören auch verschiedene Marcs, ein Hefebrand oder der Lucerne Brandy.

Gleich neben der Rosenau steht eine flache Betonüberbauung, die von viel Grün überwachsen ist. Wer an eine ökologisch getarnte Tiefgarage denkt, liegt falsch. Hier befinden sich die Räumlichkeiten der **Eawag (V 8).** Das renommierte Wasserforschungsinstitut, das hier 2016 das 100-Jahr-Jubiläum feiern kann, wird von der ETH Zürich, der ETH Lausanne sowie vier selbständigen Forschungsinstitutionen getragen. Die Eawag ist nicht nur national verankert und international vernetzt, sie gehört auch zu den weltweit führenden Forschungsinstitutionen in diesem Bereich. An den zwei Standorten in Dübendorf und Kastanienbaum sind über 300 Mitarbeitende im wissenschaftlichen Bereich tätig, dazu kommt technisches und administratives Personal. Die Eawag entwickelt Konzepte und Technologien für einen nachhaltigen Umgang mit der Ressource Wasser und den Gewässern. Dabei nimmt das Institut «eine Brückenfunktion wahr zwischen Wissenschaft und Praxis» (s. Homepage). Vor dem Weitergehen werfen wir noch einen Blick auf die linke Strassenseite. Dort steht ein älteres Haus, das ebenfalls von der Eawag genutzt wird. Die Fassade ist ein riesiges Wandbild, das die Kastanienbaum-Sage darstellt und vom Horwer Künstler Marcel Nuber gemalt wurde.

Lauschiger Winkel

Auf dem weiteren Spaziergang geniessen wir die unmittelbare Nähe zum See und den Blick in die nahe Voralpenlandschaft. Zwar ist der Wanderweg eine Asphaltstrasse, doch sie darf nur von Anwohnern befahren werden, so dass sich der Verkehr sehr in Grenzen hält. Im Sommerhalbjahr ist man versucht, alle paar hundert Meter eine Pause einzulegen. Zahlreiche kleine Plätzchen bieten sich an, um in den See zu hüpfen oder ein kurzes Sonnenbad zu nehmen. Nach 20 Minuten erreichen wir das Strandbad Winkel und wenig später den gleichnamigen Weiler.

Der Winkel (V 9) ist 1307 erstmals erwähnt und gehört zu den ältesten Siedlungsgebieten der Gemeinde Horw. Der Weiler wird geprägt vom Bauernhaus Dormen, dem Zollhaus, der Kapelle und dem Seehotel. Die Dreikönigskapelle wurde 1648 erbaut und steht unter Denkmalschutz. Eine lange Tradition hat auch das heutige Seehotel Sternen: 1643 wurde an diesem Standort das Tavernenrecht «mit dem Schilde zum Sternen» vergeben. Der alte «Sternen» war eng mit dem Fährbetrieb verbunden. Hier konnten Leute,

Französische Truppen machen sich 1798 im Winkel bereit für die Überfahrt über den See und den Sturm auf Nidwalden.

die nach dem heutigen Nidwalden und Obwalden übersetzten oder von dort herkamen, bei Speis und Trank verweilen oder auch ein Obdach erhalten. Die Seeleute von Winkel waren zuständig für den Personen- und Güterverkehr zwischen Luzern und Unterwalden. 1798 waren auch französische Truppen im Winkel stationiert, um die Nidwaldner zu bezwingen. Ende des 19. Jahrhunderts kam mit der besseren Strassenerschliessung (Brünigstrasse) sowie der Dampfschiffgesellschaft der jahrhundertealte Wirtschaftszweig zum Erliegen. Ein markanter Bau ist das historische Zollhaus. Dank dem Einsatz der Genossenschaft Pro Zollhaus konnte das Gebäude vor einem geplanten Abriss bewahrt werden. Es wurde saniert und dient heute als Wohnhaus. Vom Winkel sind es nur noch ein paar Minuten bis zur Bushaltestelle Rank an der Kantonsstrasse, von wo es zurück nach Luzern geht.

Luzerns «Hausberge»

Luzern und die Berge – das ist eine Geschichte, die lange vor der Entdeckung der Alpen als Panorama und Naturkulisse begann. Ob jenseits des Sees in einiger Distanz oder direkt hinter der Stadt steil ansteigend, die Rigi, der Pilatus und auch der Bürgenstock bilden seit dem Mittelalter die ständigen Begleiter Luzerns. Durch viele Geschichten und Sagen mit der Stadt verbunden, sind diese drei nahen Berge heute touristische Ausflugsziele erster Güte. Welcher Gipfel die anderen an Anziehungskraft übertrifft – und ob überhaupt einer –, ist und bleibt selbst unter Einheimischen eine Glaubensfrage. Grundsätzlich gilt es einen jeden mit seinen besonderen Vorzügen zu schätzen: im Winter die sonnige und tief verschneite Rigi über dem Nebelmeer, im Frühling auf den Spuren der erwachenden Vegetation den Bürgenstock und im Sommer während einer schweisstreibenden Bergtour den Pilatus. Alle drei «Hausberge» von Luzern bieten zahlreiche Möglichkeiten für Wanderungen, von leichten Spaziergängen bis hin zu alpinen Bergtouren. Besonders reizvoll ist die Kombination mit Schiff und Bahn.

Der Pilatus

Von Luzern nach Kriens (Bus Nr. 1), dann mit der Luftseilbahn hoch. Oder mit dem Schiff von Luzern nach Alpnachstad und von dort mit der Zahnradbahn hinauf (ist nur im Sommer möglich).

Der Pilatus wird gern als der eigentliche «Hausberg» der Stadt bezeichnet, obwohl er überwiegend auf dem Gebiet des benachbarten Halbkantons Nidwalden steht. Doch das Verhältnis der Stadt zu ihrem mächtigen Wahrzeichen erlaubt diese Vereinnahmung gewiss, denn nirgends zeigt sich der Berg markanter als von der Stadt aus. Im Mittelalter war der Pilatus wegen der heftigen Gewitter, die sich an seinen Flanken entluden und den Siedlungen an seinem Fuss immer wieder Wassernot brachten, weithin gefürchtet. Der Berg galt als Ungeheuer und manche Sage berichtet von Drachen und bösen Geistern, die in seinen Schründen hausten.

Einer von ihnen war der in einen Bergsee verbannte ruhelose Geist des römischen Statthalters Pilatus (s. unten); er gab dem Berg seinen heutigen Namen. Wegen seines zackigen Kamms hiess der Pilatus früher aber auch «Frakmont», der geborstene Berg.

Gegen Ende des 19. Jahrhunderts wurde der Pilatus für den Tourismus erschlossen. Die Zahnradbahn von Alpnach auf Pilatus Kulm nahm am 4. Juni

Im Morgenlicht der «Hausberg» Pilatus majestätisch über dem farbenprächtigen KKL thronend.

1889 nach dreijähriger Bauzeit den Betrieb auf; für die 4,3 Kilometer lange Strecke, auf der 1629 Höhenmeter überwunden werden, brauchten die ersten Dampfzüge rund anderthalb Stunden, dreimal mehr als die elektrischen Triebwagen heute. Für die Pilatusbahn, die Steigungen bis zu 48 % überwinden muss, genügte die traditionelle Zahnstange nicht. So wurde ein beidseitig gezähnter Flachstab in der Gleismitte angebracht, an dessen seitlichen Zähnen sich das Fahrzeug mit zwei gegeneinander rotierenden horizontalen Zahnrädern gleichsam vorwärts schraubt. Die Pilatusbahn ist bis heute die steilste Zahnradbahn der Welt! 1956 wurde der Pilatus von Kriens aus zusätzlich durch eine Luftseilbahn erschlossen. Seit 2015 fliegt eine neue Luftseilbahn, der futuristische «Dragon Ride», die Besucher von der Fräkmüntegg hoch zum Pilatus Kulm und bietet dank den grossen Panoramafenstern eine

Die Sage vom Pilatus

Der Geist des Pontius Pilatus, des Richters über Jesus Christus, fand nach seinem Tod keine Ruhe. Über dem Tiber und später der Rhone, in die man seine Leiche warf, kam es immer wieder zu schweren Gewittern. So wurde er schliesslich in den Bergsee auf der Oberalp zwischen Widderfeld und Mittagsgüpfi westlich des Gipfels versenkt. Aber auch hier löste er immer wieder verheerende Unwetter aus. Erst einem fahrenden Schüler aus Salamanca – einer der im frühen Mittelalter gelehrtesten Städte Europas – gelang es, Pilatus so in den See zu bannen, dass er nur noch am Karfreitag aus dem Wasser aufstieg, dann aber im vollen Ornat als römischer Statthalter auf seinem Richterstuhl sitzend. Den Rest des Jahres hielt er sich still, ausser es rief jemand am See seinen Namen oder forderte ihn durch Steinwürfe heraus.

Um ihn nicht zu reizen – und das ist nun Geschichte, nicht mehr Sage –, verbot der Rat von Luzern im Mittelalter, den Berg zu besteigen, oder erlaubte es nur in Begleitung von Stadtknechten. Vom 14. bis 16. Jahrhundert sind mehrere Urteile bekannt, in denen Übertretungen dieses Verbots schwer bestraft wurden. Erst, als Naturphänomene unter dem Einfluss der Renaissance kritischer betrachtet wurden, wich die Angst vor dem Berg. Pilatusbesteigungen wie 1555 jene des bedeutenden Zürcher Naturforschers Konrad Gessner oder 1585 des Luzerner Pfarrherrn Johannes Müller ergaben keine Geisterbefunde. Müller und seine Begleiter warfen sogar Steine in den See, ohne dass sich deswegen ein Sturm erhob. Darauf strich der Rat von Luzern alle Verbote und ordnete 1594 an, den Pilatussee abzugraben. Fast 400 Jahre später wurde er durch den Verein Pro Pilatus in kleinerem Umfang wiederhergestellt.

einmalige Aussicht auf die Bergwelt. Eine Gesamterneuerung erfuhren auch die Anlagen auf dem Kulm, insbesondere das historische Berghotel von 1890 wurde sorgfältig restauriert und modernisiert. Der prächtige Queen Victoria Saal lässt heute wieder die Zeit der Belle Epoque wach werden.

Die Rigi

Von Luzern mit dem Schiff nach Weggis oder Vitznau und dann von Weggis mit der Luftseilbahn oder von Vitznau mit der Zahnradbahn hoch. Oder mit dem Zug nach Arth-Goldau und von dort mit der Zahnradbahn hinauf.

Für viele ist die Rigi die Königin der Berge und der Name wird denn auch gern auf den entsprechenden lateinischen Ausdruck «mons regina» zurückgeführt. Doch die moderne Namensforschung verweist auf eine weit profanere Deutung: Die «Rigenen» sind die deutlich sichtbaren Felsbänder auf der Nord- und Westseite von Rigi Kulm. Umstritten ist auch die weibliche Bezeichnung des Bergs. Doch ob nun die oder der Rigi, ob Königin oder Felsbänder, das milde Klima an der Luzerner Riviera in Vitznau und Weggis, die abwechslungsreiche, mal sanfte, mal alpine Landschaft sowie die einmalige Rundsicht auf dem Gipfel machen die Rigi seit den Anfängen des Bergtourismus

Nicht selten liegt im Winter die Stadt Luzern unter einer Nebeldecke, während in den Bergen, wie hier auf der Rigi, die Sonne strahlt.

zu einem beliebten Ziel und damit tatsächlich zu einer kleinen Königin unter den Bergen. Was sich auch an den Besucherzahlen messen lassen kann, 2015 verzeichneten die Rigi Bahnen AG einen Rekordwert von 785 000 Besucherinnen und Besuchern, die Wanderer, die auf eine Bahnfahrt verzichteten, nicht eingerechnet.

Lange bevor die ersten Reisenden nach Luzern kamen, suchten sie die Rigi auf. Schon seit dem 16. Jahrhundert gab es Wallfahrten zu den Heilquellen und zur «Muttergottes im Kalten Bad» sowie zur Kapelle Maria im Schnee beim heutigen Klösterli. Touristische Infrastruktur war noch keine vorhanden. Die Reisenden übernachteten in bescheidenen Hospizen oder bei den Alpwirten. 1756 wurde auf «Kalt Bad» ein erstes Gasthaus erbaut, 1816 folgte ein Berggasthaus auf Rigi Kulm. Die fantastische Aussicht und ein neu erwachter Kult um den Sonnenaufgang machten die Reise auf die Rigi Anfang des 19. Jahrhunderts endgültig zu einem Erlebnis. Die Zahl der Berggänger nahm stetig zu, weitere Gasthäuser wurden eröffnet. Von Weggis beförderten Maulesel oder Sänftenträger die Reisenden auf dem bisweilen steilen, aber gut ausgebauten und landschaftlich abwechslungsreichen und reizvollen Rigiweg bis Rigi Kulm. Deren Zahl nahm schlagartig zu, als die Berge mit der Erfindung der Zahnradbahn bequemer erreichbar wurden. 1871 wurde die Bahn von Vitznau nach Rigi Staffel eröffnet und zwei Jahre später bis Rigi Kulm weitergeführt. Diese erste Zahnradbahn in Europa beförderte schon im ersten Betriebsjahr

Seit 1871 befördern die Rigibahnen jährlich Tausende von Touristen auf den Berg.

Das von Mario Botta entworfene Mineralbad auf Rigi-Kaltbad.

60 000 Personen. Bereits vier Jahre später wurde die Zahnradbahn von Oberarth nach Rigi Kulm eröffnet. Gegen Ende des Jahrhunderts präsentierte sich die Rigi als eigentliche «Hotelstadt» mit Hotelpalästen, zahlreichen Pensionen und Gasthäusern mit weit über tausend Gästebetten. 1968 erfolgte die Inbetriebnahme der Luftseilbahn von Weggis nach Rigi Kaltbad. Mit der Eröffnung des von Mario Botta entworfenen Mineralbades auf Rigi Kaltbad 2012 knüpft die Rigi erfolgreich an ihre Vergangenheit als Kur- und Heilbad an.

Der Bürgenstock

Mit dem Schiff von Luzern nach Kehrsiten-Bürgenstock und von dort mit der Standseilbahn hoch zum Bürgenstock Resort.

Die nördlichen, nahezu senkrecht in den See abfallenden Abhänge des Bürgenstocks bilden seit dem Mittelalter eine Exklave Luzerns. Die Stadt erwarb die ausgedehnten Waldungen bereits im 14. Jahrhundert als Allmend für ihren Bedarf an Bauholz. Auf dem Bürgenstock befindet sich denn auch der höchste Punkt der Stadt.

Die Geschichte der touristischen Erschliessung des Bürgenstocks beginnt 1873 mit der Eröffnung des Grandhotels Bürgenstock durch den Hotelpionier Franz Josef Bucher-Durrer. Er baute 1888 auch die elektrisch betriebene Standseilbahn Kehrsiten–Bürgenstock, damit seine Gäste bequemer anreisen konnten. Als grosse Attraktion liess der umtriebige Hotelier 1905

Panoramablick von der Bergstation Hammetschwandlift auf dem Bürgenstock.

schliesslich den Hammetschwandlift errichten, mit insgesamt 162 Metern der höchste frei stehende Aufzug Europas. Der wildromantische und spektakuläre Weg von den Hotels zum Lift musste in den Fels gesprengt werden. Die ersten Meter verläuft der Hammetschwandlift noch im Felsen und am Berg, dann aber saust er am Eisenturm entlang spektakulär 152 Meter hinauf in schwindelnde Höhe. Oben ist der Turm durch einen Steg mit dem festen Boden verbunden. Einst dauerte die Fahrt in der Holzkabine beinahe drei Minuten, heute sind es noch knapp fünfzig Sekunden.

Zur Zeit wird die historische Hotelanlage vollständig umgebaut. Ein katarischer Staatsfond investiert 500 Millionen Franken und es entstehen ein Hoteldorf und luxuriöses Resort mit rund 400 Zimmern und Suiten sowie eine 10000 Quadratmeter grosse Wellnesslandschaft, zahlreiche Restaurants und Bars, Golf- und Tennisplätze für die vermögende Kundschaft. Mit der Eröffnung der exklusiven Destination 2017 soll auch die Standseilbahn von Kehrsiten auf den Bürgenstock ihren Betrieb wieder aufnehmen.

NIDWALDNER
MUSEUM
Winkelriedhaus
Engelbergerstr. 54 A
6370 Stans
Salzmagazin
Stansstaderstr. 23
6370 Stans
?!
Nidwalden
erleben und verstehen:
3 Dauerausstellungen
& 2 Sonderausstellungen
in den Lokalitäten
des Nidwaldner Museums
Festung Fürigen
Kehrsitenstrasse
6362 Stansstad
Infos und Öffnungszeiten:
Tel. 041 618 73 40
www.nidwaldner-museum.ch

Kulturstadt – Nährboden und Weltklasse

Luzern schmückt sich nicht umsonst mit dem Label «Kulturstadt»: Gemessen an seiner Grösse ist hier eine erstaunliche Vielfalt von internationalen, nationalen und lokalen Produktionen zu erleben.

Es war ein langer Weg von den barocken Theaterspielen im mittelalterlichen Luzern über die bildungsbürgerliche Traditionskultur im 19. und 20. Jahrhundert bis zur Vielfalt der Kulturszene, wie sie heutzutage schon fast zur Gewohnheit geworden ist. Das «041 Kulturmagazin» listet jeweils über 500 Veranstaltungen auf, die in Luzern und Umgebung jeden Monat über die Bühne gehen. Auswärtige Besucherinnen und Besucher kommen regelmässig ins Staunen über die im Vergleich zur kleinen Stadt bemerkenswerte Dichte und Qualität des Kulturangebots. Wer sich eingehender über die kulturellen Aktivitäten in Luzern informieren möchte, findet im monatlich erscheinenden «041 Kulturmagazin» und auf der Homepage der Interessengemeinschaft (IG Kultur S. 310) die kompetentesten Wegweiser.

Die kulturelle Vielfalt von Luzern, wie sie heute so selbstverständlich konsumiert werden kann, hat eine sehr junge Geschichte. Der Ende der 1960er-Jahre eingeleitete Aufbruch der Gesellschaft hat Luzern erst mit Verzögerung erreicht und wenig ausgelöst. Noch in den 1970er-Jahren wurde der Aufbau einer Universität Luzern vom Stimmvolk abgelehnt. Auch kulturell war – abgesehen von der lokalen Vereinskultur – Ödnis angesagt. Lediglich das Blasmusikwesen, das sich nach dem Ende des 18. Jahrhundert vor allem im militärischen Umfeld entwickelte, hat im traditionellen Luzerner Kulturleben stets eine markante Rolle gespielt. Blasmusikgesellschaften waren in den Gemeinden während Jahrzehnten oft die einzigen Träger einer kulturellen Identität.

Der gesellschaftliche Wandel mit seinen neuen Bedürfnissen und kulturellen Ausdrucksformen hat die Zentralschweiz relativ spät erfasst. Bis anfangs der 1980er-Jahre beschränkten sich professionelle Kultur-Produktionen in der Stadt Luzern weitestgehend auf traditionelle Häuser wie das Luzerner Theater oder das Kunst- und Kongresshaus. Immerhin: Mit dem Kleintheater Luzern, das 1966 von Emil und Maya Steinberger gegründet wurde, entstand ein erster Kulturort, der ein neues pfiffiges Zeichen setzte. Das Kleintheater ist am Puls der Zeit geblieben und ermöglicht bis heute auch Nischen-Produktionen, wie sie in etablierten Häusern nicht möglich wären.

Das Neubad macht's möglich: Die Konzerte – hier die Formation Klangcombi – finden im ehemaligen Hallenbad-Schwimmbecken statt.

Das Kleintheater mag es auch festlich: King Pepe mit seiner Band in Aktion.

Vorzeigeprojekte

Das offizielle Flaggschiff der Kultur von Luzern ist das KKL Luzern. Hier finden grosse Konzerte von internationalen Orchestern sowie mehrere Festivals statt und ist das Kunstmuseum Luzern beheimatet. Weltbekannt ist das Lucerne Festival, das mit der von Pierre Boulez gegründeten und und heute von Wolfgang Rihm geleiteten Lucerne Festival Academy auch die zeitgenössische Musik adäquat inszeniert und mit dem Lucerne Festival Orchestra über einen eigenen Spitzenklangkörper verfügt. Mit der geplanten «Salle Modulable» soll Luzern ein weiteres Prestige-Kulturhaus erhalten: Es wird dem über 150-jährigen Luzerner Theater eine neue Bühne geben und soll vor allem modernste Musiktheaterproduktionen ermöglichen. Zur «Neuen Theaterinfrastruktur» wird künftig der Südpol gehören: In diesem Kulturhaus wird neben Rock- und Elektrokonzerten vor allem die zeitgenössische Theater- und Performance-Szene gepflegt.

So wichtig diese Vorzeigeprojekte sind, sie alleine haben Luzern noch nicht zur «Kulturstadt» gemacht, als die sie sich gerne preist. Zu diesem Wandel haben auch die alternativen kulturellen Ausdrucksformen beigetragen, die sich mit den Jugendbewegungen anfangs der 1980er-Jahre in Städten wie Zürich und Basel manifestiert hatten. Sie führten, parallel zur fortschreitenden Öffnung der Gesellschaft, zu neuen Inhalten und Lokalitäten. Den Startschuss für diese Entwicklung setzte in Luzern der Sedel. Als 1981 eine Demonstration von jungen Musik- und Kulturleuten angesagt wurde, die Räume für ihre Bedürfnisse forderte, stellten die Luzerner Stadtbehörden der Musikszene die ehemalige Strafanstalt Sedel als Lokalität zur Verfügung. Mit dem Sedel wurde die Punkszene von Luzern geboren. Konzerte, Performances und lange Nächte hielten Einzug. Das Beste von allem: Das Musikzentrum Sedel mit seinen Proberäumen für über 100 Bands und seinen Club-Veranstaltungen existiert bis heute. Er hat mit seiner Autonomie und Ausstrahlung die kulturpolitischen Dispute und wechselnden Bedürfnisse souverän überdauert.

Grosse Festivals

Der zweite Schub Kulturvielfalt entstand 10 Jahre später aus dem sogenannten Kulturkompromiss: Luzern konnte sein international ausstrahlendes KKL Luzern bauen, ein 220-Millionen-Bau mit der prägnanten Architektur von Jean Nouvel. Um das Projekt politisch durchzubringen, wurden der alternativen Kulturszene die beiden Kulturhäuser Schüür und Boa in Aussicht gestellt. So konnte in Luzern einerseits Weltklasse zelebriert und andererseits ein Nährboden für junge und neue Kulturströmungen geschaffen werden. Trotz finanziell knappen Mitteln befruchteten die Schüür und insbesondere die «alternative Boa» (sie wurde 2008 geschlossen) ein kulturelles Klima, das zu einer lebendigen Vielfalt von Produktionen und Szenen führte.

Besonders publikums- und auch medienwirksam für die Kulturstadt Luzern sind die Festivals, von denen Luzern ein paar markante Beispiele vorzeigen kann. Eine Institution ist das Lucerne Festival: Es bringt jeden Sommer die weltbesten Orchester und Dirigenten nach Luzern und gilt als eines der bedeutendsten Festivals für klassische und zeitgenössische Musik weltweit.

Plakat für die Plattentaufe der Möped Lads im Sedel: Heimat des Punkrock.

Am World Brass Band Festival: Die Feldmusik Luzern in historischer Uniform.

Vergleichsweise sehr jung ist das World Band Festival, das sich von den Besucherzahlen, den vertretenen Ensembles und dem künstlerischen Anspruch her seit 1999 zum grössten Blasmusikfestival in Europa entwickelt hat. Luzern war schon immer eine Hochburg des Blasmusikwesens. Auch in der Stadt Luzern sind mit der Brass Band Bürgermusik oder dem Blasorchester Stadt Luzern nationale Top-Ensembles beheimatet.

Publikumsmässig ein Renner ist das Blue Balls, das jedes Jahr 100000 Personen ans Luzerner Seebecken zieht. Geboten wird ein guter Mix aus populären Namen und Newcomern aus den Bereichen Pop, Rock und modernem R'n'B. Das mehrfach mit Awards ausgezeichnete Lucerne Blues Festival widmet sich seit über 20 Jahren dem authentischen Blues mit vor allem amerikanischen Künstlern. Auf grosses Interesse stösst jedes Jahr das internationale Comix-Festival Fumetto. Das jüngste Festival ist Woerdz: Es stellt im Zweijahresrhythmus dem Bereich Spoken Word in allen Facetten in den Mittelpunkt und ist 2014 – unter anderem mit der US-Poetin und Musikerin Patti Smith – ein erstes Mal erfolgreich durchgeführt worden.

Nischen-Nährboden

Mindestens so wichtig für den auch in den städtischen Kultur-Berichten gerne beschworenen «Kultur-Nährboden» sind nicht zuletzt die kleinen Lokale, Restaurants, Ateliers und Clubs, in denen oft in kleinsten Szenen Produktionen entstehen, Konzerte und Lesungen stattfinden oder neue Unterhaltungs-Formate geprobt werden. Dieses Puzzle von Aktivitäten ist in ständiger Ver-

Die Loge ist Luzerns Bühne für Spoken Word und Literatur-Performance.

änderung begriffen, aber es macht Luzern im kulturellen Alltag besonders lebendig und attraktiv.

Ein paar wichtige Kultur-Spots befinden sich im Tribschen- und Neustadt-quartier. Im Treibhaus, in der Schüür, im Uferlos oder in der Bar 59 gehen Konzerte und Parties für die junge Bevölkerung über die Bühne. Das eher winzige Elephant House hat sich zu einem Fokus für junge zeitgenössische Kunst entwickelt. Das Theater Pavillon ist gleichzeitig Werkstätte und Aufführungsort von innovativen Theaterproduktionen. Die Loge konzentriert sich mit ihrer charmanten 5-Quadratmeterbühne auf Literatur und Spoken Word. Auf vielen kulturellen Ebenen aktiv ist das Neubad, das ehemalige Hallenbad von Luzern. In einer zeitlich befristeten Zwischennutzung ist hier mit viel Idealismus und Kreativität ein Begegnungsort der kulturellen und sozialen Vielfalt geschaffen worden. Es ist das jüngste und vielleicht beliebteste Kulturhaus in Luzern. Hier trifft sich ein durchmischtes Publikum, wird der Kulturbegriff breit ausgelegt und hat auch die Kreativwirtschaft ein kleines Zuhause.

Eine neue Ausgangs- und Kulturmeile für die junge Szene hat sich neuerdings im Baselstrasse-Quartier entwickelt. Hier reihen sich diverse Restaurants und Bars, die immer auch ein lockeres Kulturprogramm mit Konzerten, DJs und Jam-Sessions im Angebot haben, allen voran die Gewerbehalle, die Bar Berlin, die Bruch Brothers Bar, die Metzgerhalle, das Madeleine und die Kegelbahn. Die Kegelbahn gehört mit dem Uferlos in der Neustadt zu den angesagtesten alternativen Clubs von Luzern, die an Wochenenden mit innovativen DJs und gelegentlichen Live-Bands die Nacht bis in den Morgen verlängern.

Luzerner Kulturorte

041 Das Kulturmagazin, Monatszeitschrift mit Veranstaltungskalender, erhältlich in Buchhandlungen und am Kiosk.
www.kulturluzern.ch, info@kulturluzern.ch

Neue Luzerner Zeitung (NLZ)
Tageszeitung mit Veranstaltungskalender.
LZ Corner, Pilatusstrasse 12, 6003 Luzern,
Tel. 0900 000 299
www.luzernerzeitung.ch

Tourist Information
Zentralstrasse 5 (beim Bahnhof),
6003 Luzern
Tel. 041 227 17 17, www.luzern.com

Aktuelles Kinoprogramm

Das Kinoangebot in Luzern ist vielfältig. Für spezielle Filme und Kinoerlebnisse empfiehlt es sich, unter anderem die Programme folgender Kinos zu beachten:

Bourbaki 1, 2, 3 und 4
Löwenplatz 11, 6004 Luzern
www.kinoluzern.ch
Schwerpunkte dieses Kinos mit vier Sälen sind Spielfilme in Originalsprache, Studio- und Dokumentarfilme, was Filminteressierte besonders schätzen.

Filmtheater
Verkehrshaus der Schweiz, Lidostrasse 5,
6006 Luzern
www.verkehrshaus.ch/de/filmtheater
Eine riesige Leinwand, brillante Bilder und eine spezielle Akustik – das sind die technischen Voraussetzungen für ein einmaliges Filmerlebnis, das dem Publikum das Gefühl vermittelt, mitten im Geschehen zu sein.

Open-Air-Kino am See
Kantonsschule Alpenquai, 6005 Luzern
www.open-air-kino.ch
Von Mitte Juli bis Mitte August werden im Freilichtkino direkt am See erfolgreiche

Dass Luzern eine Festivalstadt ist, zeigt sich am Comic-Festival Fumetto.

Filme aus neuerer Zeit und Klassiker aus der Filmgeschichte gezeigt. Die Vorführungen beginnen mit dem Eindunkeln.

Stattkino
Löwenplatz 11, 6004 Luzern
www.stattkino.ch
Ein Studiokino, das zeitgenössisches Filmschaffen aus der ganzen Welt zeigt, aber auch Spezialitäten aus der Filmgeschichte.

Kunst/Kunstmuseum

Die Luzerner Kunstszene ist nicht so spektakulär wie zum Beispiel jene in Basel oder Zürich. Wer Stars sucht, wird am ehesten im Kunstmuseum auf die Rechnung kommen. Aber auch einheimisches Schaffen, vorab in Galerien zu sehen, kann anspruchsvolle Kunstinteressierte begeistern. Mit dem Internationalen Comix-Festival Fumetto hat die Comic-Kunst in Luzern einen besonderen Stellenwert.

Galerie Urs Meile
Rosenberghöhe 4, 6004 Luzern
www.galerie-meile.ch
Die Galerie Urs Meile geniesst internationales Renommee für ihr Engagement in der zeitgenössischen chinesischen Kunst. Daneben präsentiert sie auch zeitgenössische nationale und europäische Kunst.

Hans Erni Museum
c/o Verkehrshaus der Schweiz,
Lidostrasse 5, 6006
www.verkehrshaus.org, www.hanserni.ch
Im Zentrum des Museums steht eine umfassende Werkschau des Künstlers Hans Erni (1909–2015). Die ausgestellten Arbeiten aus allen Schaffensphasen geben Einblick in das malerische, zeichnerische und plastische Schaffen dieses populären Schweizer Künstlers. Den Höhepunkt bildet das für das Auditorium des Museums geschaffene Wandbild «Pantha Rei».

Internationales Comix-Festival Fumetto
c/o Hochschule Luzern – Design & Kunst
Rössligasse 12, 6004 Luzern
www.fumetto.ch
Jeweils im April trifft sich die Comic-Welt in Luzern – am Internationalen Comix-Festival Fumetto. Das Festival hat sich seit der Gründung 1992 in bereits 25 Durchführungen zu einem vielbeachteten und künstlerisch anspruchsvollen Comic-Event in Europa entwickelt. Mit Ausstellungen an diversen Standorten in der Stadt Luzern und einem umfassenden Rahmenprogramm.

Kunstmuseum Luzern
Europaplatz 1, 6005 Luzern
www.kunstmuseumluzern.ch
Das Kunstmuseum Luzern befindet sich im vierten Geschoss des Kultur- und Kongresszentrums KKL, gestaltet vom französischen Architekten Jean Nouvel. Als führende Institution der bildenden Kunst in der Zentralschweiz pflegt das Museum bei seinen Ausstellungen ein Wechselspiel zwischen dem regionalen, nationalen und internationalen Kunstschaffen. Zu den Schwerpunkten der Sammlung gehören Meisterwerke der Schweizer Malerei des 19. und frühen 20. Jahrhunderts.

Transparente Architektur im Kunstmuseum Luzern.

Kunsthalle Luzern
Löwenplatz 11, 6002 Luzern
www.kunsthalleluzern.ch
Die Kunsthalle gehört zu den wichtigen Vermittlungsorten zeitgenössischer Kunst aus der Region Zentralschweiz.

Sammlung Rosengart
Pilatusstrasse 10, 6003 Luzern
www.sammlung-rosengart.ch
Die Sammlung Rosengart besteht aus über 200 Werken von Künstlern der Klassischen Moderne. Mit umfassenden Werkgruppen von Paul Klee und von Pablo Picasso. In der Sammlung vertreten sind u. a. auch Cézanne, Chagall, Kandinsky, Matisse, Miró, Modigliani, Monet und Renoir.

sic! Raum für Kunst / Elephanthouse
Neustadtstrasse, 6003 Luzern
www.sic-raum.ch
sic! Raum für Kunst bietet nationalen sowie internationalen Künstlerinnen und Künstlern die Möglichkeit zur Realisierung neuer Projekte, aber auch Zeit und Raum für Experimente sowie zur Diskussion. sic! arbeitet nicht-profitorientiert. Seit Februar 2013 bespielt das Team von sic! Raum für Kunst das Elephanthouse an der Neustadtstrasse, einen 50 Quadratmeter grossen «white cube» für Einzelausstellungen.

Die Sammlung Rosengart im ehemaligen Bankgebäude: Spannende Kombination von Architektur und Kunst.

Weitere Museen

Alpineum
Denkmalstrasse 11, 6006 Luzern
www.alpineum.ch
Im Alpineum (direkt beim Löwendenkmal) sind dreidimensionale Darstellungen bekannter Schweizer Gebirgsregionen zu

Ein Geheimtipp: Am Kaffeehaus vorbei durch den Souvenir-Kiosk ins Alpineum!

sehen: Jungfrau, Matterhorn, Mont Blanc, Pilatus und Rigi. Die Grossgemälde wurden vor rund hundert Jahren von den beiden Malern Ernst Hodel senior und junior geschaffen. Mit dem gestalteten Vordergrund erhalten die Gebirgsdarstellungen eine verblüffende Tiefenwirkung.

Bourbaki Panorama
Löwenplatz 11, 6004 Luzern
www.bourbakipanorama.ch
Das einzigartige Riesenrundgemälde (110 × 10 Meter) von Edouard Castres ist ein Meisterwerk der Panoramamalerei. Auf unvergleichliche Art wird der Grenzübertritt der französischen Ostarmee von General Bourbaki im Winter 1871 in die Schweiz dargestellt. Dem Gemälde vorgelagert ist ein plastisches Gelände, das der Szenerie eine dreidimensionale Wirkung gibt. Das Bild wurde 1881 als aufwühlende Anklage gegen den Krieg für die Landesausstellung in Genf gemalt.

Gletschergarten beim Löwendenkmal
Denkmalstrasse 4, 6006 Luzern
www.gletschergarten.ch
Der Gletschergarten ist ein Naturdenkmal mit Museum und Park. Beeindruckende Gletschertöpfe sind Zeugen der letzten Eiszeit vor 20 000 Jahren, als Luzern von Gletschern bedeckt war. Mit modernen Informationsmitteln wird den Besucherinnen und Besuchern die spannende Erdgeschichte unterhaltsam näher gebracht. Weitere Attraktionen: ein Gebirgsrelief der Zentralschweiz und das Spiegellabyrinth «Alhambra» (s. S. 129).

Historisches Museum
Pfistergasse 24, 6003 Luzern
www.historischesmuseum.lu.ch
Im Historischen Museum lässt sich Geschichte hautnah erfahren. Auf Theatertouren erwecken Schauspielerinnen und Schauspieler im Museumslager ausgewählte Themen zum Leben. Die Objekte lassen sich mit Scanner und erklärenden Texten auf eigene Faust entdecken.

Ein zeitgenössisches Heimatmuseum.

Museum im Bellpark
Luzernerstrasse 21, 6011 Kriens
www.bellpark.ch
Das Museum im Bellpark ist ein vielseitiges und spannendes Forum für zeitgenössische Kunst, Fotografie, Geschichte und Themen der Agglomeration.

Natur-Museum Luzern
Kasernenplatz 6, 6003 Luzern
www.naturmuseum.ch
Botanik, Geologie, Luft und Wasser, Zoologie und «Wunderwelt Insekten» sind einige der Bereiche, die es zu entdecken gilt. Besonders bekannt ist das Natur-Museum für seine attraktiven Sonderausstellungen.

Richard Wagner Museum
Richard-Wagner-Weg 27, 6005 Luzern
www.richard-wagner-museum.ch
Der Komponist Richard Wagner wählte für sechs Jahre (1866–1872) das Landhaus auf Tribschen am Vierwaldstättersee zu seiner Wohn- und Wirkungsstätte. Im Museum sind Fotografien, Gemälde, Briefe und Partituren von Werken zu sehen, die hier entstanden sind.

Das faszinierende Schaulager in der Halle Strassenverkehr.

Verkehrshaus der Schweiz
Lidostrasse 5, 6006 Luzern
www.verkehrshaus.ch
Das meistbesuchte Museum der Schweiz ist mit über 3000 einzigartigen Sammelobjekten das vielseitigste Museum für Verkehr und Kommunikation in Europa. Kernthemen sind Vergangenheit, Gegenwart und Zukunft der Mobilität auf dem Land, auf dem Wasser und in der Luft (inklusive Raumfahrt) sowie die Herausforderungen im Bereich Kommunikation. Integriert in das Verkehrshaus ist ein Planetarium, das Filmtheater und das Hans Erni Museum (s. S. 311).

Musik

Die Kulturstadt Luzern ist ganz speziell auch eine Musikstadt. Im Zentrum stehen dabei das Kultur- und Kongresszentrum KKL und die drei Veranstaltungen von Lucerne Festival (Sommer, Piano und Ostern), die Musikfreunde aus der ganzen Welt anziehen. Gleichzeitig kommen in der Luzerner Musikszene aber auch Fans von Jazz, Blues und Rock nicht zu kurz.

Klassik

Kultur- und Kongresszentrum Luzern
Europaplatz 1, 6005 Luzern
www.kkl-luzern.ch
Das KKL Luzern des französischen Architekten Jean Nouvel vereinigt unter seinem weit reichenden Dach verschiedene Kulturräume. Im Konzertsaal, der zu den akustisch besten Sälen der Welt zählt, finden u.a. die Konzerte des Luzerner Sinfonieorchesters und des Lucerne Festivals statt. Auch während des Jahres sind hochkarätige Konzerte mit Schwerpunkt Klassik und Jazz zu erleben.

Lucerne Festival
Hirschmattstrasse 13, 6003 Luzern
www.lucernefestival.ch
Die Ursprünge des Lucerne Festival gehen auf ein Festkonzert von Arturo Toscanini im Jahr 1938 zurück. Das Festival ist weltbekannt. Neben Klassik-Konzerten auf höchstem Niveau setzt das Festival einen Schwerpunkt auf die Vermittlung von zeitgenössischer Musik. Das eigene Lucerne Festival Orchestra, 2003 von Dirigent Claudio Abbado (1933–2014) mitgegründet, wird heute von Riccardo Chailly geleitet.

Ebenfalls seit 2003 widmet sich die von Pierre Boulez (1925–2016) initiierte Lucerne Festival Academy, der heute Wolfgang Rihm als Künstlerischer Leiter und Matthias Pintscher als Principal Conductor vorstehen, der Musik des 20. und 21. Jahrhunderts.

Lucerne Festival führt alljährlich drei grosse Anlässe durch:

Oster-Festival
In der Woche zwischen Passions- und Palmsonntag werden Musikveranstaltungen angeboten, die sich an der Osterzeit orientieren. Aufführungen u.a. in der Hofkirche, der Franziskanerkirche und in der Jesuitenkirche, einer der schönsten Kirchen Luzerns.

Sommer-Festival
Mitte August bis Mitte September: Dutzende von Konzerten mit den besten Orchestern der Welt, Rezitale und Kammermusik sowie zahlreiche Begleitveranstaltungen.

Piano-Festival
Dieses Festival mit weltbekannten Pianistinnen und Pianisten unterschiedlicher Stilrichtungen dauert sechs Tage und findet jeweils Ende November statt.

Am Oster-Festival in der Jesuitenkirche.

Luzerner Sinfonieorchester LSO
Zentralstrasse 44, 6003 Luzern
www.sinfonieorchester.ch
Das Luzerner Sinfonieorchester, 1806 gegründet, wurde in seiner 200-jährigen Geschichte zu einem wichtigen Faktor der Musikstadt Luzern. Das LSO ist das «Orchestra in Residence» des KKL Luzern und das «Hausorchester» des Luzerner Theaters. Mit seinem breiten Repertoire, das auch zeitgenössische Musik einschliesst, hat das Orchester eine Ausstrahlung weit über seine Luzerner Heimat hinaus erlangt.

Als «Orchestra in Residence» ist das renommierte Luzerner Sinfonieorchester (LSO) regelmässig mit Starsolisten und einem spannenden Repertoire im KKL zu hören.

Blues / Brass / Jazz / Rock / Pop

Blue Balls Festival
Weinbergstrasse 31, 8021 Zürich
www.blueballs.ch
Das Blue Balls Festival, das jeweils Ende Juli stattfindet, ist mit 100 000 Besucherinnen und Besuchern eines der bedeutendsten Musikfestivals der Schweiz. Das Ambiente rund um das Luzerner Seebecken mit KKL Luzern, Musik-Pavillon und Hotel Schweizerhof ist einzigartig. Das Festival präsentiert bekannte Namen und explizit auch internationale Newcomers aus den Bereichen Pop, Soul, Rock, Blues und Jazz.

Lucerne Blues Festival
www.bluesfestival.ch
Dieses internationale Blues-Festival bringt jeweils Anfang November Blues von Weltklasse nach Luzern. Während zehn Tagen finden über 30 Konzerte statt, die meisten im Casino Luzern. Das seit 1995 durchgeführte Lucerne Blues Festival widmet sich dem authentischen Blues.

Jazz Club Luzern
Postfach 7435, 6000 Luzern 7
www.jazzluzern.ch
Der mit 900 Mitgliedern sehr gut dotierte Jazz Club veranstaltet jährlich rund 30 Konzerte, vor allem «straight ahead», Post-Bop und modernen Mainstream. Ein paar grössere Konzerte mit internationalen Headliners finden im Kultur- und Kongresszentrum KKL statt, die andern Konzerte im Grand Casino Luzern.

Jazzkantine
Grabenstrasse 8, 6004 Luzern
www.jsl.ch/kantine.htm
Die Jazzkantine ist der Musikclub der Abteilung Jazz an der Hochschule Luzern – Musik. Hier finden die Workshop- und Diplomkonzerte statt, aber auch weitere Konzerte von Dozenten oder externen Musikern. Mit Bar und Restaurant im Parterre und Jazzlokal im Untergeschoss ist die Jazzkantine ein beliebter Kulturtreffpunkt.

Jazzkantine: Live-Musik im Clublokal der Abteilung Jazz Hochschule Luzern-Musik.

Am Blue Balls Festival wird im KKL Luzern und rund ums Seebecken gespielt.

Mullbau
Lindenstrasse 32 a, Luzern/Reussbühl
www.mullbau.ch
Ein kleiner feiner Ort für hochkarätige Improvisations-Konzerte mit regionalen, nationalen und internationalen Künstlern. Das Lokal wird seit 2008 von Musikern und Kunstschaffenden betrieben. Die beste Wahl für freie Musik in Luzern.

Konzerthaus Schüür
Tribschenstrasse 1, 6005 Luzern
www.schuur.ch
Aus Pferdestall und Scheune wurde das Konzerthaus mit dem schweizerdeutschen Namen: Schüür. Live-Konzerte (Rock, Pop, Hip Hop) und Partys machen die Schüür und ihre Bar zu einem Treffpunkt für Jugendliche.

Musikzentrum Sedel
Sedelstrasse, 6020 Emmenbrücke
www.sedel.ch
Das Musikzentrum Sedel befindet sich in einem ehemaligen Gefängnis, das in den Achtzigerjahren in ein Musik- und Atelierzentrum umgebaut wurde. Die Zellen dienen als Proberäume für lokale Bands.
Im Clublokal finden regelmässig Konzerte statt (Hardcore, Punk, Rock, Elektro). Schwerpunkt: «Underground».

Stadtkeller
Sternenplatz 3, 6004 Luzern
www.stadtkeller.ch
Während das Musik-Restaurant Stadtkeller in den Sommermonaten ausschliesslich Veranstaltungen für Touristen anbietet, kommen von November bis März vorwiegend die Einheimischen zum Zug. Das Konzertprogramm fokussiert sich auf das regionale und nationale Schaffen und bietet für jeden Geschmack des Populären etwas.

Südpol
Arsenalstrasse 28, 6010 Kriens
www.sudpol.ch
Neben seiner Bedeutung als Theaterhaus für die freie Szene (s. Theater) ist der Südpol auch ein gutes Haus für Konzerte (Pop, Rock, Elektro, Jazz).

Treibhaus – Jugend, Freizeit, Kultur
Spelteriniweg 4, 6005 Luzern
www.treibhausluzern.ch
Das Jugendkulturhaus veranstaltet Konzerte (Pop, Rock, Hip Hop, Elektro), Discos und Partys, aber auch Literatur- und Filmanlässe für ein junges Publikum.

World Band Festival
Postfach 2637, 6002 Luzern
www.worldbandfestival.ch
Das World Band Festival bietet jeweils im September an fünf Tagen erstklassige Blasmusik mit Beteiligung internationaler Brass Bands auf höchstem Niveau. Die meisten Konzerte finden im Kultur- und Kongresszentrum Luzern KKL statt.

Literatur

Loge
Moosstrasse 26, 6003 Luzern
www.logeluzern.ch
Die Literaturbühne Loge bringt ein pralles Programm an Lesungen, Poetry Slams, Spoken Word-Veranstaltungen und andern ungewöhnlichen Literaturformaten.

Woerdz
Das Spoken Word Festival
www.woerdz.ch
Das internationale Spoken Word Festival geht im Rhythmus von zwei Jahren über die Bühne und hat 2014 erstmals stattgefunden. Hier treffen sich die bekanntesten Köpfe der Spoken Word Szene in einem stilistisch vielfältigen Programm. Neben den populären Poetry Slams gehören auch experimentelle Formate zum Angebot. Mit der zehnjährigen Reihe Barfood Poetry und dem Verlag der Gesunde Menschenversand war Luzern von allem Anfang an federführend mit dabei für die Entwicklung dieser neuen Literaturformen. Mit Woerdz ist Luzern zur Spoken Word Hauptstadt der Schweiz geworden.

Rundgänge

Frauenstadtrundgang
Verein Frauenstadtrundgang Luzern
Postfach 2910, 6002 Luzern
www.frauenstadtrundgang.ch
Der Verein Frauenstadtrundgang Luzern bietet öffentliche und private Stadtführungen an. Ein Frauenduo führt durch die Geschichte. Inhaltlich stehen Geschlechterthemen im Zentrum. Für die öffentlichen Führungen ist keine Anmeldung nötig.

Stadtbummel
Tourist Information, Zentralstrasse 5, 6003 Luzern
www.luzern.org
Der zweistündige Rundgang von Luzern Tourismus führt unter fachkundiger Leitung zu historischen Sehenswürdigkeiten in der Altstadt (Kirchen, Brücken, Brunnen, Türme, Plätze usw.).

Unterirdisch überleben Zivilschutzanlage im Sonnenberg
www.unterirdisch-ueberleben.ch
Der spektakuläre Riesenbunker, 40 Meter unter dem Boden, ist ein Zeugnis des Kalten Krieges und der Atomangst. Zwischen 1971 und 1976 entstand mitten in der Stadt Luzern dieser Bau für 20 000 Menschen. Der einst grösste zivile Schutzbunker der Welt kann an speziellen Führungen besichtigt werden.

UntergRundgang
c/o Urs Häner, Dammstrasse 14, 6003 Luzern
www.untergrundgang.ch
Unter dem Titel UnterRundgang finden historische Spaziergänge durch den Stadtteil «Untergrund» statt. Das frühere Arbeiterquartier ist heute von der kosmopolitischen Vielfalt der Bevölkerung geprägt.

City Train Luzern
www.citytrain.ch
40-minütige Rundfahrt durch Luzern mit Audioinformationen bei den wichtigsten Sehenswürdigkeiten. (Von Ostern bis Ende Oktober. Ab Hotel Schweizerhof).

Theater/Tanz

Die Theater- und Tanzszene wird geprägt durch das Luzerner Theater als grösstem Betrieb in der Zentralschweiz. Auch professionell geführte Institutionen wie Südpol, Kleintheater oder Theater Pavillon und freischaffende Gruppen beleben die Szene mit ihren Produktionen, für die sie immer wieder neue, spannende Orte suchen.

Riesenbunker aus dem Kalten Krieg: 40 Meter im Innern des Sonnenbergs sollten 20'000 Menschen einen Atomschlag überleben können.

Aus der Kulturstadt nicht wegzudenken: Das Luzerner Theater in den Sparten Schauspiel, Oper und Tanz.

Das Kleintheater präsentiert qualitativ hochstehende, vielfältige und aktuelle Produktionen aus dem In- und Ausland.

Luzerner Theater
Theaterstrasse 2, 6003 Luzern
www.luzernertheater.ch
In den drei Sparten Musiktheater, Schauspiel und Tanz werden pro Spielzeit rund 20 Produktionen mit 200 Aufführungen auf die Bühne gebracht.

Kleintheater
Bundesplatz 14, 6003 Luzern
www.kleintheater.ch
Das Kleintheater gehört zu den aktivsten und bedeutendsten Kleinbühnen der Schweiz. Auf dem Spielplan von September bis Mai stehen Theater, Tanz, Kabarett, Comedy, Musik, Magie und Literatur.

Le Theâtre
Grabenhofstrasse 1, 6010 Kriens
www.le-theatre.ch
Im 2006 eröffneten Le Théâtre Kriens-Luzern finden Musical-, Konzert-, Comedy- und Theatervorstellungen statt. Dazu Anlässe von Firmen, Institutionen und Privatpersonen. Le Théâtre bietet 350 Plätze. Für Herbst 2017 plant Le Théatre den Umzug ins Zentrum Gersag nach Emmen.

Südpol Luzern
Arsenalstrasse 28, 6010 Kriens
www.sudpol.ch
Südpol | Musik Tanz Theater ist ein öffentlicher Kulturbetrieb mit einem guten Spektrum an zeitgenössischen Theatern, Performances, Konzerten und spartenübergreifenden Projekten. Hier ist vor allem die junge kreative Szene aktiv. Das Haus ist regional, national und international vernetzt. Regelmässig werden Artists in Residence eingeladen, um Projekte zu realisieren. Im Südpol sind verschiedene Nutzungen unter einem Dach: Neben dem Kulturbetrieb sind das die Musikschule der Stadt Luzern, das Luzerner Theater (Proberäume) und das Luzerner Sinfonieorchester LSO. Künftig soll der Südpol-Kulturbetrieb noch dezidierter zu einem Haus für die freie Theaterszene werden.

Theater Pavillon Luzern
Spelteriniweg 6, 6005 Luzern
www.theaterpavillon.ch
Der Theater Pavillon, als Neubau im Frühling 2008 eingeweiht, ist das Haus der Luzerner Spielleute, dem ältesten Laientheaterverein der Stadt Luzern. Der Theater Pavillon Luzern eignet ich als Probe- und Aufführungsort für diverse kulturelle Aktivitäten: Theater, Tanz, Musik. Im gleichen Gebäude befindet sich auch das Voralpentheater, das unter anderem Theaterkurse für Kinder und Jugendliche anbietet und sich mit ausgezeichneten Eigenproduktionen einen Namen gemacht hat.
(www.voralpentheater.ch)

Nightlife

Die nachfolgende Auswahl gibt einen kleinen Einblick in die Luzerner Bar- und Club-Szene – für ein jüngeres und älteres Publikum. Einige der Bars öffnen bereits am Morgen und eignen sich ganztags für Kaffeepausen, Aperos und kleine Mahlzeiten.

Bar 59
Industriestrasse 5, 6005 Luzern 041
www.bar59.ch
In der Bar 59 finden neben Rock-, Jazz- und Funkkonzerten auch DJ-Partys mit elektronischer Musik statt.

The Bruch-Brothers Bar
Baselstrasse 7, 6003 Luzern
Eine Bar für Sport und Musik. Übertragungen von nationalen und europäischen Fussballspielen. Abends Konzerte mit Schwerpunkt Rock und Blues.

Louis-Bar
Adligenswilerstrasse 22, 6002 Luzern
www.hotel-montana.ch
Eine Bar im Hotel Montana für Liebhaber von Jazz, Swing und Blues. Jeden Donnerstag Jamsession. Spezialität: Ein riesiges Angebot an schottischen Whiskys.

Houdini
Winkelriedstrasse 64, 6003 Luzern
www.houdini-luzern.ch
Kleine Bar mitten in der Neustadt. Feines Mittagsmenu. Frequentiert für Feierabendbier und Apero, beliebter Treffpunkt der jungen Szene.

Madeleine
Baselstrasse 15, 6003 Luzern
www.lamadeleine.ch
Bar mit DJ's und gelegentlicher Live-Musik.

Meyer
Bundesplatz 3, 6003 Luzern
www.meyerambundesplatz.ch
Bar mit feinem Gastro-Angebot (Mittagessen) und Flair für Kultur. Gelegentlich Ausstellungen, Konzerte und Lesungen.

Nachbar
Moosstrasse 7, 6003 Luzern
www.upgrade.ch
Eine klassische Bar für ein Glas Wein und ein gutes Gespräch. Gehört zum Restaurant Weisses Schloss.

Seebar
Europaplatz 1, 6005 Luzern
www.kkl-luzern.ch
Im Kultur- und Kongresszentrum KKL. In der Seebar treffen sich Geschäftsleute zum Apero und die Jugend zur Party. Im Sommer bei schönem Wetter: Grosse Terrasse am See.

Shine
Sempacherstrasse 16, 6003 Luzern
www.shine-bar-luzern.ch
Diese gemütliche Lounge, im orientalischen Stil eingerichtet, gehört zu den Trendlokalen.

Sopranos
Mühlenplatz 10, 6004 Luzern
www.sopranos.ch
Kleine und feine Bar, im Sommer mit Gartenrestaurant auf dem lang besonnten Mühlenplatz.

Tschuppi's Wonderbar
Burgerstrasse 21, 6003 Luzern
www.wonder-bar.ch
Eine Bar für Sport und Kultur und vor allem für Nachtschwärmer. Regelmässig Sportübertragungen, Konzerte und DJ-Abende (Rock, Blues, Pop).

Die Meyer Kulturbeiz am Bundesplatz gehört zu den Treffpunkten der Szene.

Bars am Wasser

Sunset-Bar
Seeburgstrasse 61, 6006 Luzern
www.sunsetbar.ch
Bei einem Drink den Sonnenuntergang geniessen.

Sunset-Bar: Den Blick auf See und Berge geniessen.

Bar im Seebad
www.seebad-luzern.ch
Am Abend verwandelt sich die schöne, alte Badeanstalt in eine Bar mit ganz besonderer Atmosphäre.

Buvette Inseli, Volière Inseli, Beach-Bar Ufschötti
Drei Bars direkt am See, die nur während den Sommermonaten betrieben werden. Die Buvette bietet an gewissen Tagen ein kleines Kulturprogramm, die Volière wird von den jungen Machern des Radio 3fach geführt und die Beach-Bar steht an einem der beliebtesten Badeplätze Luzerns.

Wird die Volière der Salle modulable weichen müssen?

Clubs

Casineum
Haldenstrasse 6, 6006 Luzern
www.casineum.ch
Im Grand Casino am rechten Seeufer. Stilvoll eingerichteter Club mit vielfältigem Programm: Party, Tanz, Comedy, Theater und Jazz.

The Loft
Haldenstrasse 21, 6006 Luzern
www.theloft.ch
Dance-Club. Abwechslungsreiches Programm, nationale und internationale DJs.

Penthouse
Pilatusstrasse 29, 6003 Luzern
www.astoria-luzern.ch
Gepflegte Musikbar im Hotel Astoria mit wunderschönem Blick über die Dächer von Luzern.

Roadhouse
Pilatusstrasse 1, 6003 Luzern
www.roadhouse.ch
Partylokal im schweizerischen und englischen Stil, gleich beim Bahnhof. Offen bis in die frühen Morgenstunden.

Das Schwarze Schaf
Frankenstrasse 2, 6003 Luzern
www.dasschwarzeschaf.ch
Stilvolle Location in der Nähe des Bahnhofs. Vielfältiges Musikprogramm. Im gleichen Gebäude: Das weisse Schaf, eine Cocktail-Bar mit grosszügig eingerichteter Lounge.

VEGAS Dance Club
Ringstrasse 23, 6010 Kriens
www.vegasclub.ch
Mondäner Dance-Club, zwei Floors, Lichtshows. Stil: House, R'n'B, Mash-up.

unterirdisch
überleben
> zuFussTouren
> SegwayTouren
> ImproTheaterTouren
> HalbtagesTouren
> KinderTouren
> EnglishTours
Luzern
Zivilschutzanlage
Sonnenberg
www.unterirdisch-ueberleben.ch

Quellen und Literatur

Bauinventar Denkmalpflege und Archäologie des Kanton Luzerns.

Bossard-Borner, Heidi: Im Bann der Revolution. Der Kanton Luzern 1798–1831/50. Luzern 1998.

Bossard-Borner, Heidi: Im Spannungsfeld von Politik und Religion. Der Kanton Luzern 1831 bis 1875. 2 Bde. Basel 2008.

Brentini, Fabrizio: Stiftsbezirk im Hof Luzern. Schweizerischer Kunstführer GSK. Bern 1992.

Bucher, Silvio: Die Luzerner Gesellschaft im Ancien Régime. In: Bauern und Patrizier. 600 Jahre Stadt und Land Luzern. Luzern 1986.

Bulinsky, Dunja: Der See, der Bach, die Bütten : Streifzüge durch die Quartiere Seeburg, Würzenbach und Büttenen. Luzern 2008.

Burri, Hansruedi: Die Bevölkerung Luzerns im 18. und 19. Jahrhundert. Luzern 1975.

Der Kanton Luzern im 20. Jahrhundert. Hg. Staatsarchiv Luzern, 2 Bände Zürich 2013.

Dubler, Anne-Marie: Geschichte der Luzerner Wirtschaft. Luzern/Stuttgart 1983.

Dubler, Anne-Marie: Handwerk, Gewerbe und Zunft in Stadt und Landschaft Luzern. Luzern/Stuttgart 1982.

Emmenegger Lukas, NON PLUS ULTRA, die Geschichte der Krienser Teigwarenfabrik, Luzern 2014

Felder, Peter: Die Kunstlandschaft der Innerschweiz. Zusammenspiel von Landschaft, Geschichte und Kunst. Luzern 1995.

Finck, Heinz Dieter/Ganz, Michael T.: Bourbaki Panorama. Zürich 2000.

Glauser, Fritz: Luzern und das Luzernbiet im 14./15. Jahrhundert. In: Alltag zur Sempacherzeit. 600 Jahre Stadt und Land Luzern. Luzern 1986.

Glauser, Fritz: Luzern jenseits der Reuss. Das Viertel Kleinstadt Ost, seine Besiedlung, Bevölkerung und Raumnutzung. Basel 2002.

Gmür, Otto: Spaziergänge durch Raum und Zeit. Architekturführer Luzern. Luzern 2003.

Hennig, Barbara/Meyer André: Die Kunstdenkmäler des Kt. Luzern, NF Bd. 2. Das Amt Luzern. Die Landgemeinden. Bern 2009.

Hesse, Jochen: Die Luzerner Fassadenmalerei. Luzern 1999.

Horw: Die Geschichte einer Gemeinde zwischen See, Berg und Stadt. Horw 1986.

Huber, Paul: Die Stadt Luzern zwischen 1850 und 1914: Gesellschaft und Wirtschaft im Aufbruch. In: Aufbruch in die Gegenwart. 600 Jahre Stadt und Land Luzern. Luzern 1986.

In Bewegung. Geschichte der Gemeinde Emmen. 2 Bde. Emmenbrücke 2004.

Koch Patrick: Der historische Bergbau in Kriens und das Kohlenbergwerk Sonnenberg, in: Minaria Helvetica, Nr. 21a/2001.

Kriens: Von den Anfängen bis zur Gegenwart. Hg. Gemeinde Kriens. Kriens 1984.

Luzern im Spiegel alter Reiseschilderungen, 1757–1835. Luzern 1933.

Luzern 1178–1978. Beiträge zur Geschichte der Stadt. Hg. von der Stiftung Stadtjubiläum 800 Jahre Stadt Luzern. Luzern 1978.

Luzerner Altstadt. Eine bebilderte Quartiergeschichte. Luzern 1978.

Meyer, André: Siedlungs- und Baudenkmäler im Kanton Luzern. Luzern 1977.

Meyer, André: Jesuitenkirche in Luzern. Schweizerischer Kunstführer GSK. Bern 2013.

Meyer, André: Die Franziskanerkirche Sankt Maria in der Au, Luzern. Schweizerischer Kunstführer GSK. Bern 1990.

Mit See- und Weitblick: Meggen eine Ortsgeschichte. Emmenbrücke 2004.

Müller, Anton: Sagenhaftes Luzernbiet, Bd. IV. Hitzkirch 1994.

Die Museggmauer. Neun Türme über der Stadt Luzern. Hg. Verein und Stiftung für die Erhaltung der Museggmauer. Luzern 2012.

Omachen, Peter: Luzern – eine Touristenstadt. Baden 2010.

Reinle, Adolf: Die Kunstdenkmäler der Schweiz. Stadt Luzern, Bd. II und III. Basel 1953, 1954.

Riedler, Michael: So veränderte sich Luzern. Luzern 1993.

Rosenkranz, Paul: Luzern – Land, Leute, Staat. Luzern 1996.

Paul Rosenkranz, Kleiner Wegweiser durch 500 Jahre Luzerner Geschichte. Luzern 2013.

Roesli F.: «Das Renggloch als geolog. Phänomen und als Beispiel einer frühen Wildbach-Korrektion», in Eclogae Geologicae Helvetiae 58, 1965, 109–126.

Schumacher, Beatrice: Kleine Geschichte der Stadt Luzern. Luzern im Wandel der Zeiten, NF 16, 2015 (mit weiterführender Literatur).

Stadler, Hilar: Bell in der Welt. Die Maschinenfabrik Bell AG Kriens, Kriens 2008.

Von der Geschichte geprägt: Die Kachelöfen im Rathaus Luzern. Hg. Kantonale Denkmalpflege Luzern. Luzern 2015.

Wicki, Hans: Bevölkerung und Wirtschaft des Kantons Luzern im 18. Jahrhundert. Luzern/ München 1979.

Wyss, Beat: Luzern. In: INSA Bd. 6. Bern 1991.

Websites

www.erlebnis-sonnenberg.ch

www.ewl-luzern.ch
(Kasten Wasserversorgung)

www.geschichte-luzern.ch
(Büro für Geschichte, Kultur und Zeitgeschehen, Dr. Jürg Stadelmann GmbH Luzern)

www.hergiswald.ch

www.kinderheime-schweiz.ch
(Kasten Kinderelend)

www.lustat.ch/statistikportal

www.sakrallandschaft-innerschweiz.ch

www.sghb.ch/minaria
(Kasten Bergbau Sonnenberg)

www.standseilbahnen.ch
(Kasten Standseilbahnen)

www.st-jost.ch

Bildnachweis

Allgemeine Baugenossenschaft Luzern abl: (Stefano Schröter) 163

Alpineum Luzern: 312 u

Georg Anderhub Luzern: 22, 55, 56, 71, 82, 85, 97, 109, 115, 128, 161, 197, 310, 315 o

Aqua-Spa-Resorts Sursee: 301

Aura Fotoagentur Luzern: 60, 61, 65, 102

Beratungsstelle für Unfallverhütung bfu Bern: 149

Blue Balls Festival Zürich: 316 u

Dave Brüllmann Zürich: 63

Bourbaki Panorama Luzern: 125, 126

Benno Bühlmann Horw: 164

Theres Bütler Luzern: 84, 88, 124, 185

Internationales Comic-Festival Fumetto Luzern: 310

Denkmalpflege & Archäologie Luzern: 20, 75, 200, 208, 218, 293. (Clemens Bill) 210, 284. (Theres Bütler) 24, 220, 279. (Pius Stadelmann) 21, 37, 73, 78, 90, 100, 102, 112, 114 f, 182, 183, 196, 198, 242, 282

gleis 13 Luzern: 202

Feldmusik Luzern (Lucerne Marchingband): 308

Gletschergarten Luzern: 129, 130

Historisches Museum Luzern 35 (Stadtplan von Martinus Martini 1597), 77 (Luzerner Mordnacht von J. Renggli jr., 1873 HMLU 9301.4), 110 (Stadtplan von F.X. Schumacher 1792), 192 (Viehmarkt vor dem Baslertor, Anf. 19. Jh.)

Hochschule Luzern Musik – Abt. Jazz: 316 o

Hotel Seeburg Luzern 321 o

Markus Ineichen Emmenbrücke: 238

Keystone Zürich: 98

Kleintheater Luzern: 306, 319 r

Kurt Koller Horw: 295

Korporationsgemeinde Luzern: 26 (Grendel bei der Überschwemmung 1846, X. Schwegler, um 1890, HMLU 2935/18), 45 (Tor zur Hofbrücke und zur Schifflände, X. Schwegler, um 1890, HMLU 2935/10), 68 (Brand der Weggisgasse, Chronik D. Schilling, 1513, fol 43r), 105 (Die Stadtmühlen, Chronik D. Schilling, 1513, fol 217v), 122 (Hofbrücke, Kaplanenhäuser und Hofkirche, X. Schwegler, um 1890, HMLU 2935/17), 269 (Überschwemmung des Krienbachs, Chronik D. Schilling, 1513, fol 88r)

Kunstmuseum Bern, Paul Senn-Archiv: 233 (Paul Senn (1901–1953), Heimkind, Erziehungsanstalt Sonnenberg, Kriens, 1944)

Kunstmuseum Luzern: 311 l (Stefano Schröter)

Thomas Lang Luzern: 57

Loge Luzern: 309

Luzerner Sinfonieorchester LSO: 315 u

Luzerner Theater Luzern: 93, (Tanya Dorendorf) 319 l

Maturitätsschule für Erwachsene (MSE), Kantonsschule Reussbühl Luzern: 250

Messe Luzern AG Luzern: 189

Kurt Messmer Emmenbrücke: 203, 251

Meyer Kulturbeiz Luzern: 320

Museum im Bellpark Kriens: 259 (Plakat Wenger), 261 (Teigwaren non plus ultra), 262 Kriens-Luzern-Bahn (Nachlass Emil Kreis), 263 Eröffnung der Ausstellung Swissairland (Foto Ariane Aeschi), 268 (Kohlenbergwerk Sonnenberg, Gemälde Öl auf Leinwand (1946) von Ernst Hodel), 313

Musikzentrum Sedel Luzern: 307

Nique Nager Luzern: 16, 19, 25, 30, 48, 50, 64, 101, 121, 151, 156, 167, 172, 174, 176, 187, 188, 194, 195, 206, 211, 219, 227, 229, 231, 239, 247, 255, 256, 267, 271, 275, 277, 291

Neue Luzerner Zeitung: (Dominik Wunderli) 51, (Bruno Voser) 162, (Stefan Kaiser) 181, (Ruth Tischler) 312 o

Restaurant Old Suisse House Luzern: 131

Pfarrei Reussbühl: 201

Pro Dietschibergbahn Luzern: (Michel Azéma) 223

Richard Wagner Museum Luzern: 165

Christian Richter Münster: 137

Rigi-Bahnen Vitznau: 300

Rodtegg - Stiftung für Menschen mit körperlicher Behinderung Luzern: 286

Schifffahrt Vierwaldstättersee Luzern: (Peter Rüegger) 154

Jürg Schoedler Luzern: 141

Dany Schulthess Emmenbrücke: 241, 249

Jürg Stadelmann Luzern: 92, 131, 147, 153, 157, 186, 216, 222, 257, 318, 321 u

Stadt Luzern: (Hansjörg Bühler) 184

Stadtarchiv Luzern: 43 (E2a.16), 104 (Foto Baumann), 171 (E2a.44)

Rolf A. Stähli Winterthur: 302

Suva – Unfallversicherung Luzern: 117

Universität Luzern: 155

Verkehrsbetriebe Luzern AG Luzern vbl: 212

Verkehrshaus Luzern: 143, 314

Zentral- und Hochschulbibliothek Luzern: 13 (LSb 3:39. Aquatinta von J.B. Isenring),54 (Stich von Winterlin/ Salathé, ca. 1840), 86 (LSa, Karikatur Einzug der Jesuiten 1844), 91 (Aquarell von F.I. Scherer, 1784), 96 (LSb 4:3, Kupferstich von N.A. Perignon und F.D.Née), 99 (LSa 2:1, Älteste Ansicht von Luzern 1507, Nachdruck S. Münster 1543), 134 (LSa 8:2, Schweizerhofquai, kolorierte Aquatina R. Dikenmann, um 1860), 135 (LSa 8:2:14, Schweizerhofquai am Abend, Xylografie), 152 (LSb 11:1:1, Stapellauf des ersten Dampfsschiffs, Stich 1836), 160 (V4 4704, Postkarte Zeppelin), 254 (Lsb 00016.064.003g (Der Dünkelweier, Lithographie von Heinrich Triner und Bernhard Eglin, um 1850)

Register

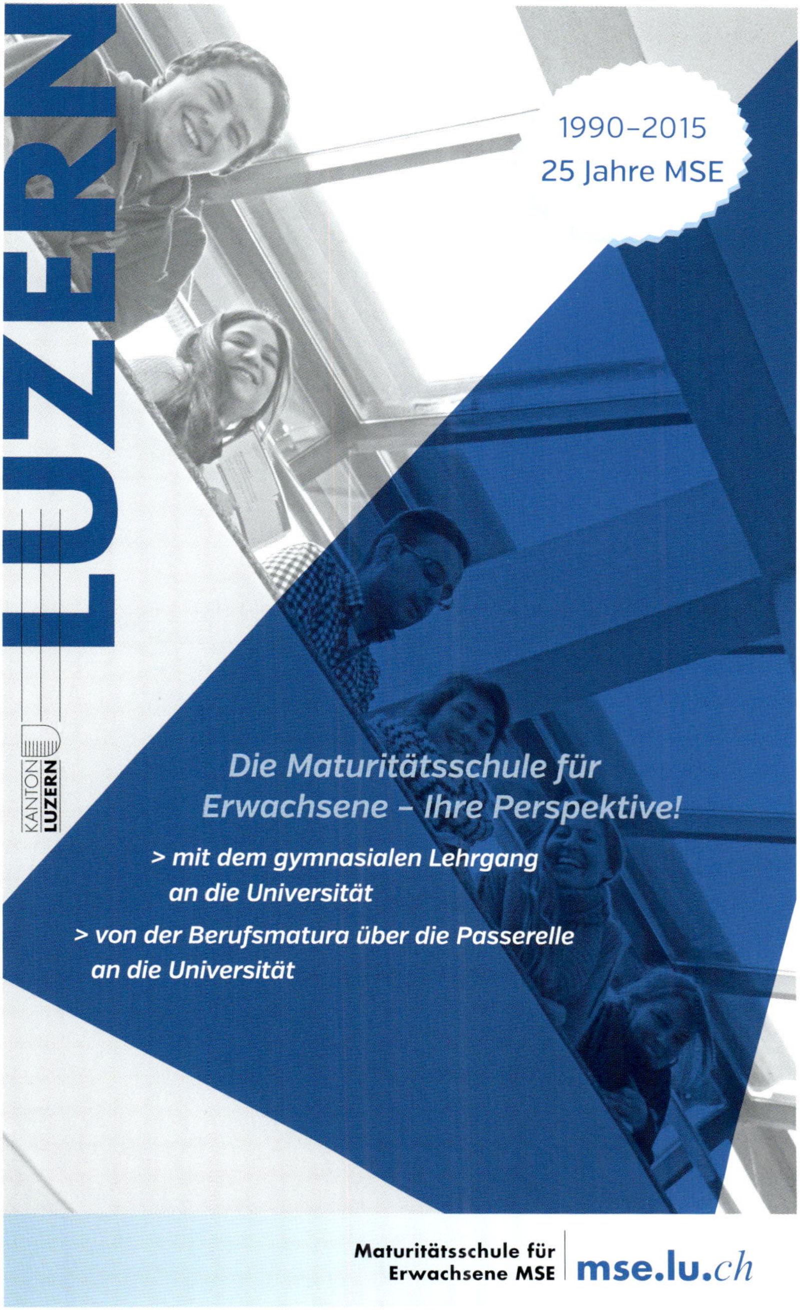
LUZERN
KANTON LUZERN
1990–2015
25 Jahre MSE
Die Maturitätsschule für Erwachsene – Ihre Perspektive!
> mit dem gymnasialen Lehrgang an die Universität
> von der Berufsmatura über die Passerelle an die Universität
Maturitätsschule für Erwachsene MSE
mse.lu.ch

Büro für Geschichte, Kultur und Zeitgeschehen
Dr. phil. Jürg Stadelmann GmbH

www.geschichte-luzern.ch

Spaziergänge Übersicht

M Durch die Gemeinde Meggen
Lerchenbühl – Rebberg Sitenrain (M 1) – Englischer Friedhof (M 2) – Piuskirche (M 3) – Fridolin-Hofer-Platz (M 4) – Fischerdörfli (M 5) – Schloss Neuhabsburg (M 6) – Schloss Meggenhorn (M 7) – Christusstatue (M 8) – *Seeburg Schifflände*

N Weitsicht auf dem Dietschiberg
Luzernerhof – Hofkirche (Nr. 50) – Denkmal Freischarenzüge (N 1) – Kloster Wesemlin (N 2) – Villa Vicovaro (Konsipark) (N 3) – Schlössli Utenberg (N 4) – Dietschiberg (N 5) – Kurhotel Sonnmatt (N 6) – Kloster Gerlisberg (N 7) – Felsental (N 8) – *Dietschiberg*

O Vom Göttersee nach Rathausen
Schlossberg – Schulhaus/Kirche Maihof (O 1) – Ruderzentrum Rotsee (O 2) – Rotsee-Fähri (O 3) – Rotsee-Badi (O 4) – Liegenschaft Seehof (O 5) – Kloster Rathausen (O 6) – Kraftwerk Rathausen (O 7) – Holzskulpturenweg (O 8) – Reusszopf (O 9) – *Bahnhof Emmenbrücke* / *Emmenbrücke Central*

P Durch das Industriegebiet von Emmenbrücke
Bahnhof Emmenbrücke – Viscose-Areal (P 1) – Von Moos/Swiss-Steel-Areal (P 2) – Direktorenvilla Seebli (P 3) – Obere Emmenweid (P 4) – Schooswaldkapelle (P 5) – Krauer-Schulhaus (P 6) – Kirche Gerliswil (P 7) – Siedlung Sonnenhof (P 8) – Zentrum Gersag (P 9) – *Emmenbrücke Central*

Q Vom Gütsch nach Ruopigen
Kasernenplatz – Schlosshotel Gütsch (Nr. 106) – Pension Wallis (Q 1) – Grenzhofschulhaus (Q 2) – Zimmereggbad (Q 3) – Zentrum Ruopigen/Schulhaus Ruopigen (Q 4) – Staffelnhof (Q 5) – Kantonsschule Reussbühl (Q 6)– Stadtarchiv (Q 7) – *Emmenbrücke Central*